北東アジアの中の古墳文化

私の考古学講義 下

Nishitani Tadashi
西谷正

梓書院

発刊に当たって

私たちのように、大学教員の経験者にとって、現役のときはもちろん、定年退職後も、専門分野に関して、一般市民の皆さまを対象とした講演・講座などを担当する機会がしばしば巡って来ます。その中には、講演などの記録が少なからず蓄積される結果となりました。それらを今、読み返しますと、その後の調査・研究の進展に伴って加除修正が必要な部分が少なくありません。そこで、増補改訂の意味も込めて、また、私の北東アジア古代史の考古学的研究の一端を披瀝して、この分野に対する皆さまのご理解・ご関心をいただきたく、書物の体裁にまとめることにいたしました。

今、本書の全体を読み返しますと、重複部分もありますが、本書作成の性格上ご寛恕いただけましたら幸いと存じます。

本書は、いわば『私の考古学講義』（下）に当たるもので、北東アジアの中の古墳文化をテーマに編集してみました。なお、同じく私の考古学講義ではありますが、日本列島諸地域の考古学をテーマとして、『地球の考古学』の一書を続刊するべく準備を進めています。

目次　北東アジアの中の古墳文化—私の考古学講義（下）

装幀　いのうえしんぢ

第1章　考古学から見た古代日本と朝鮮半島

はじめに

私は、大阪府の枚方《ひらかた》とは淀川を挟んで対岸に当たる高槻《たかつき》の生まれ育ちでございまして、小学生の頃から土器を拾ったりして歩きまわっていました。とくに高校生の頃に、高槻には天神山という遺跡がありまして発掘調査されましたが、現在では、住宅地として大きく変貌しています。そこからちょうど対岸に田口山《たのくちやま》という遺跡がありました。このように淀川を挟んで対照的に、弥生時代の中期を中心とした丘陵性の遺跡がありましたので、その辺りにも行ったことがあります。また、大学生の頃には、百済寺跡の発掘がありまして、最初の数日間お手伝いしたことがございます。そんなわけで、今回そのような枚方にお招きいただきまして、大変なつかしく、また光栄に思っております。今回の私の話は、ずいぶん分大きなタイトルでございますので、大雑把な話になろうかと思います。その辺あらかじめご了承いただきたいと思います。

さて、こんにち私たちは、みな洋服を着まして、西洋風の生活様式に浸っていますけれども、これは明治の文明開化以来そういうことになったわけです。ところが、おそらく今日もみなさん、ご飯を食べ、また、お茶碗にご飯を盛られたと思うのです。そういうお茶碗一つをとりましても、これは、「せともん」とかいって、後に瀬戸焼が全国的に流行いたしますが、元々は、一六世紀の終わりに太閤さん、つまり豊臣秀吉が朝鮮半島に出兵いたしました際、九州・西国の諸大名が、朝鮮半島から多勢の陶工、つまり焼物の職人さんたちを連れて来たことに由来します。それを契機として、九州あるいは山口県の辺りで、焼物がかなり庶民のものとなって来るのです。

と申しますのは、一七世紀の初めに、佐賀県有田の皿山《さらやま》というところで、やはり朝鮮半島からの渡来人である李参平《りさんぺい》という人が焼物の原料になる磁石を見つけ、それがきっかけで磁器の製作が始まるわけですね。それが瀬戸に広がったりして、結局は現在、毎日のように使っているお茶碗になっているのです。また、お茶碗でご飯を食べるお米、ご飯を例にとりましても、後程お話しますように、今から二千数百年ほど前に、私たちの祖先が朝鮮半島からお米を作る技術を学んだことに始まります。稲作文化は、最初は西北九州の一角で始まりますが、やがて東へ北へと伝わって行きます。そうしてこんにちでは、私たちが毎日のように食べるご飯になっているのです。

そういうことどもを振り返ってみますと、私たちの日常生活の中には、朝鮮半島に直接起源を発するようなものが、ずい分ありますね。そういうことをやはり、現在の生活の中でよく理解し、また、歴史を振り返りながら現在の朝鮮半島と日本との関係を考えたり、あるいはまた、将来、朝鮮半島の人々と日本の私たちとがどのようにお付き合いしていったらよいかというようなことを考える場合に非常に参考になるのではないでしょうか。私は、日頃、そういう立場から、朝鮮半島のことをいろいろ勉強したり、また日本との関係を考えたりしております。

私は、考古学を専門にしていますので、実際の遺跡とか、あるいは、そこから出てくる遺物という、いわゆる考古学の資料を使って、日本と朝鮮との間で、とくに古代にどういう歴史が展開したのかといった問題を勉強しているのです。

さて、朝鮮半島と日本列島との間の永いお付き合いの歴史を振り返る場合に、私は、この頃つくづく思うのですが、その始まりはやはり、旧石器時代に遡《さかのぼ》って考えるべきではないかと思っております。日本では、昭和二〇年に戦争が終わりましてから、あの有名な相沢忠洋《あいざわただひろ》さんによって縄文時代以前に、石器だけの古い文化、つまり旧石器文化の存在が明らかにされました。こんにちでは、北海道から沖縄まで各地で非常に古い石器文化のあることが分かって来ました。旧石器文化に対して、いろいろと細かく分析が進んでいますけれども、日本の旧石器を外国と比較する場合に、これまでややもすれば、中国大陸とか、遠くはインド・ヨーロッパ・アフリカといった、そういうところと対比する傾向が強かったと思うのです。

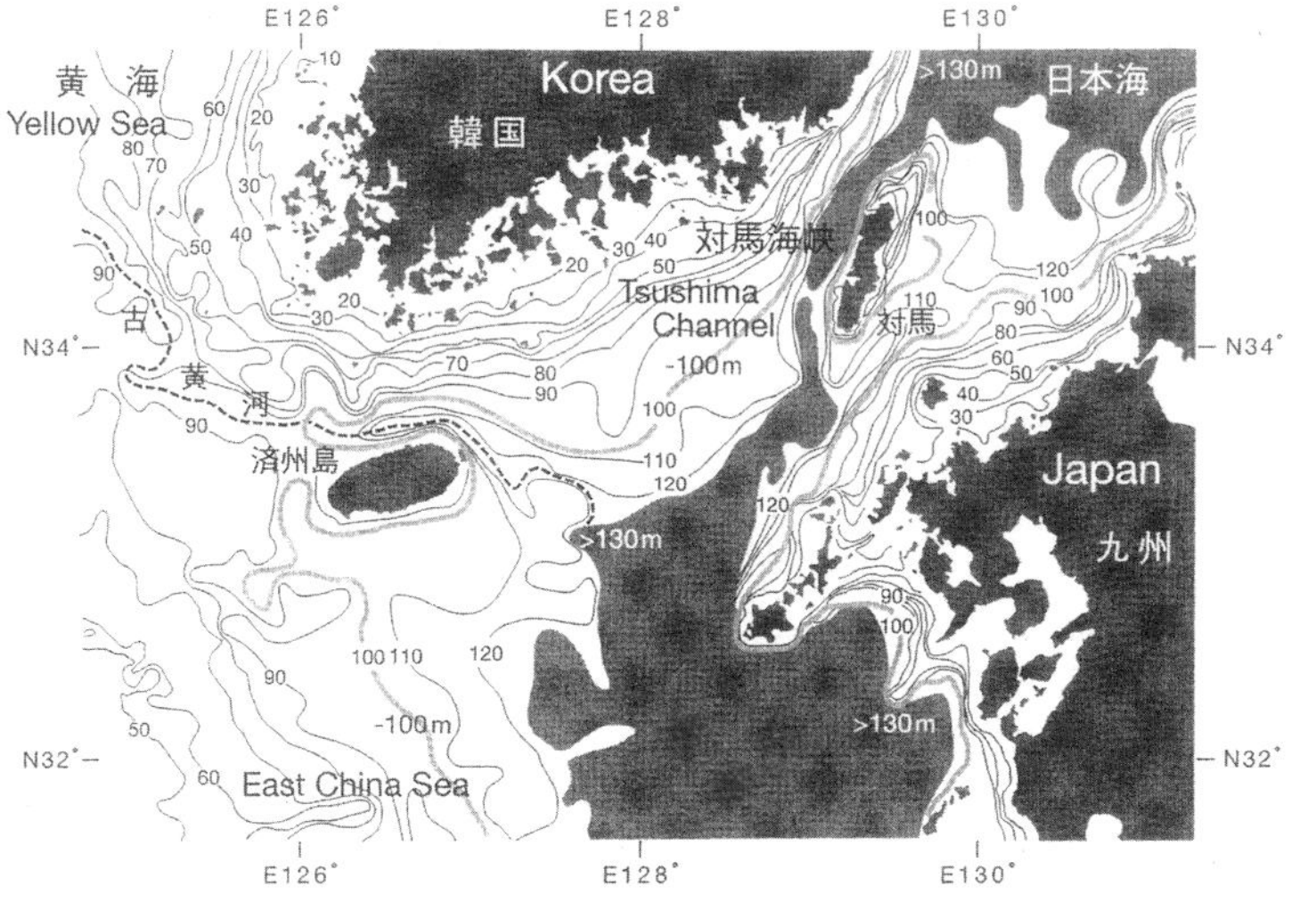

第１図　対馬海峡付近の海底地形（松藤和人、2014『日本列島人類史の起源』雄山閣より）

ところが、朝鮮半島でも一九四五年以後、とくにここ三〇年ほどの間に大変古い旧石器文化の存在が明らかになって来ました。

まず、旧石器時代の自然環境といいますと、氷河時代が何回か到来した地域があったということが大きな特色でして、その頃、大陸と日本列島がつながっていたともいわれます。すなわち、氷河時代には水位が下がって陸続きとなり、対馬海峡は見られませんでした（第1図）。同じようなことは、北海道の方でも津軽海峡、あるいは宗谷・間宮海峡といったところが陸続きになっていたことがありました。そんなわけで、日本列島の旧石器文化を考える場合に、やはりロシアとかシベリアとの関係や、朝鮮半島との関係を考える必要があると思います。とくに最近、朝鮮半島におきましても、南北を通じて朝鮮の先生方の努力によりまして、非常に古い旧石器文化、それも前期・中期・後期といった諸段階の文化があったということが分かって来ました。

したがいまして、これから日本と朝鮮の交流の歴史を考える場合に、もちろんその頃は、日本とか朝鮮とは呼んでいませんけれども、やはり現在の朝鮮半島に当たる部分と、日本列島に当たる部分から解き起してゆく必要があると考えます。

縄文時代の交流

旧石器時代の交流の問題は、今後も引き続き課題であるという点を指摘するだけに留めるとしまして、朝鮮半島と日本の交流の歴史がはっきりと明らかになって来ますのは、対馬海峡形成後の縄文時代に入ってからのことです。縄文時代といいましても、草創期・早期から晩期までの六つの時期に細分していますが、早期から後期ぐらいにかけましては、朝鮮半島の時代区分でいいますと、櫛目文土器《くしめもんどき》時代とか新石器時代と呼んでいます。この時代には、縄文土器に非常に似た点もありますが、櫛《くし》とか篦《へら》のようなもので一つ一つ丁寧に幾何学的な文様、つまり櫛目の文様を表面に施した土器が見られまして、そこから櫛目文土器時代と呼んでいます。この時代は、世界史的な時代区分から申しましたら、すでに新石器文化の段階ではないかという考え方も出来ましょう。こういう櫛目文土器時代つまり日本の縄文土器時代の早期から後期にかけまして、すでに朝鮮と日本の間で交流が始まっているのです（第２図）。

この点につきまして、具体的に申しますと、日本の縄文時代の早期に、対馬の辺りで隆起文土器が出て来るんです。この土器には、器表面に隆起した突帯、要するに出張った紐《ひも》のようなものがめぐっています。ついで、縄文時代の前期といいますと、近畿地方では北白川《きたしらかわ》下層《かそう》式土器の時期に当たりますが、北九州では曽畑式の

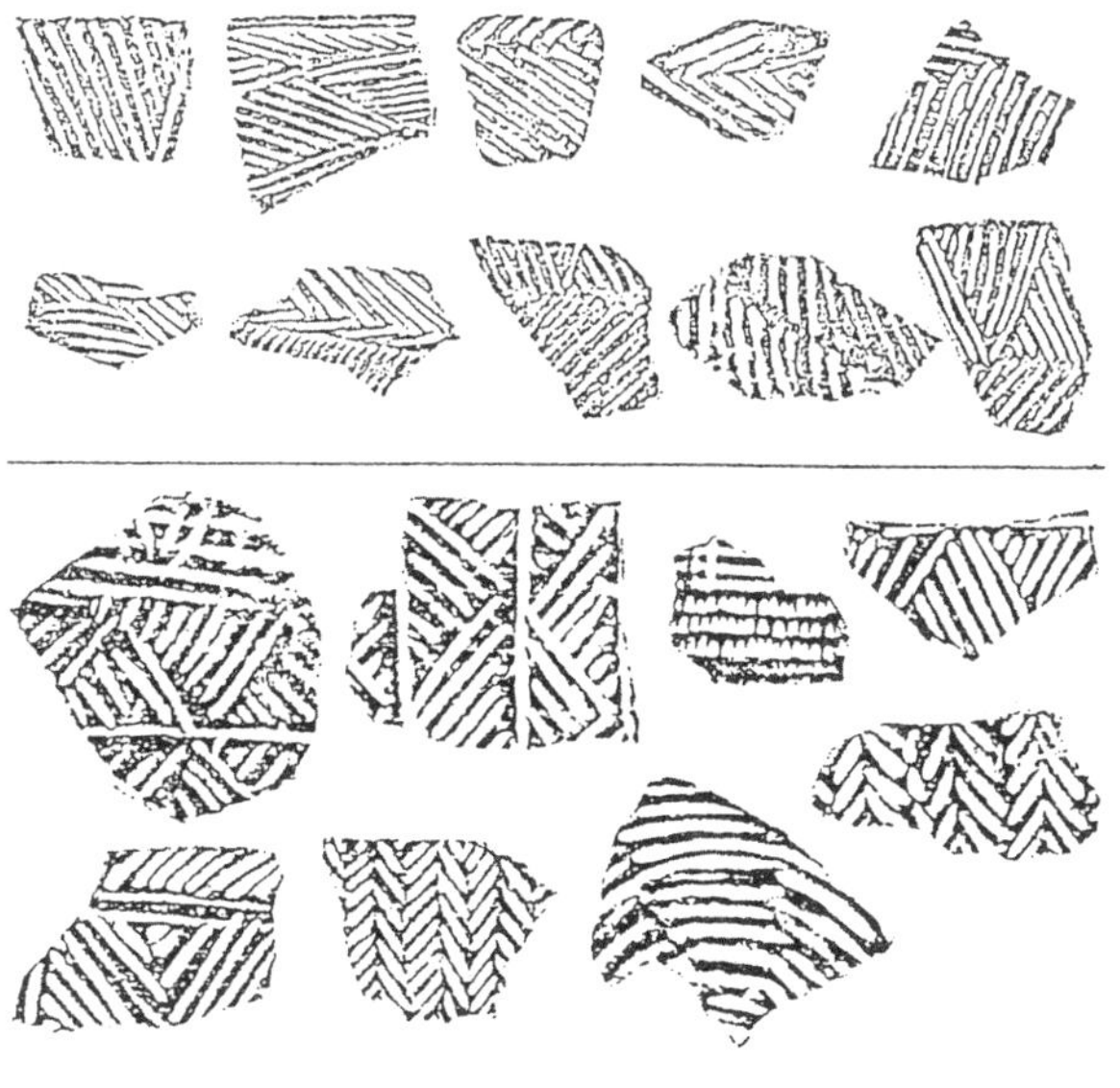

第２図　東三洞出土の櫛目文土器（上）と長崎県江湖貝塚出土の曽畑式土器（下）（坂田邦洋氏原図）

段階です。これは北九州を代表する前期の土器です。曽畑式土器の文様を見ますと、箆《へら》のようなもので一本一本丁寧に刻んだ綾杉文《あやすぎもん》とか、あるいは複合三角形の文様とかで飾っています。そのような曽畑式土器は、どうも今言いました朝鮮の櫛目文土器と関係があるらしいのです。それから中期になりましても、やはり対馬で間違いなく朝鮮の櫛目文土器と思われるものが発見されています。そういうわけで、縄文時代の早期から中期・後期にかけまして、日本の対馬あるいは西北九州の辺りで朝鮮の櫛目文土器が出土したり、あるいは、その技術で作ったと思われる土器が発見されたりするのです。

一方、もう一つ大事なことは、その時期に実は、逆に朝鮮でも日本の縄文土器が出るんです。一九六九年から七一年にかけまして、釜山《ふざん》市内の東三洞《とうさんどう》という、学界では有名な遺跡が発掘されましたところ、櫛目文土器時代の全期間にわたって日本の縄文土器そのものが、櫛目文土器に混じって出土したのです。それらは、いずれも九州の土器です。たとえば、縄文時代前期の轟式《とどろきしき》、中期の阿高式《あたかしき》とか、あるいは、後期の西平式《にしびらしき》といった縄文土器が朝鮮半島の一番南岸の遺跡で出て来たわけです。対馬海峡を挟んだ対岸で相互に使われていた土器が出て来るという興味深い事実とともに、もう一つの問題は、両方に共通した文化が存在したということですね。

縄文時代は、ご承知のように、狩りをしたり、あるいは魚を獲ったりという、いわゆる自然の食糧資源に依存していた時代です。その当時の漁労《ぎょろう》関係の道具を調べますと、対馬海峡を挟んだ両地域で非常によく似たものが見られます。たとえば釣針で申しますと、結合式釣針《けつごうしきつりばり》といいまして、軸になる部分と鉤になる部分を二つ組合せて結合するような釣針です。これですと、外海に出かけて大きな魚を釣ることが出来ます。そのような結合式釣針が、やはり対馬海峡を挟んだ両地域から出土します。また、石鋸《いしのこ》という石器があります。考古学の用語で、名称がそのままの機能や用途を正確に伝えないことがあります。つまり往々にして用途と違った名前がついていることがあるのです。石庖丁《いしぼうちょう》を例にとりますと、それは調理用の庖丁ではなくて、稲の穂を摘《つ》む道具です。そのように、石鋸といいましても鋸《のこぎり》ではなくて、鋸の歯のような形をしていることから石鋸というだけで、これは、実は組合せて使う石の銛先《もりさき》なんですね。これでもってやはり大きい魚を突き刺すことができるわけです。そういった共通点は、その他にも若干あります。要するに互いにそれぞれの土器が海岸地域で出土するとか、あるいは、同じようなリアス式の海岸部で同じような漁労具を使っていたということです。

結論として申し上げたいことは、縄文時代のほとんど全期間にわたって、すでに朝鮮半島との間には、互いに行き来があったということなのです。

そこで考えてみますに、当時の交流というのは、おそらく対馬海峡を挟んだ沿岸の漁民どうしの非常に自然な、たとえば、たまたま魚を獲りに出ていて、朝鮮半島側の人と出会って、そこで一緒に行くとか、あるいはまた、対馬からは朝鮮が見えますし、また逆に朝鮮の釜山の近くからは対馬も見えますので、自由に往来したのではないでしょうか。

そういう地理的関係もありまして、この時代の日本と朝鮮との関係もしくは交流の特色というのは、対馬海峡を挟んだ沿岸という非常に限られた地域であり、しかもその内容は、沿岸漁民どうしの非常に自然で偶然的なレベルのものではなかったかと、考えたいのです。

そういう時期が数千年間続きました。

稲作と金属器の文化の開始

その後、縄文時代の晩期から弥生時代の中期にかけまして、日本と朝鮮の関係が非常に密接になります。それも細かく見ますと、いくつかの段階があります。時の経過とともに交流の内容も違って来ます。大雑把《おおざっぱ》にいいますと、その頃非常に大きな交流があったということです。朝鮮半島は、無文土器《むもんどき》（青銅器）時代という時代のことです。無文土器というのは、弥生土器とよく似たところがあります。土器の表面から装飾文様がなくなり、非常に単純で、スマートなといいましょうか、そういう無文土器が出現します。この時代にはすでに青銅器が出て来ていますので、青銅器時代とも呼ばれます。

この時代の非常に大きな交流を単的に申しますと、一つは水稲耕作、要するに稲作の文化が伝来したということです。もう一つは青銅器文化が流入して来たことです。そういう稲作と青銅器に代表される文化が段階を経て伝わって来たのです。まず、縄文時代の晩期後半になりまして、実はすでに水稲耕作が始まっていたということが分かって来ました。おそらくみなさん、あるいは私自身もそうですけれども、六〇年以上前の高等学校の頃に習いましたのは、日本の稲作というのは、弥生時代になって始まるということでした。ところが、三〇年ほど前には北部九州で調査が進むにつれて、どうもその前段階、弥生時代の直前に、つまり縄文時代晩期に稲作の起源がさかのぼることが分かって来ました。晩期もいろいろ細かく土器の編年《へんねん》によって分けていますが、晩期の終末の、夜臼《ゆうす》式土器という土器を使った時期にすでに稲作が始まっていたということが板付遺跡《いたづけいせき》の発掘調査により明らかになりました。その後さらに夜臼式よりも、もう一段階古い山の寺式土器《やまてらしきどき》という縄文時代晩期後半の土器の時期に水稲耕作が始まっているということが分かって来たのです。佐賀県の唐津市にあります菜畑《なばたけ》遺跡という遺跡の発掘成果です（第3図）。ここでたまたま都市計画道路の工事に関連して、唐津市の教育委員会によって調査されましたところ、水田の跡が実際に出て来たんですね。それは、水を引張って来るための用水路、あるいは田んぼを区切る畔でした。また、その周辺から実際にお米そのものも出て来ました。これは、すでに炭化して真黒になっていました。それからまた、そういう遺構や遺物に伴って石庖丁などが出ています。こうなりますと、縄文時代の晩期にすでに稲作技術が一つの体系もしくは文化として始まっていると評価できましょう。

この点に関連して、この時期の朝鮮半島と比較し、菜畑遺跡で出土した石庖丁とか、縄文時代の打製石鏃《だせいせきぞく》に対して非常にきれいに磨き上げた磨製

第3図　発掘調査中の菜畑遺跡　1981年2月11日撮影

石鏃や石剣が見つかっています。それらを彼我で比較いたしましたら、縄文時代の晩期後半に始まった稲作文化というものは、まさに朝鮮半島の南岸地域で行われて来た農耕文化に起源が求められるということが分かると思います。そういった遺跡が、北部九州の沿岸地域で点々と調査されています。

結局、縄文時代晩期の後半の段階、つまり山の寺式とか夜臼式土器と呼ばれる、縄文時代でも一番新しい土器の段階に、九州の北岸地帯では点々と、そういう水稲耕作を行う集落が出現していたということです。もちろん、そのような集落遺跡からは、縄文土器も出て来ますし、縄文時代特有の石器なども出土しますので、全体としてはやはりまだ、狩猟《しゅりょう》・採集《さいしゅう》活動を主とする縄文文化的な集落なんですけれども、その中ですでに、一部ではありますが、水稲耕作が始まっているということなのです。そこで、この時期を弥生時代早期と位置づける研究者も少なくありません。

その後、弥生時代の初期になりまして、土器を作る技術などが、新しくまた発展いたします。たとえば、土器の器形でいいますと、縄文的なものはなくなってゆくのに対して、弥生的なものが始まるというかたちで、弥生時代の前期の初頭にも大きな変化があります。そして、すでに青銅の鏃《やじり》が出現しています。これまで青銅器といいますと、弥生時代の前期後半ないしは末に始まるといわれて来ましたが、すでに前期の初めから、きわめて少量とはいえ青銅器が入って来ていたということは注目に値します。この銅鏃《どうぞく》は、翼《つばさ》のような非常に特色のある形をしていますから「有翼形《ゆうよくけい》」と呼んでいます。そういう形の銅鏃は、縄文時代にはまったくなかったもので、むしろ似たものが朝鮮半島の南部にありますから、これはやはり朝鮮半島から入って来たと考えられます。こうして、北部九州の海岸に近いところでごく一部、青銅器が出ていますけれども、それが本格的になって来ますのは、弥生時代前期の後半あるいは末のことなんです。とくにその主体は青銅製の武器です。青銅で作られた刃物ですね。具体的には、銅《どう》剣《けん》・銅矛《どうほこ》とか、銅戈《どうか》といった青銅製の武器類です。これらに伴いまして多鈕細文鏡《たちゅうさいもんきょう》という非常に珍しくて、また、日本列島人が初めて見る鏡が出て来ます。この鏡は、鈕《ひも》を通す部分の鈕が、普通は一つですけれども、この場合は、多鈕といいまして二つ以上あるのです。また、細文というのは、非常に細かい幾何学文様で鏡背《きょうはい》を飾っていますので、そのように呼びます。こういったものが、北部九州から山口県、さらに東は、大阪府柏原市の大県《おおあがた》や奈良県御所市の名柄《ながら》などで出ています。そういうかたちで弥生時代の前期後半になって、本格的な青銅器が出現するということです。

この時期のもう一つの特色としまして、弥生土器がふんだんに使われ、日常生活にも密着してたくさん作られている時期に、朝鮮半島の無文土器そのものが、日本に入っているんですね。それらは、九州北部地方から、さらに南は熊本辺り、東方では、山陰地方の鳥取県でも出ていますし、山陽地方の岡山県にもそれらしきものがあるのです。さらに、東海地方の愛知県など分布が拡大しつつあります。前期の後半になって来ますと、そういう朝鮮半島の無文土器そのものが、弥生土器がたくさんあるのに、分量は非常に僅かですけれども、九州の北部を中心に、西日本各地に波及しているんですね。このように、細かく見ていきますと、いろいろありますが、基本的には水稲耕作技術が一つの体系ないしは生活様式として入って来ています。おそらくそれに伴って農業祭儀《さいぎ》なども入って来たことでしょう。

もう一つの問題は、稲作とともに鉄器も入っていることです。これは、福岡県糸島市の曲田《まがりだ》遺跡で夜臼式土器、つまり縄文時代晩期終末の土器に伴って鉄斧が出土しています。あきらかに水稲耕作技術と一緒に鉄器も入って来ているんですね。青銅器はなぜか、遅れて入って来ます。鉄器や青銅器にしましても、日本の縄文時代の文化からは、決して生まれて来ないまったく新しい現象ですが、同じようなものがかえって朝鮮半島の南部にありますから、朝鮮半島から入って来たということは間違いないと思います。ところで、その頃の墳墓を見ましても、たとえば支石墓《しせきぼ》（第４図）、いわゆるドルメンとも呼ばれるような、日本の縄文時代の中から自然には生まれて来ない、むしろ朝鮮半島に普通にあった、そういうものも出現します。このようにしまして、いくつかの段階を経過しますが、まったく新しい、大変大きな生活様式なり社会に変化が起こりました。しかも、そこには、朝鮮半島からの直接的な影響を受けているということも、動かしがたい事実だと思います。そうしますと、これを一体どういうふうに理解したらいいかということなんです。

この問題につきまして、一つには朝鮮半島自体の中に何らかの要因があって、対馬海峡もしくは朝鮮海峡を経て、そのような文化を持った人々が北部九

第４図　発掘調査中の福岡県糸島市・新町遺跡支石墓群　1986 年 12 月 6 日撮影

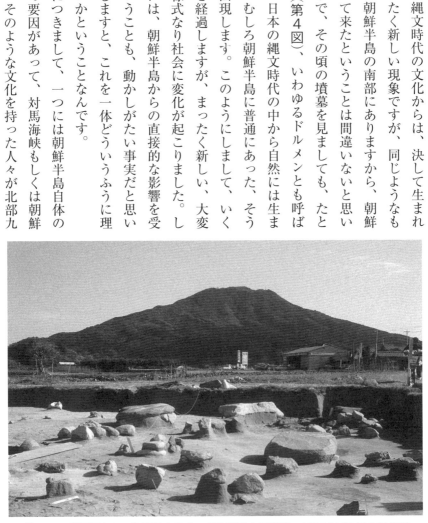

州から中国地方西端部に渡って来なければならなかったとは考えられないでしょうか。日本に渡っていかねばならなかった、そういう状況が朝鮮半島内部の社会にあったのではないかということです。ここでは具体的な内容を省略しますが、ともかく朝鮮側の内部にいろんな矛盾が生じていて、その捌《は》け口として稲作と金属器の文化を持った人々が、あの対馬海峡の荒波を越えて、日本に渡来して来たと考えるのです。

この問題に関連しまして、形質人類学《けいしつじんるいがく》あるいは解剖学の金関丈夫《かなせきたけお》先生の仮説が注目されます。金関先生は、北部九州あるいは山口県で発見された弥生時代の墓地出土の人骨を分析されました。つまり解剖学的に計測して調べていかれた結果、弥生時代前期の後半の資料なんですけれども、弥生時代の人々の平均身長が、縄文時代のそれに比べて、高くなっているということを明らかにされました。縄文時代の平均身長は男性でいいますと、だいたい一六〇センチですね。一六〇センチある平均身長が、弥生時代になると三センチほど高くなっているのです。弥生時代になって、とくに北部九州から山口県にかけての辺りで約一六三センチに高くなるというのは、一体どういうことを意味するのでしょうか。一つは稲作が始まって食生活が良くなって来たことに理由を求める考え方です。ところが、そうでしたら、その後も農業技術の進展につれて、体質が改善されていって良いのに、実は古墳時代になりますと、また、背が低くなりまして、約一六〇センチに下がるんです。ということは、弥生時代になって一時期、一時的に高い身長の人々が出現したことを示すのだという、もう一つの考え方が出来ます。

ところで、その平均身長一六三センチという点をずっと調べていかれましたら、朝鮮半島南部の人々の平均身長がやはりそれぐらいの高さを持っていることが推測されました。とくに南部の人々と平均身長が合致するものですから、おそらく南部地方から平均身長の高い人々が日本に渡って来たのではないかということが解剖学的に論証されたわけです。しかし古墳時代になると、またもと通り低身長になっていくということは、決して渡来人が継続的にどんどん来たのではなくて、おそらくは小さな集団が一時的に弥生時代の初めに渡来したのではないかということになるのです。

そのように、縄文時代の晩期から弥生時代の中期にかけまして、いろんな新しい、生活様式の変化や大きな社会の変動が起こりました。繰り返し申しますと、稲作技術であったり、あるいは青銅器であったり、そして無文土器そのものが入って来ました。そういうものは、どうも朝鮮半島から小さな集団が海を渡って来て持ち込んだものと思われます。しかもその理由としては、朝鮮側にやはり内部事情があって、その捌け口として起こったのではないでしょうか。一方また日本側にも、縄文時代において獣や魚貝類を獲ったりして生計を立てるという、自然に依存した非常に不安定な食糧事情の中で、自分達の努力如何によって、いくらでも食糧を生産できるとなりますと、稲作文化の受容は、歓迎すべきことだったでしょう。また、打製石器を使っていた時代に精巧な磨製の石器や、あるいは金属器が入って来るとなれば、これもまた大いに歓迎すべきことでしょうね。そのようにしまして、朝鮮側にも、また、日本側にも、それぞれ弥生文化成立の諸条件が認められると考えます。

ところで、縄文時代の交流は、対馬海峡を挟んだ非常に限られた範囲で展開したのに対しまして、弥生時代の成立時期になりますと、縄文時代晩期後半から始まって弥生時代の中期に至る頃、交流の輪は、九州本土でもさらに中九州まで、そして、本州では中国地方まで、といったふうにして波紋状に広がっていくという特色が見られるのです。

ここで一つ記憶しておくべきことがあります。といいますのは、そのようにして一方的に朝鮮半島から、どっと新しい進んだ文明が持ち込まれたかといいますと、もちろん今述べました通り、事実でありますが、この時代に実は、日本の弥生文化の一部が、片々たるものとはいえ、朝鮮半島へ逆に渡っているということがあるんです。たとえば、戦前に釜山の郊外にある金海《きんかい》貝塚から大きな甕棺《かめかん》が出まして、これは、どう見ても弥生土器なものですから、倭人《わじん》が向うに持ち込んだものか、あるいはまた、倭人が向うに行ってから作ったものと理解して来ました。ただ、そのような事実は、一例なものですから、いろいろ議論をまき起こしました。解放後、つまり一九四五年以後ですね、南北朝鮮の先生方から、「あれは、そんな日本の土器じゃないんだ」と、「朝鮮の無文土器が変化してああなったんだ」、というような反論も出ました。しかし、公平にというか、冷静に考えて、それは、やはり弥生土器だと私たちは考えて来ました。

ところが、その後、朝鮮半島南北で研究が非常に進んで来ますと、朝鮮の学者自身が、間違いなくこれは弥生土器だといわれるものが、次々と出て来たのです。さきほどの金海貝塚の場合は、弥生時代の前期の終わりの頃のものですが、こんどは弥生時代の前期の終わりから中期の後半にかけまして、朝鮮半島南岸の何カ所もの遺跡で弥生土器そのものが発見されています。それらにつきまして、私たちが黙っていましても、大韓民国、いわゆる韓国の研究者が報告書なり論文の中で、日本の弥生土器が一緒に出土したとはっきり書いておられます。そういった朝鮮半島南岸の遺跡群は、やはり金海や、あるいは、三千浦《さんぜんぽ》という港町の沖合の島であるとか、さらに前出の東三洞遺跡の沖合にある朝島《あさじま》という遺跡など数カ所以上で認められます。

そして、さきほども弥生時代前期後半の頃、青銅製で細形《ほそがた》の銅剣・銅矛・銅戈といったものが朝鮮半島から流入して来るといいましたけれども、それらはやがて、日本独自の展開を見せるようになります（第5図）。平たくいえば、日本列島人が勝手に自分たちの好みの青銅器を作るようになるのです。楽器としての小銅鐸《しょうどうたく》を例にとりましても、やがて祭器としての銅鐸へと変遷します。青銅製の武器の場合、最初は実用の武器として非常に鋭い細形、つまり細身のものが船載《はくさい》されますが、やがてそういう武器という機能が忘れ去られてしまい、形態は武器の形をしていましても、実際はご神体のような祭器になってしまうのです。それらを分かりやすく申しまして、武器形の祭器といういい方で表現しています。そのような銅利器は、細形・中細形・中広形・広（平）形というふうに型式変化をいたします。広（平）形の場合でいいますと、銅剣にしましても刃がついていなかったり、銅矛では柄を通す袋部さえ詰っているといったように、形は武器ですが、まったくお祭りの道具に変化して

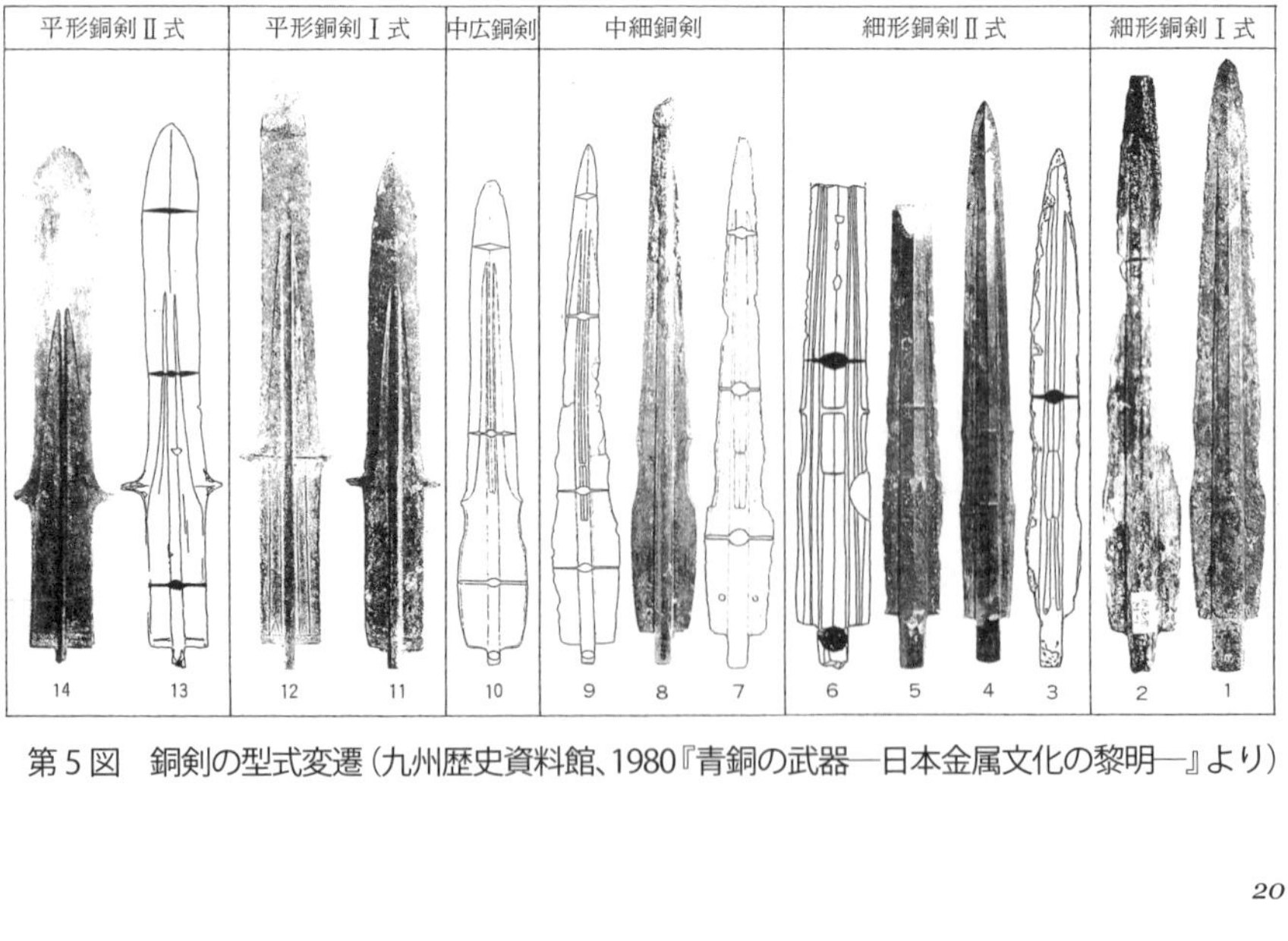

第5図　銅剣の型式変遷（九州歴史資料館、1980『青銅の武器―日本金属文化の黎明―』より）

しまっています。そのように日本で独自に変容してしまうんですね。そういう時代の中広形とか、広(平)形段階の青銅器が、実は朝鮮半島南部の何カ所かで見つかっています。それらはほとんどが、やはり慶《けい》尚南道《しょうなんどう》の金海郡とか、固城《こじょう》郡といった南岸地帯ですけれども、一部はもうちょっと奥に入りまして慶《けい》尚北道《しょうほくどう》の大邱《たいきゅう》のようなところでも見つかっているのです。

したがって、この時代に朝鮮半島から新しい非常に進んだ文化が、どっと入って来ますが、ある時期には日本の弥生土器が、向うへ逆流しているという現象も、やはり記憶しておくべきだと思います。このことは、やはり朝鮮半島から渡って来ていた人々が、たまには自分の故郷に帰るとか、こちらからも時には出かけるといった人々もいたでしょう。そのような日本と朝鮮の間のお付き合いの中で、日本のものが朝鮮に持ち込まれるということは、当然ありうる話ではないでしょうか。朝鮮から新しいものがどっと流入して来たことに比べますと、非常に微々たるものですが、向うでもそういうものが出て来るという事実があるのです。そういった事実から、古代の日朝関係を改めて考えなおしていったら良いと思います。

小国家形成期の交流

弥生時代におけるもう一つの大きな変化は、後期に入って起こります。弥生時代の後期は、朝鮮側の時代区分でいいますと、およそ原三国時代に当たります。あるいはまた、金海貝塚という遺跡が代表的なものですから、金海期という呼び方もあります。要するに日本でいえば、弥生時代から古墳時代に移る、ちょうど移り目、過渡期です。やがて朝鮮半島では、高句麗《こうくり》・百済《くだら》・新羅《しらぎ》といった強大な国家、いわゆる三国が成立しますけれども、その出発点が金海期にあるというわけで原三国時代というい方をしております。この時代にも大きな交流の証があります。

このことにつきまして、いまのところ考古学的データは、必ずしもたくさんあるわけではありませんが、一つだけ例をあげますと、弥生時代後期になりまして、土器に新しい現象が見られます。それは、金海式土器といいまして、金海貝塚ではじめて発見されたことから、そのような名前がついています。日本でも東京都の弥生町《やよいちょう》からいわば新種の土器が発見されたことで弥生土器といっているのと同じです。ところで、日本から出て来る金海式土器というのは、いい換えれば、灰陶質土器《かいとうしつどき》（瓦質《がしつ》土器）といっても良いと思います。日本ではそれまで縄文土器・弥生土器といった、素焼《すやき》で、空気にさらされた状態で野焼《のやき》された土器であったのに対して、灰陶質土器は、空気を遮断《しゃだん》した状態、つまり還元焔《かんげんえん》で焼かれた非常に硬い焼物、土器なのです。後期に出て来る灰陶質土器は、いまのところ、対馬とか壱岐、あるいはさらに九州本土に渡りますと、伊都国《いとこく》のあった糸島《いとしま》市などから出土しています。すなわち、対馬・壱岐も含めて北部九州の沿岸地帯に比較的多く分布しています。もう一つの分布の中心がどこにあるかといいますと、大阪湾沿岸地帯の河内《かわち》あるいは摂津《せっつ》の一部で出て来るのです。そのように金海貝塚などを残した朝鮮半島南岸地域で成立した灰陶質土器が、弥生時代の後期に、一つは北部九州、一つは大阪湾沿岸といった地域に出て来るのです。日本列島人が、青い灰色がかった堅い焼きの土器を目にしたのは、中期後半の楽浪《らくろう》土器が最初ですが、続いて後期には一段と増加します。

その背景をいろいろ考えますに、弥生時代後期といいますと、ご承知のように邪馬台国《やまたいこく》の時代ということになります。この時代につきましては、中国側の記録、つまり『三国志《さんごくし》』の魏書《ぎしょ》東夷伝の倭人の条に当時のことが出て来ます。いわゆる倭人伝の前の条には、韓伝《かんでん》といいまして、朝鮮半島南部のことを書いた記録があります。その中で当時、朝鮮半島の南部には七〇余りの小さな国々が出来ていたことが書かれています。その当時の国というのは、だいたい現在の日本でいいますと、交野《かたの》郡とか茨田《まった》郡といった「郡」に相当する規模の地域社会です。現在の行政区画といいましても、直接的には奈良時代の、律令《りつりょう》時代の一郡、あるいは二郡ぐらいの小さな範囲なのですが、そのような規模の部族国家に対して、中国側は、奴国《なこく》とか、伊都国あるいは邪馬台国といったふうに、「国」と名付けたわけです。

ところで、朝鮮半島南部に当たる韓伝の中で一番南にあった国が、弁辰狗邪国《べんしんくやこく》という国ですね。これにつきましては、現在の金海郡という地域を比定しても良いでしょう。そこで誕生した灰陶質土器がかつて対馬国、一支国《いきこく》あるいは伊都国と呼ばれたところで出土することは前述の通りです。いろいろ考えますと、結局その当時、邪馬台国は、朝鮮半島西海岸の北西部にあった帯方郡《たいほうぐん》を通じて、魏の王朝と外交交渉を持っていたことが浮かび上がって来ます（第６図）。実はこの時期より前段階の弥生時代中期後半ごろに、『漢書《かんじょ》』地理志に出て来るように、小さな国々が出来上がりつつありました。それが、この時代になりますと、各地に小さな国々が現在の一、二郡ぐらいの規模で次々と誕生していきます。そのうちの一つの大きな国が邪馬台国であったわけです。そのような時代に、つまり邪馬台国が帯方郡を通じて魏王朝と外交関係を持つという中で、朝鮮半島のもっとも東南部にあった倭人伝にいう狗邪韓国は、非常に大きな位置を占めて来るのです。ここは何といいましても、日本から海を渡って行った最初の上陸地です。逆に朝鮮からいえば、帯方郡からの使者が日本にやって来るとき、「はじめて一海を渡る」と表現されるように、いわば、出発点になります。そういう意味で狗邪韓国というのは重要な位置に当たります。その背景には、そういう地理的な位置と、もう一つは、ここが鉄の産地だということです。そういう鉄生産や、邪馬台国と帯方郡の間の、つまり魏王朝との間の外交交渉上で、狗邪韓国というのは、ぐっと脚光を浴びて来るのでしょうね。

一方、日本でも伊都国というのは、「倭人伝」によれば、一大率《いちだいそつ》が置かれたり、あるいはまた、中国側の魏の使節がやってきたら必ずそこにとどまると書かれているように、日本の窓口でもありました。伊都国、すなわち現在の福岡県糸島市の前原辺りが、ぐっと浮び上がって来るので

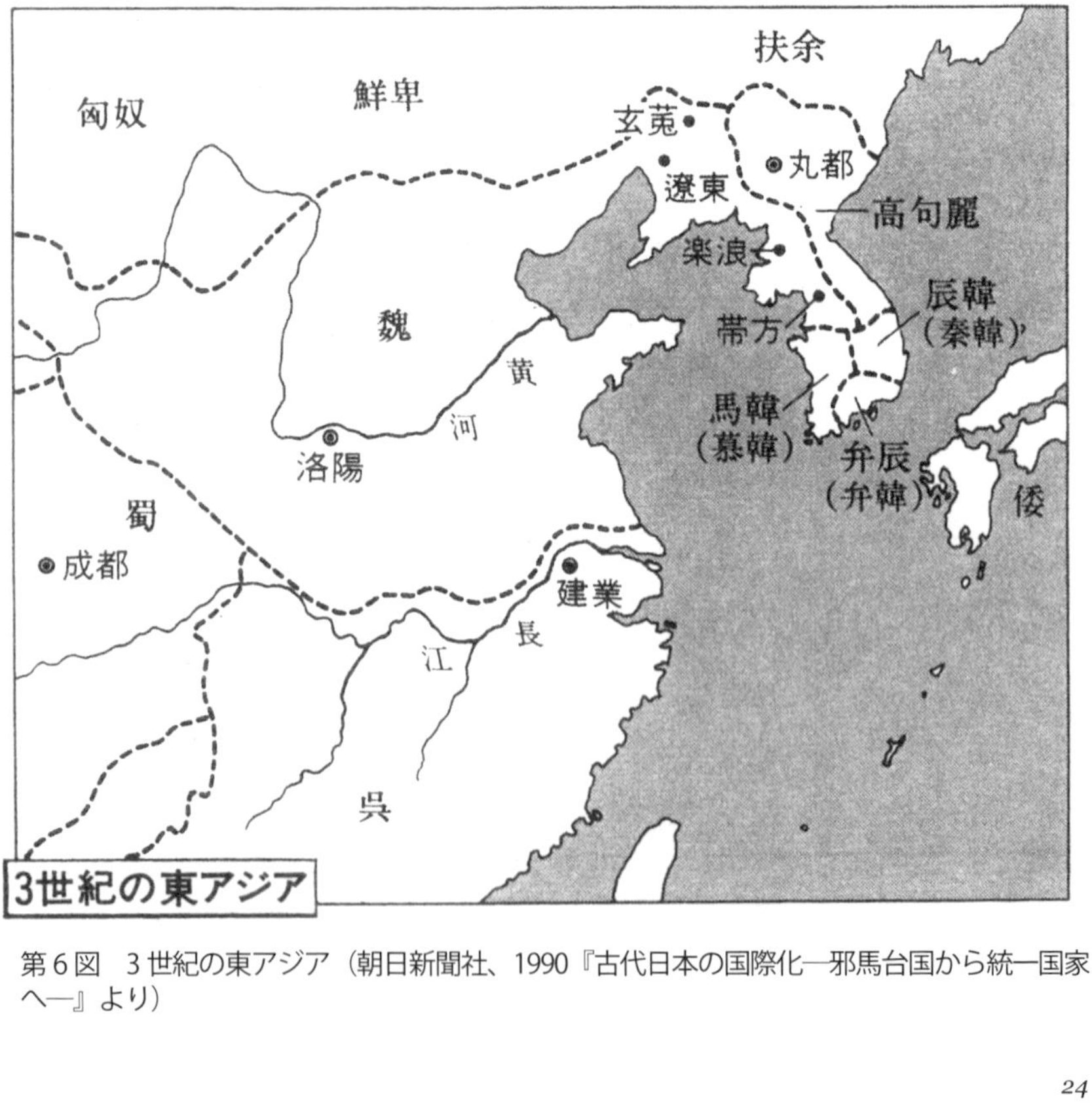

第6図　3世紀の東アジア（朝日新聞社、1990『古代日本の国際化―邪馬台国から統一国家へ―』より）

す。その背後に邪馬台国があるわけです。このように邪馬台国から帯方郡、つまり魏王朝へという外交交渉の中で、伊都国なり狗邪韓国といった小国の重要性が高まって来ます。そういう、いわば原初的な小国家の成立、あるいは発展という過程で、さきほど述べた灰陶質土器が日本に持ち込まれるのではないかと考えるのです。

私は、最近もいろんなものに書いていますが、邪馬台国は、もちろん九州ではなくて、近畿であると考えていますが、こういった灰陶質土器の分布状況も、その傍証《ぼうしょう》の一つになるのではないでしょうか。とくに、近畿地方にあった邪馬台国が伊都国、狗邪韓国を通じて魏王朝とつながります。そのような邪馬台国から魏王朝へという大きな外交の過程で、狗邪韓国の土器が伊都国とか、さらに邪馬台国にも入って来るというかたちで、近畿地方の河内、あるいは大和の各地で出土することになったと考えます。いわば原始的な小国家の成立とそういう国家間、あるいはその背後にある大きな王朝なり、邪馬台国なりによる外交という背景の中で、灰陶質土器の出現を位置づけたいと思います。無文土器の場合は、弥生時代の中期まで、主として、中国地方ぐらいまでしか流入していませんが、弥生時代の後期になりまして、金海式土器ともいわれるような朝鮮の新しい技術による土器が、一挙に近畿地方まで分布が広がります。

振り返ってみますと、櫛目文土器は、朝鮮海峡沿岸部という限られた地域で出土しましたけれども、やがて無文土器は、九州本土から九州中部、さらに中国地方まで広く分布するようになります。そして、弥生時代後期になってもっと広がって朝鮮の土器文化が近畿地方まで直接的に波及するのです。弥生時代の交流と一口でいいましても、このようにいくつかの段階を経て、また、その交流の輪が波紋状に広がってゆくと考えています。

古墳時代の交流

次に古墳時代になりますと、また一つの大きな交流の波が、あるいは朝鮮の文化が入って来ます。さて、日本では五世紀の頃、仁徳天皇陵古墳《にんとくてんのうりょうこふん》をはじめ、とてつもなく大きい古墳が築かれましたから、その時期を古墳時代と呼んでいることは、よくご承知の通りです。その時期にやはり朝鮮半島でも大きな古墳がどんどん造られていたのです。ただ、朝鮮ではその時期に古墳だけではなくて、やがてお寺が建てられたり、あるいは山城《やましろ》が非常に発達するという顕著な現象が見られます。そこで朝鮮では、日本のように古墳時代と呼ばずに、三国時代といっています。日本の古墳時代には、一応、ヤマト王権という統一王権、あるいは統一国家が形をなしたという考えが背後にあります。それに対して、朝鮮半島の場合には、北に高句麗、南の西側に百済、東側に新羅という三つの強大な国家が形成されます。そして、新羅と百済に挟まって加耶《かや》という諸小国が連合状態をしばらく続けます。つまり、高句麗、百済それに新羅という三つの強大な国家が、朝鮮半島のほぼ全域にわたって三分するかのように出来て来ます。また、百済と新羅に挟まって、まだそれほど強力な国家にはならないで、部族国家が連合しているような状態の、つまり加耶連合ともいわれる諸国が介在しているのです。したがって、厳密にいいますと、三国と加耶諸国の時代というべきですが、それを略称してふつう三国時代と呼んでいます。

ところで、弥生時代に一つの大きな文化の流入ないしは、波及があったことは、さきほど述べましたけれども、古墳時代にもまたいくつかの段階を経て、朝鮮半島からいろんな新しい進んだ文化が入って来ます。この問題も、やはり時期によってさらに細い諸段階がありまして、その内容にも精粗が見られます。

まず、最初の画期は、だいたい四世紀の終わりから五世紀の初めにかけまして、つまり古墳時代の前期末から中期初め頃に認められると申しておきましょう。この時期の一つの大きな特色は、灰陶質土器が完成されたかたちで出現するということです。さきほども弥生時代後期に北部九州と近畿地方を中心に灰陶質土器が初めて出て来るといいましたが、その時期の灰陶質土器というのは、土器の器形が壷などに限られているのです。ところが、この時期になりますと、そのほかに坏《つき》・高坏《たかつき》・甕《かめ》とか器台《きだい》といったように、容器がセットとして非常に多様になって来ます。それからまた、灰陶質土器そのものも弥生時代後期に入って来た、いわゆる金海式土器に比べて焼成《しょうせい》温度が高く、堅くて精巧な焼物になりまして、叩くとチンチンと金属音が出るようなものになるのです。そのようにしまして、灰陶質土器において大きな技術の進歩が達成される時期なのです。こういった陶質土器が日本で出土しますが、いまのところそう多くはありません。これまでによく知られているものに岐阜県の遊塚《あそびづか》古墳の出土品があります。ここでは、鏡とか腕輪などと一緒に脚付壷《きゃくつきつぼ》の蓋が埋納されていました。おそらくこれは、貴重品扱いされて、宝器として一緒に埋められたものだろうと思います。これは地域的にちょっと飛び離れた数少ない実例です。北部九州では、福岡県の筑後川《ちくごがわ》流域に甘木《あまぎ》というところがあります。ちょっと余談になりますが、ここは邪馬台国九州説を採った場合に、有力な候補地の一つで、何人かの方が、そこが邪馬台国であるという結論を出しておられます。その甘木で、一九七八年（昭和五三）に調査が行われましたところ、さきに述べたような坏・高坏・甕とか器台といったいろんな種類がセットとして墳墓群からたくさん出て来ました（第7図）。そういうことで、いまのところ、この時期の比較的古い陶質土器というのは、北部九州を中心に、近畿・東海から、さらに関東地方でも知られるようになりました。そして、京都府北部の京丹後市の奈具《なぐ》岡《おか》遺跡では、初期須恵器と区別がつかないものが知られます。

ところで、大阪府枚方市の文化財研究調査会が調査された交北城《こうほくじょう》ノ山《やま》遺跡で、五世紀前半ぐらいに遡《さかのぼ》るか、前半でも若干時期が下がるかも知れない土器が見つかっています。いまのところ北部九州の一部と岐阜県といった非常に離れた限られたデータではありますが、この時期に畿内の中枢部に野中古墳のように、陶質土器が入っています。したがって、将来、大和なり河内から古い陶質土器がもっと

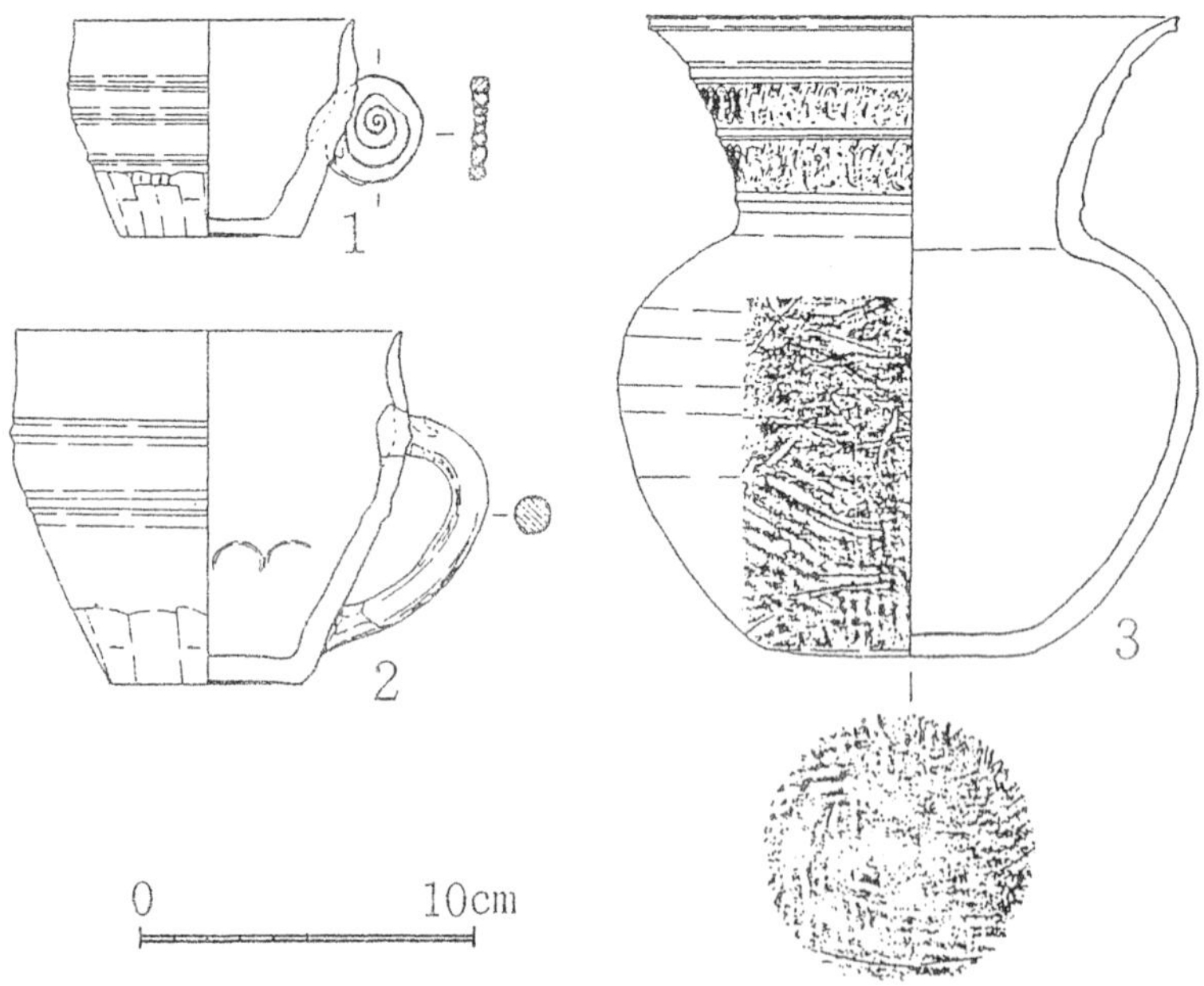

第7図　福岡県朝倉市・古寺10号墓出土の陶質土器もしくは初期須恵器（甘木市教育委員会、1982『古寺墳墓群』『甘木市文化財調査報告』第14集より）

増えるのではないかと予想しています。

この時期の陶質土器の特色を申しますと、それが加耶系の土器であるということです。朝鮮には三国と加耶がありましたが、土器の器形、あるいは組み合わせを比較した場合に、その中でも加耶の人々が作ったものであることがだいたい考えられます。ご参考までに申しますと、日本の須恵器《すえき》の始まりは、いわゆる新羅の王子の天日槍《あめのひほこ》が近江《おうみ》の鏡村《かがみむら》に移り住んだことに由来すると、『日本書紀』垂仁紀《すいにんき》に出ています。それによりますと、新羅系ということになります。もう一つは雄略紀《ゆうりゃくき》に出て来る、いわゆる新漢陶部高貴《いまきのあやのすえつくりのこうき》ですね。これは百済系です。つまり記録によりますと、新羅系なり百済系の土器が、日本で最初に焼成され、あるいは使われ始めるということになっているのです。ところが、実物による限り、最初に入ってきた完成された陶質土器というのは、どうも加耶のものであるという感じがいたします。

それから、この時期に鋳造の鉄斧《てっぷ》があります。これは、この時期に始まってずっと新しく六世紀頃まで日本に入って来ます。この鋳造鉄斧は、斧は斧でも鋳物《いもの》の斧で、非常に珍しいものです。これは普通の斧ではなくて、形は斧ですが、実際は土木用、あるいは農耕用に使ったスキやクワではないかという研究が出ています。ついでにいいますと、その分布の中心は、やはり北部九州です。東は静岡、南は鹿児島まで、もちろん近畿でも出ております。

もう一つは、この時期になって横穴式石室《よこあなしきせきしつ》ないしはその系統の墓制《ぼせい》が出て来るということです。初期の横穴式石室は、完全な横穴式ではないものですから、竪穴系《たてあなけい》の横口式石室《よこぐちしきせきしつ》と呼んでいます。これは、竪穴式の石室の短い方の側壁《そくへき》に横口がつきますので、そのように呼んでいます。すなわち、後に流行するような典型的な横穴式石室が出来上がる前段階に、当時の日本の古墳で見られた竪穴式石室に横穴式という概念が導入されるのです。このことは、原則として一人を埋葬する竪穴式に対して、次々と人を葬ることが出来ますから、一つの横穴式石室の中に家族を埋葬することが出来るという、大きな変化を示しています。初期の竪穴系横口式石室は、現在のところやはり北部九州で、福岡市内の老司《ろうじ》古墳で見つかっています。そのように、こういった新しい現象は、遺物だけではなくて、石室という墓制の遺構においても見られるということです。このように断片的ではありますけれども、四世紀末から五世紀初めにかけて、北部九州を中心に新しい技術なり考え方が入って来ます。

ところで、そのような諸現象が本格的になりますのは、五世紀中ごろもしくは後半、つまり、古墳時代でも中期の中ごろ、あるいは後半のことです。この時期というのは、弥生時代に稲作文化が入ってきたことに匹敵するほどの、あるいはそれ以上の大変大きな変化が、社会や生活の各分野に出て来た時代です。これを簡単に申しますと、まず朝鮮半島から加耶系の土器が入って来ます。これはおそらく、向こうから人が持ってきたのではないかと思います。やがてそれをまねて作るか、あるいは向こうから渡ってきた人が作った土器がこの時期から出始めるのです。もちろん向こうからの舶載品だけではなくて、それらと一緒に日本における最初の陶質の土器である須恵器が伴出することがあります。須恵器は西日本各地の六世紀や七世紀の古墳から普通に出て来る、いわゆる須恵器なのです。当初は、陶質土器を持ち込んだ人が日本で作ったか、あるいは陶質土器を模倣して日本で作った土器でありました（第7図）。そのため、初期の須恵器は、朝鮮で作られた土器と区別がつかないほど両者が似ています。この問題は、自然科学的な胎土分析などを通じて、しだいに決着がついて来ましょう。そのように区別がつかないほど朝鮮の技術や伝統を残した土器をとくに初期須恵器《しょきすえき》と呼びまして、後の六世紀の群集墳《ぐんしゅうふん》などから大量に出土する須恵器と区別しています。ともかくこの時期に、日本で初めてそれまでにまったくなかった、焼成温度の非常に高い陶質の土器が作られ始めるということは、非常に大きな出来事です。そのことは、生活様式の上でとても大きな変化といえましょう。

初期須恵器が出土しますのは、いまのところやはり、分布状況に集中地域が見られます。一つは北部九州であり、もう一つは河内平野とか、紀ノ川流域といった近畿の中枢部であります。さきほど、前期の末から中期の初めにかけて、いくつかの新しい現象が見られるといいましたが、それらは主として北部九州ぐらいの範囲で留まっていました。ところが、五世紀の中頃から後半になりまして、近畿の中枢でもそういう新しい技術なり文明がかなり出始めるということです。初期須恵器の最初の窯は、一般には堺市の陶邑《すえむら》が有名です。永らく初期須恵器は、陶邑で作られたものが各地方に供給されると理解して来ました。ところが一九六〇年代に入って、各地で初期須恵器の窯跡が相ついで発見されるようになりました。宮城県仙台市や、愛知県尾張旭市などで調査されています。さらにその後、陶邑よりも古く五世紀前半に遡るものがやはり北部九州の朝倉地域で見つかっています。そのような調査の成果を考えますと、従来のように初期須恵器というと陶邑で作られたものが一元的に各地方に供給されたと理解するよりも、ほとんど同時的に日本の各地域で初期須恵器が作られ始めていると考えられるようになって来ました。その後、交北城ノ山遺跡で出土したあいう陶質土器も、ひょっとしたら陶邑ではなくて、この地域で初期の須恵器として作られたものかもしれません。

そのほか細かなことは省略しますけれども、鉄器に関連して少し触れておきたいことがあります。鉄器そのものは弥生時代後期から船載の灰陶質（瓦質）土器に伴って普及して来ます。そうしますと、鉄生産という問題が大きな課題となって来ます。古墳時代の遺物として鉄鋌《てってい》と呼ばれる鉄の錬金が出土します（第8図）。これはバチの形をした、いわゆる鉄の素材で、大和では奈良市の北の方のウワナベ古墳の陪塚《ばいづか》である大和《やまと》六号墳が鉄鋌を大量に埋納していました。そういうバチ形をした鉄の素材がこの頃大量に出土します。鉄鋌と同じようなものは、新羅の慶州《けいしゅう》の古墳から良く出土します。また、百済や加耶の地域でも出土していまして、日本出土の鉄鋌は、おそらく新羅や加耶・百済などで作られ、鉄素材として輸入されたもののようです。ともかくそのような鉄素材が輸入されたり、あるいは場合によっては、日本でもすでに開発され、作られ始めていた可能性もなくはないのですが、そういった問題も出て来ます。そのような鉄素材から、より効率の高い種々の鉄器が作られ始めるのです。たとえば農具でいいますと、U字形をしたスキ先ないしはクワ先があります。これは木製の農具の先にU字形をした刃を付けまして、それで高い丘の上とか、新しい場所をどんどん開発してゆくわけですね。それから鎌《かま》なども、先端がトビ口状に折れ曲がった新しい型式が現れるといったように、農具における変化が見られます。

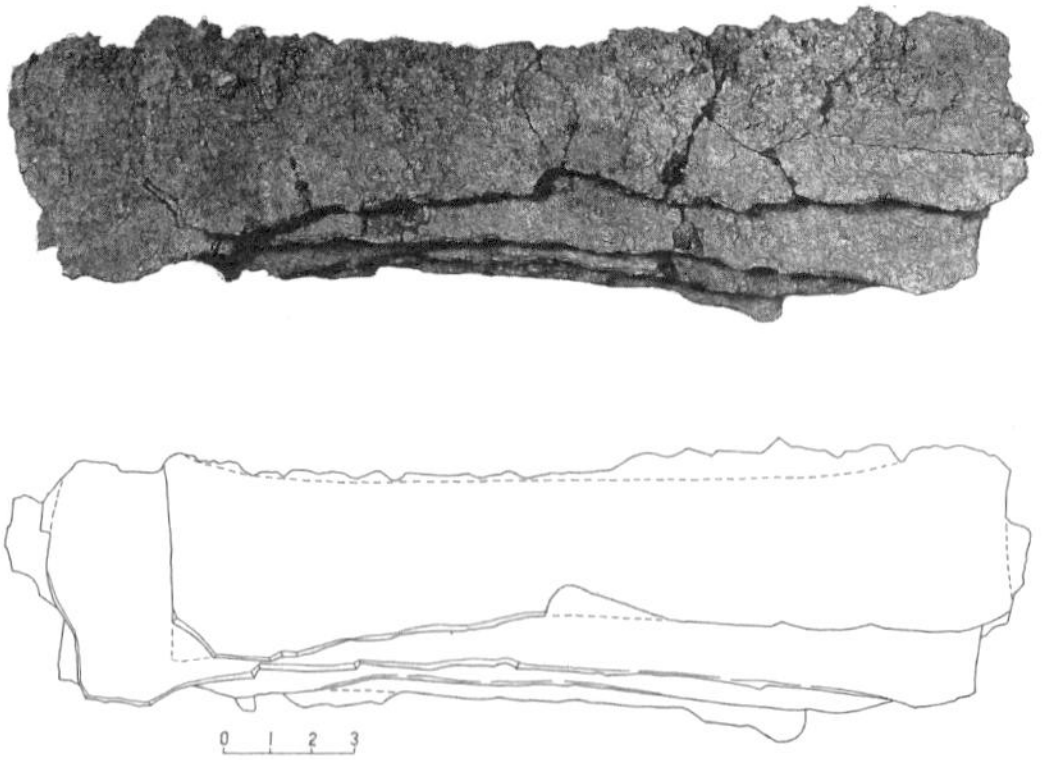

第8図　宗像・沖ノ島正三位社前遺跡出土の鉄鋌（宗像大社復興期成会、1969『沖ノ島Ⅰ　宗像大社沖津宮祭祀遺跡昭和44年度調査概報』より）

さらに武具におきましても、甲冑《かっちゅう》について申しますと、たとえば三角板《さんかくばん》の鋲留短甲《びょうどめたんこう》といいまして、要するに三角形をした鉄板をいくつか鋲で留めて、それで甲を作るんです。全体の形は、剣道の胴着のようなものを考えてもらったらいいでしょう。それまで革綴の短甲でしたが、新たに鋲留のそれが出現して来るのです。革で綴じるよりも、鋲で留めた方がより強固な武具になりますね。そういった三角板の鋲留短甲といったものが、この時期に出現して来るというように武具においても製作技術が変化して、より武具として効率の高いものが作られ始めるというわけです。それらの新しい文化を見ますと、土器などがとくにそうですけれども、加耶系のものが主体を占めています。また、甲冑にしましても、やはり加耶系ですね。新羅の都のあった慶州郊外で甲冑が発見されていますが、これまで日本で発見された甲冑の起源になるようなものもあります。しかし、直接的にはほとんどが加耶系のものです。鉄鋌は慶州の古墳で大量に出土しますが、加耶や百済でも出土しますので、厳密には源流がどことということはいえません。けれども、ひょっとしたら新羅系、つまり新羅から入って来たかもしれません。U字形鋤先やトビ口状をした鎌も、あるいは加耶の系統のものであるかもしれません。その辺りは、まだなかなかどこから来たとはっきりいえない状況です。

そういう中で、あるいは、百済系かもしれないというようなものが見られます。それは、金銅製《こんどうせい》、分かりやすくいいますと、金メッキをした装身具が出て来るのです。これに関連しまして、河内の一須賀《いちすか》古墳群でかつて出土したものが調べられたところ、金銅製の履《くつ》が含まれていました。そういう金メッキをした履とか、上からいいますと、冠、耳飾、腕輪、指輪それに腰飾というようなかたちで、頭の頂辺から足の先までを飾る金銅製品や、まれに金製品の装身具が出て来るということですね。それまで日本には、そういう金ピカのキラキラ輝く装身具は見られなかったのです。ところが、五世紀の中頃以後になりまして、中央や地方の豪族がそういう豪華な装身具で身を飾るという風習がこの時期に始まるのです。このことは非常に大きな変化です。それらは新羅や百済はもちろん加耶にも見られます。かつて大阪府の一須賀古墳群で見つかった冠については、百済のものと似ているから百済系の渡来人のものではないかと論評されていました。確かにそうかもしれません。金製品や銀製品は新羅に多いですが、金銅製品は、加耶あるいは百済でも南部の辺境とか日本に多いですね。そういう意味では、ひょっとしたら、それは加耶製かもしれません。もちろん新羅あるいは百済の可能性も充分考えられます。

さらにこの時期、五世紀後半のもので有名なのでは、埼玉県の稲荷山《いなりやま》古墳出土の鉄剣が、調査から一〇年後に元興寺文化財研究所でレントゲンにかけて調べられたところ、銘文があるということが分かりました。そこで銹を研ぎ出して銘文が露呈されました。稲荷山古墳の鉄剣銘文ということで、みなさんよくご存知のことと思います。そのことから熊本県の江田船山《えたふなやま》古墳出土の銀象嵌《ぎんぞうがん》の鉄刀《てっとう》についても五世紀後半のものということが分かって来ました。要するにこの時期に金とか銀で象嵌するという技術が始まるのですね。これはどう考えても渡来系の、つまり直接的には朝鮮半島に由来するものということです。この点に関しまして、加耶の地域で把頭《つかがしら》に唐草《からくさ》文様を象嵌したものが発見されています。その後、百済や新羅でも象嵌製品は発見されていますが、加耶でもっとも多く出土しています。つまり、五世紀の後半代から始まる象嵌技術も、ひょっとしたら加耶から入って来たものではないかと考えています。

そのほかにもこの時期の大きな問題としては、ガラス製品があります。ガラスそのものはすでに弥生時代の中期に九州で見られます。といいますのは、ガラスを溶かして、勾玉《まがたま》・小玉を作る技術が始まっています。しかしながら、ガラスで出来たコバルトブルーの非常にすばらしい色をした容器、あるいはカットグラスの容器などは、やはりこの時期から始まるのです。有名なものでは、奈良県の新沢千塚《にいざわせんづか》の一二六号墳で出土していますね。これは当時の日本製とか、朝鮮製ではなくて、ササン朝ペルシャあるいはローマの製品といわれています。ペルシャにしろローマにしろ、いずれにしましても、直接的には新羅から日本に入ったらしいのです。

ところが、慶州付近でもガラスを作った可能性も出て来ています。これに対してまだ本格的な調査が実施されていませんけれども、地名から見ても興味深いところです。朝鮮語では、ガラスのことをユリ（瑠璃）といいますが、ユリバン（瑠璃房）という地名が残っていたりして、どうも新羅でガラスあるいはガラス容器を作っていた可能性があるということです。まだまだ断定は出来ませんが、そういう問題が提起されています。そのように、いろいろなもの、すなわち、農具、日常の容器から王者の装身具等々、ともかくそれまでに見なかったような種々の技術が、どんどんこの時期に入って来るという非常に大きな特色が認められます。

そのことは、遺物ばかりでなく、生活様式においても大きな変化が出て来ます。その一つは、さきほど五世紀のはじめに、すでにその兆しの見えていました横穴式石室の問題があります。これがやはり五世紀の中頃から本格化して来るのです。さきほどもいいましたように、竪穴式石室というのは、豪族なり王者なりを一人埋葬するための構造になっています。つまり埋葬後に上から天井石で蓋をすればおしまいですね。そういう構造に対して横穴式石室というのは、入口の閉塞石《へいそくせき》さえはずせば、次々と遺体を入れてゆくことが出来るという点で、非常に大きな墓制上の変化です。こういったものがこの時期に本格的に出現して来ます。横穴式石室の一番古いのは、やはり北部九州の横田下古墳（第9図）とか丸隈山古墳といった例が昔からよく知られています。現在までに、熊本県の宇土半島や福岡市内でもほとんど同じ形式のものが新たに見つかっています。また、近畿地方におきましても堺市の塔塚古墳や、東大阪市の芝山古墳が早くから知られています。このように、横穴式石室の出現という、まったく新しい墓制の開始、つまりその背景に思想の変化がこの時期に出て来るということです。

　ここで、この時期の問題に

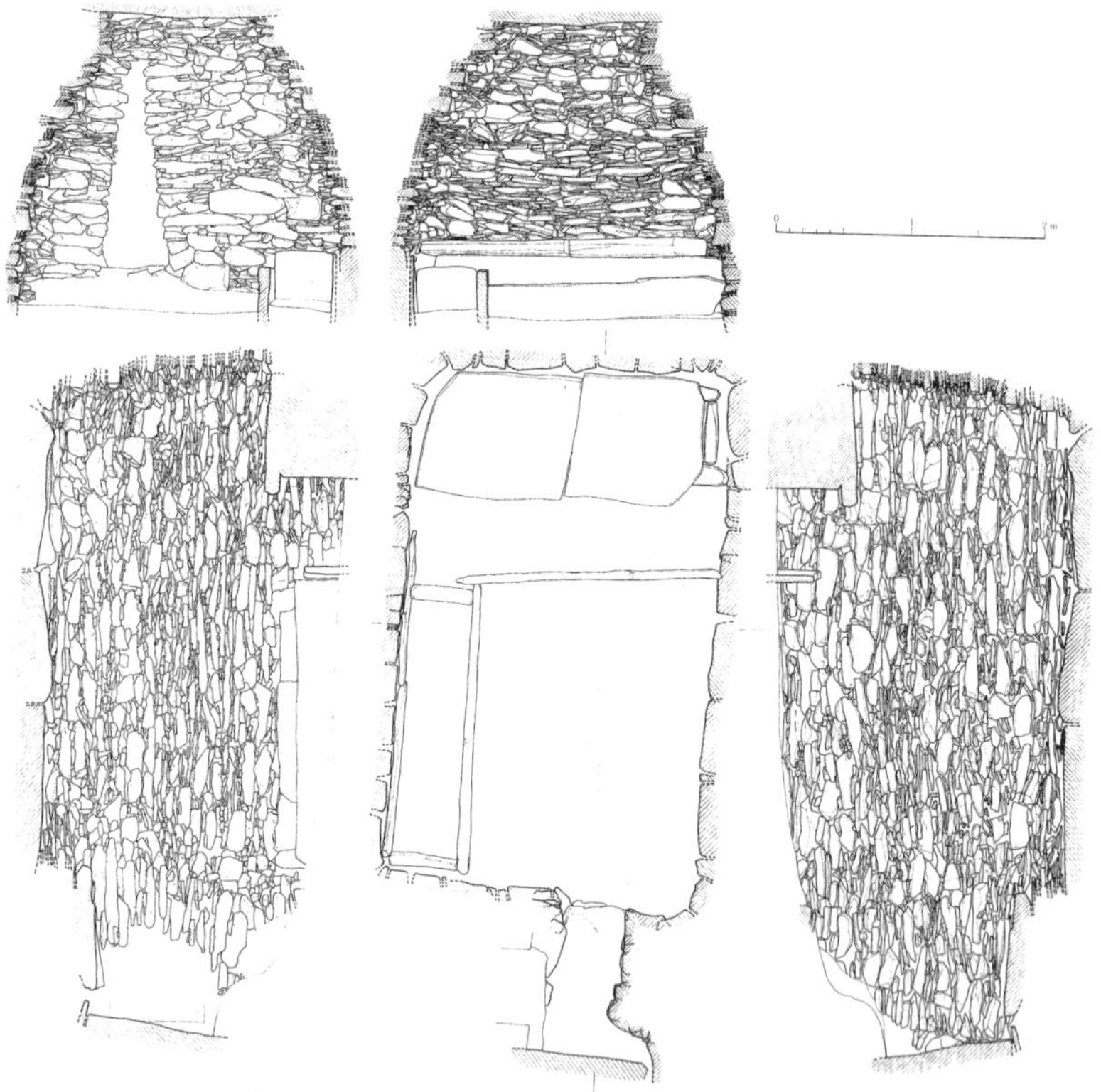

第９図　横田下古墳石室実測図（唐津湾周辺遺跡調査委員会編、1982『末盧国』「本文篇」、六興出版より）

関して、ちょっと注目しておかねばならないことがあります。何度も申しましたが、そのようにしていくつかの段階はありますけれども、朝鮮半島からどっと、ある場合には百済であり、ある場合には新羅であり、また、ある場合には加耶から、先進文化が流入して来ます。ただ、加耶がちょっと多いという傾向があるように思います。そのような時期に、実は朝鮮半島においても日本のものが出て来るという事実があります。とはいいましても、朝鮮半島から流入してきた先進文化が、生活のいろいろな分野で大きな変化をもたらしたという、大きな流れから申せば、ごく僅かで、取るに足らないものかもしれません。しかし、朝鮮半島でも、実は倭製品が出て来るということは大いに問題になりましょう。それらは、年代でいいますと、やはり五世紀の中頃から、一部は六世紀にかけての時期です。

たとえば直弧文《ちょっこもん》があります。これは、直線や弧線を非常に複雑に絡み合わせた、倭独自の文様です。その文様を鹿角に刻み込んで、刀子もしくは小刀の把になったりしています。あるいは、そういう文様の鏡もあります。要するに直弧文という文様を把の部分に刻み込んだ小刀の装具などは、日本列島各地の五、六世紀の古墳文化では普通に見られます。そういうものが慶尚南道の昌寧《しょうねい》と咸安《かんあん》といった、いわゆる加耶の地域、あるいは、西南部の全羅南道の潘南面《ばんなんめん》の辺り、つまり百済の地域などでも出て来るのです。ですから慶州・扶余《ふよ》あるいは公州といった、要するに新羅や百済の中心部ではなくて、ちょっとはずれたところや、加耶の地域でそういったものが出て来るのです。それからまた日本の古墳時代、五、六世紀にかけての頃、小さな鏡がたくさん作られます。そういう銅鏡で、どうも倭製と思われるものが、やはり慶尚南道の晋州という、やはり加耶の一国、もしくは一つの中心から出土しています。あるいはまた、さきほど述べました全羅南道の潘南面に近い潭陽《たんよう》というところでも見つかっています。

そのほか興味深いものでは、晋州《しんしゅう》からさらに西にいった慶尚南道の南岸に当たる泗川《しせん》というところで、筒形銅器が出土しています。これは、みなさんもご覧になったかもしれませんが、去る一九八〇年の四月から六月にかけて、日韓文化交流展が大阪市立博物館で催された折に陳列されていました。あれを見てびっくりしましたのは、日本の前期末から中期の古墳でときどき見かける筒形銅器があったことです。これは儀杖《ぎじょう》などの先端に装着したものです。そういうものが、どうも朝鮮ではじめて出たらしいのです。それは骨董屋さんを通じて国立博物館に入ったものですから、どこでどのように出土したのか詳しく分かっておりません。これは、どう考えてもやはり倭製品ではないかと思いました。ところが、その後の加耶古墳の発掘調査で出土が相つぎ、現在では筒形銅器は加耶起源と考える研究者もおられます。

その他にも円筒埴輪のようなものとか、あるいは子持勾玉といった、倭製かと思われるものが、朝鮮半島で出土しています。子持勾玉につきましては、むしろ百済辺りにあったものがやがて日本に来るのだという説を、確か森浩一先生でしたかが、とっておられます。しかし私は、その逆を考えたいと思っています。

いずれにしましても、それらは非常に微々たるものではありますが、加耶あるいは百済の地域でもずっと南の端の方のようなところで出て来るということです。それで、そういった僅かなことでも、事実は事実として重視すべきではないでしょうか。結局、朝鮮半島の加耶あるいは新羅、百済からどっといろいろなものが日本に入って来ますけれども、日本のものがきわめて一部とはいえ向こうへ行っているという現象があったのではないかと考えたいのです。

といいますと、みなさんはすぐ、おそらく「任那日本府」の問題を連想されるかもしれません。この問題は、ご承知のように四世紀後半から六世紀にかけまして、「任那日本府」という日本の植民地が朝鮮半島の南部にあって、その地方を支配していたという『日本書紀』その他の記録を史実として考えようとする考え方ですね。「任那日本府」につきましては、これまで日本史の立場から文献史学、つまり『日本書紀』等を通じてとやかくいわれていますが、考古学の側からの研究は、必ずしも充分ではないのです。したがってこの問題は、考古学者も無視するのではなく、やはり真剣に受け止めて、「任那日本府」という『日本書紀』に見える記録の実像は、一体どういうものであったのかということを考えて発言すべきではないかと思っています。

それはそうとしまして、この問題に対する僅かな発言として、たとえば、さきほど申しました三角板鋲留短甲が話題にのぼったことがあります。これは近畿地方を中心に日本の各地で出て来ます。とくに近畿においては、一つの古墳から何領といったように、たくさん出土することがあります。そういうことから三角板鋲留短甲というのは、近畿地方を中心にヤマト王権のもとで作られて、それが列島各地の地方豪族に分け与えられたというふうに理解しているわけですね。そういった武具が、実は朝鮮半島南部の加耶地域でも若干出ているのです。そういう事実をとらえまして、ある考古学者は、おそらくそれは日本からの何らかの軍事行動が朝鮮南部に及んで、その時に倭軍の兵士が着ていったもので、「任那日本府」を証拠立てるものではないかといわれるのです。それに対してその後、反論が出ています。三角板鋲留短甲に型式学的に先行するものに横矧板《よこはぎいた》とか縦矧板といった革綴の短甲があります。そういう古いタイプの短甲が、実は朝鮮半島の南岸地域で見つかって来たのです。それが見つかった当時の韓国の新聞を見ますと、日本よりも古い甲や冑が見つかったこと、したがって「任那日本府」はなかったのだというような見出しで、ずい分と韓国では騒がれました。この点、やはり朝鮮側の人々がそういわれるのは、無理のないことでして、「任那日本府」があったと『日本書紀』に書かれているにもかかわらず、その証拠となるものが全然なかったわけですね。

ところが、今申しましたように、日本で流行していたものが向こうで出るというところから、「任那日本府」は実際にあったのだという説が出ていたのに対して、日本のそういう甲冑の技術の原初形態のようなものが向うにもあるということになって来まして、むしろ日本で流行する、そういう新しい技術が加耶の地域から伝えられたのだという発見なり研究が、見られるようになって来たのです。これはやはり傾聴に値する問題提起されるようになって来たのです。「任那日本府」など存在しなかったのだと事実であり、考え方です。現在ではようやくそういうところまで来ています。かつてよく叫ばれた「任那日本府」につきまして、考古学の側から、つまり物的証拠によってそれをどう評価するかという研究は、必ずしも充分には克服されておりません。

「任那日本府」というのは、日本から向こうに攻めて支配したという考え方ですが、もう一つの問題は、そうではなくて、むしろもともと騎馬民族系の北方民族が、いったん加耶で力を蓄えて、そこから日本に渡って来て日本を支配したのだ、つまり、遊牧民族が海を渡って日本に来て、いわゆる征服王朝を建てたのだという、有名な騎馬民族征服王朝説がありますね。これにつきましても、一九五八年に、この学説を唱えられたのは、ご承知のように当時、東京大学におられた江上波夫《えがみなみお》先生です。江上先生は、どちらかというと東洋史がご専門でありまして、このようにいうと失礼な話なのですが、最新の考古学の研究成果の細かなことまではご存じなかったのではないかと思うのです。それはともかくとしまして、いわゆる騎馬民族説という問題につきましても、考古学研究者がまともに受け止めて考えるべきであると思います。この点に関しましてはすでに六〇年以上前に、京都大学におられた小林行雄先生が日本における乗馬の風習の問題を取り上げられ、それが普及するのは五世紀中頃以後、五世紀の末のことであり、したがって、四世紀の頃に騎馬民族が入って来て、日本に最初の統一国家を建てたということは、ありえないと明言されています。この点は重要な指摘でありましたが、その後の佐原真氏の発言などがあり、こんにちに至っています。騎馬民族説は、とても愉快で壮大な仮説としてずい分人気があり、現在でも学史としては問題になります。

そういう問題を一つ一つ考古学の遺物なり遺跡から考えてゆく必要があるのではないでしょうか。この点で、一九八〇年以降に、韓国・釜山の福泉洞《ふくせんどう》という古墳群で、朝鮮半島ではじめて馬の冑が見つかったのです（第10図）。それが出土したというので江上先生は、自分の説が裏付けられたというふうにおっしゃいました。ところが、それもやはり、古くて四世紀末、あるいは五世紀の前半の所産です。と

第 10 図　韓国・釜山広域市・福泉洞 10 号墳出土の馬冑（釜山大学校博物館、1982『東莱福泉洞古墳群Ⅰ　図面・図版』『釜山大学校博物館遺蹟調査報告』第 5 輯より）

は申しましても、そういう遺物が出て来るということは、重要なことです。そういう新しい事実なり、「任那日本府」説や騎馬民族説にかかわりのあるような遺物をこつこつと細かく科学的に分析しながら、こういった問題を考えてゆく必要があると思うのです。

ところで、古墳時代中期の中頃から後半あるいは後期のはじめにかけて、いい換えれば、五世紀の中頃から六世紀の前半にかけまして百済系のものや、新羅系のもの、それに加えて何といいましても加耶系の文物や技術が主体をなして、日本に入って来ているという事実は歪めることは出来ません。また、ごく一部ではありますが、日本の古墳時代の文物が朝鮮半島の加耶とか、あるいは百済・新羅といった地域で、取るに足らない質量かもしれませんけれども、出土するという事実は、やはり認めねばならないと考えます。

ここで結論を申しましょう。当時、まず朝鮮半島には高句麗・百済と新羅がありますね。その間に加耶があって、加耶は六世紀の後半に新羅によって併合されます。一方、当時、日本にはヤマト王権という中央王権がありました。そこで、朝鮮三国あるいは加耶が互いに何とかして一つの統一国家を樹立しようとして、競い合っていたのですね。ですからあるところとは、たとえば、高句麗と新羅は、最初一時的に喧嘩しますけれども、後には仲良くするといった関係がありました。その上、高句麗がしだいに南の方へ勢力を拡大しようとしますから、どうしても高句麗と、百済や新羅との間でも衝突が起ります。また、百済と新羅は、互いに隣あって領土を接していますから、やはりイザコザが絶えません。ある時期には仲良くして婚姻関係を結んだり、あるいは、使節を送ったりといったこともありますが、概して、両者の間はゴタゴタしています。そのように朝鮮半島内部の三国と加耶の諸国間に複雑な諸関係が展開します。つまり、高句麗・百済・新羅それに加耶という諸勢力が互いに領土を取ったり、取られたり、仲良くしたり、喧嘩したりといった状況があったわけです。いわゆる合従連衡が繰り返えされます。それに中国が係わって来ます。

当時、中国は北朝と南朝に分かれていました。遊牧民族が北朝を建てますと、その地域にいた勢力は南に南下しまして東晋を建国します。そのような中で高句麗は北朝と仲良くします。となると、百済としても喧嘩相手の高句麗と対抗するためには、南朝と手を結ぶということになるわけです。一方、加耶はどうしたかといいますと、新羅が何とか加耶に攻め込もうとしていますし、百済には一部、領土を分割されたりしますが、およそ友好関係がありました。それでもやはり、加耶は大変困ったと思うのです。そのように大国に挟まれてどっちにつくか、うっかり片方につくと、もう片方から攻められるかもしれないしといった状況の中で、加耶は倭と手を結びます。さきほどもお話ししましたように、縄文時代以来、加耶の故地と日本列島の間には非常に深い関係がありました。それからまた、倭は百済とも手を結びます。さらに倭が、いわゆる倭の五王のように、中国の南朝に使者を送る場合に、そのルート上にある加耶や百済とは仲良くしておかないと、その先に位置する中国の南朝に行くことが困難でしょう。そのような北東アジアの国際環境にあったのです。基本的には朝鮮半島三国諸国間のいろんなゴタゴタがあった中で、その頃、北朝、高句麗・新羅という一つ大きな政治的世界が形成されます。そうなると、一方で、南朝、百済・加耶に倭という、もう一つの政治的世界が出来ます（第11図）。そこで、倭が百済と仲良くすると、当然、新羅との間は仲が悪くなるということになりましょう。

そのように複雑な朝鮮半島の三国および加耶の間で、統一国家に向かって大きく揺れ動いている時期

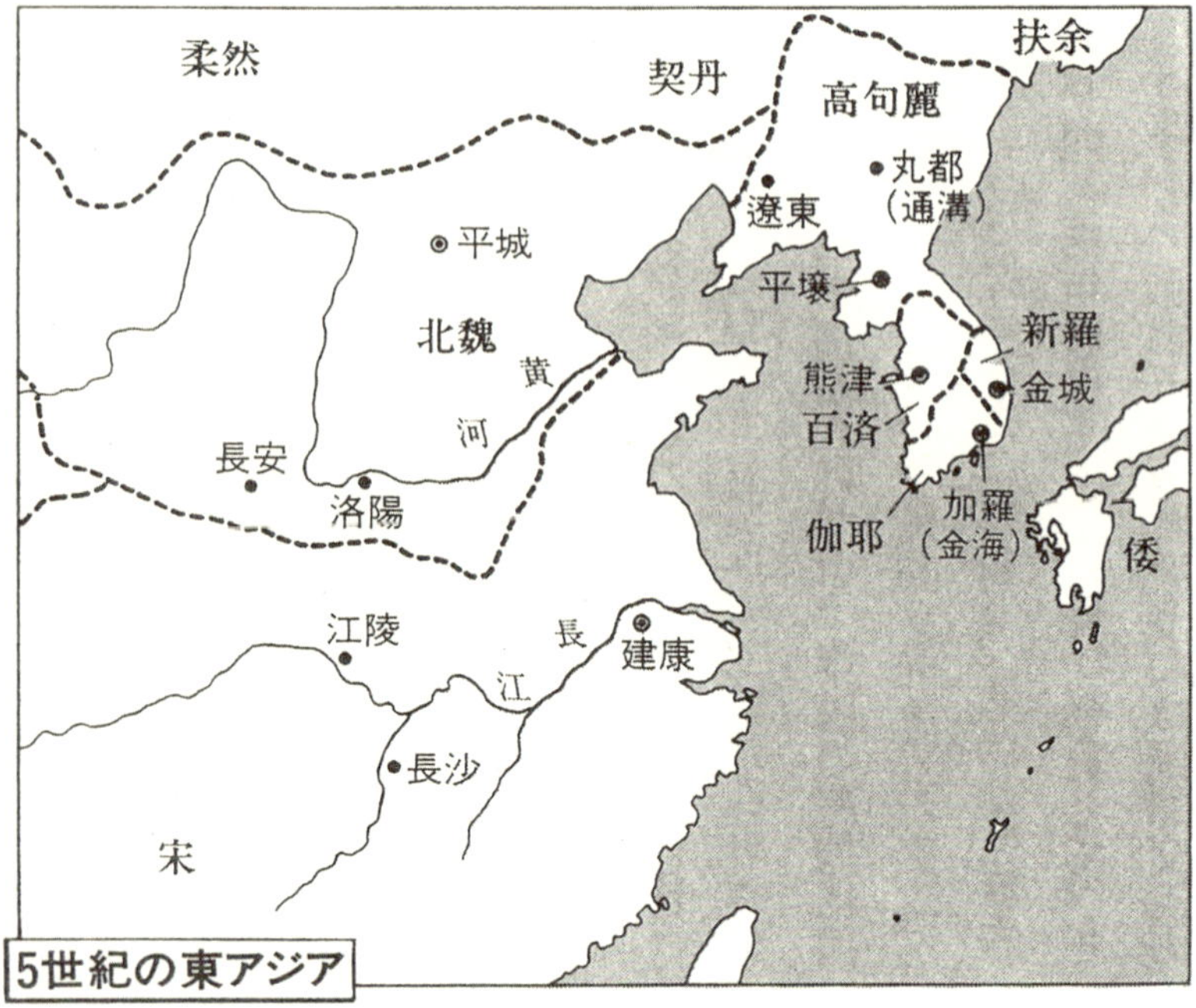

第11図　5世紀の東アジア（朝日新聞社、1990『古代日本の国際化―邪馬台国から統一国家へ―』より）

に、日本列島の倭内部においても、実は九州には筑紫君磐井という、ヤマト王権のいうことを聞かない大豪族がいたり、他の地方にも吉備とか出雲とか武蔵といった地方に有力豪族がいて、なかなか中央王権のいうことを聞かないことがあったようです。国内的には一応、ヤマト王権の倭に代表される統一的な連合国家というようなかっこうをとっていますが、実は中を開いてみるとそう簡単なものではなかったと思われます。日本列島に完全な統一国家が成立するのは、八世紀以後のことでありましょう。

ただ、そのような複雑な国際関係の中で、当時の日本、つまり倭が百済や加耶とは比較的継続して友好関係にありました。一方、ある時期、おそらく新羅などとも一時的に小康状態といいましょうか、あるいは国交を回復したりといったこともあったのではないかと思います。そのような当時の朝鮮半島内部の統一国家形成への動きに加えて、日本列島内部にも問題がありました。そういう日本と朝鮮、さらに日本・朝鮮、中国を含んだ北東アジアの国際関係の中で、互いに交流したり、あるいはちょっと外交が途絶えたりといったことが起ったことでしょう。現在の外交関係を見ても、今年は仲が良かった国々が翌年には戦争をするということがあるわけです。そのような国家形成へ向かっての北東アジアの複雑な国際社会の中で、ある時期には新羅からも新しい文化が入って来たことでしょう。しかし、加耶という地域は、縄文時代以来永年にわたって倭との交流パイプがつながっていましたから、加耶から新しい文化がどっと入って来るのは当然でしょう。また、朝鮮半島内の政治勢力がいろいろ複雑に動いていますと、やはり混乱を避けて人々が日本に逃れて来るといったこともありえたでしょうが、まだまだ私には具体的なことは分かりません。そのような当時の朝鮮や日本の内部事情、あるいは、それに中国を含めた当時の北東アジアの国際環境の中で、さきほど種々にわたって述べました新羅系や百済系、あるいは、加耶系といった先進文化が日本に流入して来たのではないでしょうか。

ところで、この時期の交流の特色といいますのは、今申しましたように、そういう統一国家なり、あるいは統一までゆかなくても非常に強大な国家なりの国家間の交流であったということです。つまり単に対馬海峡の沿岸の名もない漁民どうしの交流ではなくて、国家と国家の交流であったということですね。また、交流の輪というものは、対馬海峡沿岸地域ないし中国地方だけでなくて、畿内の中枢部、すなわち日本の中心部と向こうの中心部との交流であるということです。あるいはまた、日本の中心部を通じて大和、近畿よりももっと東の地域と間接的に交流していることです。要するに、交流の範囲がずっと広がりまして、日本の中枢部、あるいは中枢部を媒介して、さらに東方の地域まで朝鮮との交流の輪が間接的に拡大していています。しかもその内容たるや、国家間という非常に高いレベルでの交流へと変化して来ると考えたいのです。そのような状況の中で、ともかく古墳時代の中期、巨大古墳の世紀といわれる時期、北東アジアにおいて国際交流が大きく展開したわけです。そういう時代を経て、やがて名実ともにヤマト王権が国家としての体制をしだいに確固たるものにしてゆきます。

飛鳥期の交流

古墳時代の後期になりますと、一つには、新羅土器が出土します。六世紀の後半といいますと、五六二年に新羅は加耶を併合いたしまして、新羅が非常に力を増して来るという時代です。六世紀の中頃から後半にかけて、新羅では真興王という王様が出て国内を非常に充実し、勢力を拡大してゆきます。そういう時代に、日本では新羅土器が出土するのです。これは今のところ、やはり北部九州に非常に多くていくつかの遺跡で知られます。もちろん近畿地方でも、京都市の大覚寺の近くの古墳や、奈良盆地の馬見《うまみ》古墳群であるとか、あるいは和歌山県の紀ノ川流域の岩橋千塚《いわせ》などでも新羅土器が出土していいます。ともかくこの時期、すなわち加耶が新羅に併合され滅亡した段階で、新羅土器が点々と出て来るのです。それに、もちろん百済土器も出土します。その実例として、六世紀後半の横穴式石室を包蔵した福岡市内の相原古墳から百済の土器が出土したことがあります。

もう一つの問題は、百済土器に関連して、この時期に百済仏教が入って来るという、非常に大きな現象が現れることは皆さんもご承知の通りです。六世紀の後半ごろ、横穴式石室の群集墳が築かれている時代に、畿内中枢部の飛鳥の地において初めて本格的な伽藍寺院が出現します。すなわち飛鳥寺（法興寺）という寺で、一塔三金堂式ですね（第12図）。中金堂があって、その左右にさらに東西の金堂があるという非常に珍しい伽藍配置です。そこから出て来る屋根瓦は百済直伝のものです。そのことはまた、百済からいろいろな技術者がやって来て法興寺を作ったという『日本書紀』の記録とも合致します。ところが、伽藍配置は一塔三金堂式という、どちらかというと、高句麗系の伽藍配置ですね。この時代の仏教寺院として、飛鳥寺をはじめ、いくつかの寺跡が知られています。たとえば四天王寺などもそうですね。その四天王寺の造営に必要な瓦が、大阪府枚方市の楠葉東《くずはひがし》遺跡で見つかった瓦窯で焼かれて供給されているわけです。ともあれ四天王寺の建物群というと、韓国では一塔式ともいわれますが、日本では四天王寺式の伽藍配置といいますね。これは、中門・塔・金堂そして講堂が一直線に並ぶ形式ですが、そのことは、再建された四天王寺をご覧になればすぐにお分かりになることです。そのように明らかに百済系の伽藍配置なり、百済系の瓦も出て来ますが、一塔三金堂式といったものは、今まで知られているところでは、時代は若干下りますと、新羅にもあります。しかし、基本的にはやはり、高句麗に特徴的なものです。高句麗といえば、この時代に高句麗系の瓦も出て来ることもご承知の通りです。ずい分前に宇治市で七世紀初めの高句麗系の瓦窯跡が見つかっています。ともかくそういうかたちで、飛鳥時代にも新羅と百済、あるいは高句麗という、朝鮮半島の三国との係わりのある遺物が出土したり、寺が建つということは事実です。

結局この問題も、古墳時代中期からの延長線上で考えれば良いと思うのです。つまり、新羅が勢力を

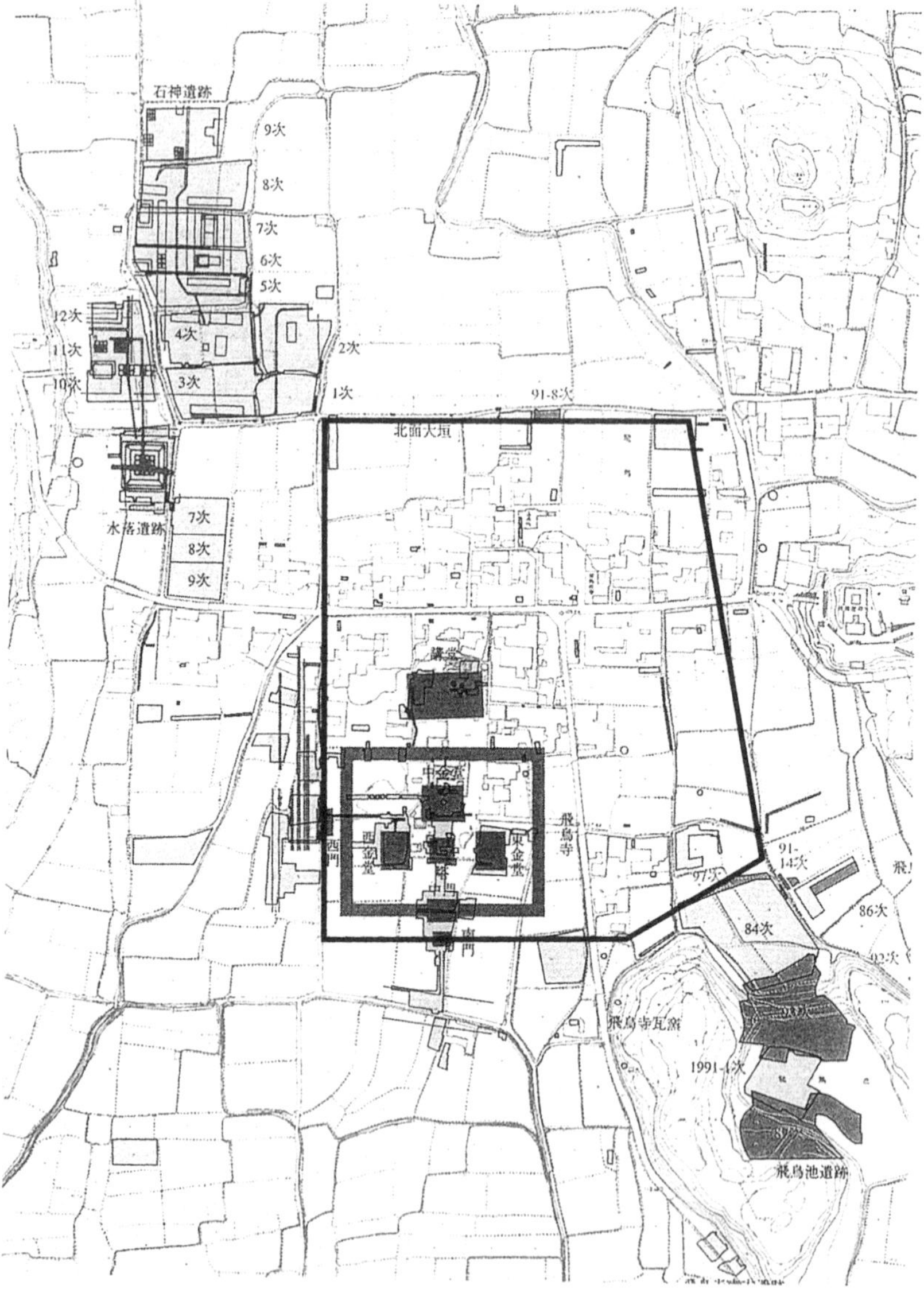

第12図　新たに判明した飛鳥寺の寺跡（奈良文化財研究所、1999「飛鳥寺の調査―第91-8次、第97次」『奈文研年報1999-Ⅱ』より）

非常に拡大して来ますと、百済にとってはもちろんですが、こんどは高句麗にとっても脅威の的になって来ます。平たく申しますと、喧嘩の相手になって来ますね。そういう中で日本は、新羅とはいわば敵対関係にあり、仲が良くないのです。それに対して百済とは仲良くします。そして日本は、百済の北にある高句麗とも仲良くするようになるわけです。そのような当時の新しい国際関係の中で、百済や高句麗とも仲良くすることによって、百済や高句麗のものが入って来たりします。ところが、新羅のものも実は入っていますね。その背景には、ヤマト王権は新羅と喧嘩しているかもしれませんが、北部九州に勢力を張っていた筑紫君磐井という大豪族は、ヤマト王権のいうことを聞かずに反乱を起こすぐらいですから、かれは逆に、新羅と内通していたのではないかとさえいわれます。つまり、新羅と結んだ地方豪族もいたと考えられます。そういうかたちで、ヤマト王権、すなわち中央王権としては、百済や高句麗と仲良くするという外交関係がありますから、その時期に百済や高句麗の文化が入って来るのは当然です。それに対して、ひょっとしたら地方の諸豪族の中には、独自に新羅と仲良くするものがいたかもしれないのです。そういう中で、北部九州やその他の地域にも新羅系の土器が流入するといったことが起ったと理解したらどうでしょうか。

要するに、古墳時代中期の五世紀中頃以後、朝鮮半島の国家形成の過程で、高句麗・百済・新羅と加耶という四国間の複雑な国内情勢があります。そこでそういう情況に対応してヤマト王権が外交を繰り広げることになります。

また、ヤマト王権内部にも地方には大豪族がいて、別個に独自の外交を展開したかもしれません。そのように複雑な国家形成過程で、国家間のレベルと地方王権の外交、あるいは中央王権を通じて、さらに間接的に地方王権というかたちで朝鮮三国との種々の係わりが展開したのではないかと思います。このように諸段階を経過しますけれども、ともかく日本の古墳時代というのは、朝鮮の三国時代との係わりで非常に大きな変革があり、中央と地方で外交が大きく展開した時期であることは否めません。そのことがまた、当時の重要な歴史であったわけです。

奈良時代の交流

ついで、日本では古墳時代が終わりまして奈良時代に入ります。奈良時代というのは、白鳳期から天平期ということになります。白鳳期の時期に朝鮮半島におきましては、引き続き高句麗・百済・新羅の三国に分裂していました。そのうちの新羅がどんどん力を蓄えて、やがては中国の唐と組んで百済を倒します。さらに六六八年、七世紀後半の高句麗の滅亡をもって一応、朝鮮半島は新羅によって統一されます。ここにはじめて朝鮮半島に統一国家が誕生します。そこで三国時代の新羅に対して、この時期の新羅を統一新羅時代と呼んでいます。こうして、朝鮮半島と日本列島のそれぞれにおいて律令制度に基づく確固とした古代国家が確立します（第13図）。

この時代の日本と朝鮮の関係は、また新たに変化を遂げまして、いくつかの新しい局面が見られます。朝鮮半島におきましては、東南部の海岸寄りにあった新羅が半島を統一して、高句麗が滅んだことはすでに述べましたけれども、実際には、新羅の威光が朝鮮半島北部の隅々までゆきわたったわけではありません。そのため、やがて七世紀後半になりまして朝鮮半島北部の北方で、つまり高句麗が倒れた後に

第13図　７世紀後半の東アジア（九州歴史資料館、1978『甦る遠の朝廷　大宰府展』より）

渤海《ぼっかい》という国が興りますから、厳密には統一国家とはいえないでしょう。すなわち、朝鮮半島は、統一新羅国家と渤海国家という二つの政権に分かれていたといって良い、そういう時代です。

　こういう中で日本と朝鮮との新たな交流が展開します。その一つは、新羅と唐によって百済が滅ぼされることと関連した問題です。その際、日本は百済を救援しますが、結局六六三年に白村江において敗れます。そうしますと何が起るかと申せば、百済からの亡命人が日本にやって来るのです。そういう人々はまた、日本に、仏教文化などの新しい文化その他を伝えます。その中の一つの具体的な例としては、たとえば朝鮮式山城があります。日本では、この頃になってはじめて本格的な山城が築かれるようになるのです。これは、当時の国際関係を反映して国境防衛のために築かれたものです。近畿地方の高安城《たかやすじょう》もまた一種の朝鮮式山城といってさしつかえないと思います。そのように山城が北部九州を中心に瀬戸内海地域にも次々と築かれるのです。そのような山城の築造を指導したのは、『日本書紀』によれば、百済の技術指導者であったことがはっきりしています。実際に山城の構造形式そのものを見ましても、日本の地形にあったように作り変えられているとはいえ、基本的には百済系の、つまり朝鮮式の山城です。

もう一つは、百済系の仏教寺院が建立されるということです。たとえば一例をあげますと、東近江市の蒲生《がもう》に石塔寺《いしどうじ》という寺があって、日本では珍しい石造の三重の塔があります。石塔は朝鮮半島ではいたるところに建っていまして、日本の木の文化、木塔の文化とは対照的です。向こうは石塔の文化、石の文化ですね。そのように日本では非常に珍しい百済系の石塔と良く似たものが、石塔寺という寺跡に三重の石塔として残っているのです。このことに関連して、『日本書紀』に興味深い記事が見られます。すなわち、「百済の人々七〇〇余人を蒲生郡に移し住まわせた」という記載が見られるのです。ここにおいて考古資料と文献史料の合致が見られるわけです。ヤマト王権によって受け入れられた亡命人が東近江市の蒲生の辺りに住まわされて、かれらが氏寺として建てたのが石塔寺ではなかったでしょうか。ですから故国と同じような石塔を建てたというふうに考えたいのです。そういうかたちで百済系の遺構や、百済系の瓦などが出て来ます。

一方、百済が倒れてから五年後に、高句麗が倒れます。その前段階にすでに高句麗と日本は、新羅の勢力拡大の関係から友好関係にありました。そのため、高句麗が滅亡した時に、高句麗からも亡命人が日本にやって来たのではないかと考えられます。そのように新羅はどんどん勢力を伸ばし唐と連合して、百済についで高句麗を倒しまして統一国家を形成します。そういう過程で百済や高句麗からも亡命人が渡来したようです。

もちろん百済は、地理的に近いためたくさん渡来しますし、高句麗からもやはりその前段階に成立していた外交関係を背景として、ある程度の亡命人がやって来たのではないかと思うのです。その結果、高句麗系の寺院なども建ったと思います。ここで、実際にこの時期の、これが高句麗系の寺院であるとはっきりいえるのは非常に稀ですけれども、枚方市内の船橋廃寺跡では高句麗系の鬼の面をした、いわゆる鬼面文の軒丸瓦などが出土しているのは、興味深いことです。それらは、やはり高句麗から亡命してきた人達がこの辺りに住みついて、自分達が持っていた造瓦技術を新しい天地で活かしていったのではないかと思っております。

ところで、『続日本紀』によりますと、八世紀の聖武天皇の時代に関東各地に散らばっていた高句麗系の人々を武蔵国の一カ所に集めて住まわせるため、高麗《こま》郡という郡を設置したと出て来ます。これは、記録としては大変信憑性の高いものです。このように、文献史料とか、そういう瓦などの考古資料を見ていますと、明らかに高句麗の人々が来ていて、その背景には、当時の高句麗の滅亡と、それに伴う亡命ということが関係しているのではないかと思うのです。

一つは、そのような亡命という事件を契機とした新しい文化の伝来です。つまり朝鮮半島内部の戦いに敗れた人々が日本にやって来て、自分達の技術や能力を新しい立場や、新しい土地で活用してゆくという問題があるということです。もう一つは、何といいましても統一新羅が出来上がるわけですから、日本としても今まで緊張状態にあったり、喧嘩をしていました新羅に対して、これからやはり新しく出来上がった統一国家と、仲良くしてゆこうという外交関係の修復が行われたのではないかと考えるのです。

当時、ヤマト王権は、中国にならって、新しい律令国家体制にふさわしい都城《とじょう》を建設したり、その中に寺院を建てはじめたりします。そこで、中国とは遣隋使・遣唐使を通じて直接の交流を持つ一方、実は新しく出来上がった統一新羅へも使節を派遣します。当時の統一新羅は、日本以上に唐と交流を持っていました。新羅は、唐と一緒になって百済や高句麗を倒したぐらいでしたから、唐とものすごく深い関係にありまして、統一新羅には、中国の進んだ唐の文化がどっと入って来ていました。ですから、その新しく出来上がった統一国家・新羅と仲良くしてゆこうという外交関係の新たな展開が見られました。そして、新羅と仲良くすれば、そこにどっと入って来ていた唐の文化と間接的に触れることが出来るわけです。そういうかたちで、新羅とも実は、ずい分と仲良くしてゆきます。そのようにしまして、まったく、相反するようですが、当時の複雑な国際関係を反映して、新しく統一された新羅国家と、また、それを契機として亡命して来た人々をそれぞれ受け入れて、新しい朝鮮半島との交流を展開してゆくということになるのです。

新羅関係でいいますと、もちろん新羅系の伽藍配置の寺院が出現します。飛鳥時代寺院の伽藍配置というと、前に述べましたように、四天王寺式もしくは一塔式といわれ、主要な建物が一直線に並ぶ形式です。それに対して、この時期に日本に入って来る伽藍配置というのは、いわゆる薬師寺式です。これは双塔式ともいわれます。つまり金堂の前方に塔が二つ建つ形式です。朝鮮の場合は石塔が多いのですが、日本の場合は、ほとんど木造の塔ですね。要するに塔が二つ並びまして、そのうしろに金堂と、さらに講堂が続きます。それから双塔の前方には、もちろん中門があります。これらの建物群を取り囲んで回廊がめぐるという、薬師寺に見られるようないわゆる薬師寺式、あるいは双塔式の伽藍配置です。その当時の新羅において盛んに行われていた伽藍配置です。こういったものが新たに入って来るのです。大阪府枚方市の百済寺の伽藍配置を見ますと、非常に特殊な形態をしています。金堂の在り方がちょっと違いまして、金堂に翼廊《よくろう》という施設が付いているのです。金堂から回廊に取り付く翼廊が付いている伽藍配置は今のところ、日本ではここの百済寺ぐらいでしょうね。実は双塔式もそうですが、金堂から翼廊が付くという形式の伽藍配置は、新羅で昔から知られているものに、仏国寺・感恩寺・望徳寺・あるいは四天王寺といった統一新羅時代の寺院ないし寺院跡で普通に認められます。日本の百済寺が実際に建ちますのは、ちょっと時代は後ですので、ここの場合は新羅系の伽藍配置を後の時代に採り入れているということでしょうか。これはちょっと余談でしたけれども、要するに当時の日本と新羅との国交の回復といいましょうか外交を通じて、新羅仏教あるいは新羅を通じて中国の唐文化が入って来るという現象が見られ、その中の一つが伽藍配置においても、双塔式といわれるようなものが見られるということです。

さらに細かいことでいいますと、建物の基壇に壇状積基壇《だんじょうづみきだん》という形式もあります。それまでは、たとえば瓦積みであったり、あるいは乱石積みという石積みであった基壇の構造が、この時期になってはじめて、きれいに切り出した石材で、地覆石・羽目石・束石・葛石というようなかっこうで、ぴしっと基壇のまわりに化粧をいたします。そういうような新しい基壇方式に加えて、その上に建った建物の屋根には、新羅系の瓦が葺かれます。そういうかたちで奈良時代の大和政権は、統一のなった新羅と多方面にわたって盛んに交流することになります。それは主として白鳳時代のことです。そして、天平時代に入って来ますと、その頃にはもちろん亡命人は渡来して来ませんが、さきほどとは別の面で、新羅一色の文化が入って来ます。そこでとくに注目したいと思いますのは、正倉院の宝物です。その中に「買新羅物解《ばいしらぎもののげ》」という文書があったのです。これについては文献史学がご専門の先生方が詳しく分析されています。要するに新羅の品物を買うに当たり、どういう品物を買おうか、あるいはその値段はいくらか、金額まで書いた文書が出て来たのです。ところで、「買新羅物解」といわれる文書は、実は反故紙でした。つまり有名な鳥毛立女屏風《とりげりゅうじょのびょうぶ》の裏張りに使われていた反故紙が実は、新羅に関する貴重な文書であったのです。これによりますと、新羅からいろいろなものを購入していたことがうかがえます。たとえば、金属容器・人参・鋏であるとか、あるいは箸といった当時の新羅の特産品、名産品を買うにあたり、こういうものを買いたい、ついてはいくらであるといったことなどを、おそらく当時の大蔵省か中務省に出したのでしょうね。その文書がたまたま不要になったので、屏風を張るとき、裏貼りに使われたというものです。そのため当時、統一新羅からいろいろなものを購入していたことが分かるわけです。

そのような物品の中には、新羅のものだけではなくて、さらに香料・顔料とか染料といった南方の、あるいは東南アジアの品々が含まれているのです。つまり当時、新羅という国は、非常に国際的な活動をしておりまして、南方からいろいろな品物を買って来て、それを日本に売りつけるというようなことを行っていたのです。

つまりこの時期には、新羅は単に日本との間で外交という関係ばかりではなく、貿易という形態の交流を行っていたということです。ところで、日本では大和政権が律令国家としての体制を確立する頃、統一新羅においても同様に政治体制が進んでいます。そういう中で外交関係も継続しますが、けっして新羅と全面的に仲良くしているわけではなくて、ときには緊張関係も生じます。とはいえ、其本的には密接な外交が展開します。それにプラスして、貿易という新しい内容が加わって来たのです。このこ

第 14 図　東宮と月池（雁鴨池）—写真中央右下と右上（イ・ヒジュン、2014「新羅東宮と月池の最近の発掘調査成果」『季刊　韓国の考古学』Vol.26、周留城出版社より）

とは、奈良時代の日本と朝鮮の関係の大きな局面ではないかと考えたいのです。そして、日本と新羅の交流の問題は、いま正倉院に残っている記録から言及しましたけれども、考古学的にも実証できます。たとえば平城宮跡でいいますと、新羅製の緑釉陶器《りょくゆうとうき》が出土しています。また、福岡市の三宅廃寺《みやけはいじ》という寺跡で、どうも新羅製と思われる真鍮《しんちゅう》のスプーンと箸が出ております。そういったものは、まさに正倉院文書の中に出て来る、新羅からの購入品目の中に上がっているものです。

さらに一層裏付けとなるのは、ご承知のように慶州には月池（雁鴨池《がんおうち》）という新羅の王宮に付属する庭園の遺跡がありまして、そこが調査されました（第14図）。そして、いまでは立派な公園に整備され、公開されています。そのような史跡整備に先立って調査されましたところ、いろいろなものが見つかりました。たとえば、船・建築材・瓦塼《がせん》・仏像等々、実にいろいろなものが出て来ました。それらを見ておりますと、実は正倉院の中にあるものと同じものが少なからずあるんですね。つまり雁鴨池の発掘という、大韓民国政府によって実施された慶州文化圏総合開発という、新しい事業の過程で新たに発見されたものの中に、正倉院の中にあるものと同じものを見出すということは驚きであり、また、文献史料を裏付けるものであります。そのようにして、日本側の研究と朝鮮側の研究が同時進行し、両者を比較することによってそういうことが分かって来たのです。つまりこの時期には、統一新羅と奈良の両王朝の間に外交と貿易という、むしろ後には貿易が中心になって来るという、そういう新たな日朝関係が展開していたのです。

もう一つは、当時、朝鮮半島の北部の方には渤海が建国されていますが、その渤海とも同時に交流がありました。この点につきましては、渤海使《ぼっかいし》がたびたび越前海岸などに上陸したことが記録に出て来ます。あんなに遠い渤海と仲良くするというのは、渤海を通じてその背後にあった唐の文化との接触を計るためでした。渤海は、唐文化そのものですから、渤海と仲良くすれば、唐の文化が入って来るわけです。さらにいいますと、唐にはシルクロードを通って入って来た、さらに西方のすぐれた新しい文化が入って来ていました。そこで、統一新羅だけではなくて、渤海とも交流を持ったのです。その証拠が平城宮跡出土の木簡《もっかん》の中にあります。すなわち、渤海への外交使節として行っていた者が、無事に帰ってきたので二階級特進させるというような内容の木簡が平城宮跡から出土しています。このことは、『続日本紀』にもほとんど同じ記述がありまして証拠づけられるわけです。そういう事実があります。

結局そのように、日本の文物の中に中国唐の製品がずい分と正倉院に残っていますが、その中には新羅経由、あるいは渤海経由で入ってきた唐製品が含まれているのかもしれません。唐ばかりでなく、南方のものや、さらには渤海のものも、日本の奈良時代のいろいろな文物の中にはあるかもしれないという目で、私たちは発掘してゆかねばならないと考えています。

おわりに

以上、いろいろとお話をして来ましたけれども、日本と朝鮮の間には、長い交流の歴史がありました。とくに古代に限りましても、数千年以上という長い交流の歴史の中で、それぞれの時代によって交流の範囲と、また内容・質というものが変わって来ているということです。最初はわずかに対馬海峡を挟んだ沿岸部で、漁民がごく自然にお付き合いをしていたのが、やがては朝鮮半島から少数の人々がまず北部九州に移住して来ました。そこには、朝鮮半島の内部矛盾も作用していたことでしょう。そうして新しい農耕技術文化が伝わりますと、それはさらに中国地方へと広がってゆきます。その後に国家が成立しますと、国家と国家の関係、つまりヤマト王権の中枢部と大陸の諸国家とも外交というかたちで新しい交流が始まります。さらに八世紀になりますと、そういう政治的な外交ばかりではなく、単に貿易といいましょうか、経済活動のための交流関係も新たに始まります。そのように時代が数千年経るうちに、内容とともに交流関係の波及関係の輪も波紋状に拡大します。そのうちには、中央政権を通じてさらに東北の方まで、朝鮮文化が間接的に伝播してゆくという状況が認められます。そういった種々の問題をいろいろと考えながら、古代にとどまらず、中世・近世、さらに近・現代へと日本と朝鮮の関係を考えながら、そして、将来、私たちは朝鮮の方々とどのようにしてお付合いをしていったら良いのか、といったことを真剣に考えてゆきたいと思っております。

〔考参文献〕

（1）西谷　正編、一九七八『考古学からみた古代日本と朝鮮』学生社。
（2）西谷　正編、一九九〇『古代朝鮮と日本』（『古代史論集』四）名著出版。
（3）朝日新聞社、一九九〇『国際シンポジウム　古代日本の国際化―邪馬台国から統一国家へ―』朝日新聞社。
（4）西谷　正、一九九一「考古学から見た古代日本と朝鮮」『古代豪族と朝鮮』新人物往来社。
（5）西谷　正、二〇一〇『古代北東アジアの中の日本』梓書院。
西谷　正、二〇一四『古代日本と朝鮮半島の交流史』（『市民の考古学』一三）同成社。

第2章　北東アジアの古墳文化に見る文化交流

技術革新の世紀

五世紀頃の日本列島の国際交流は、文献史学の立場から『倭の五王』（藤間生大、一九六八年、岩波新書）を素材に象徴的に語られます。一方、考古学の分野では、その時代を『巨大古墳の世紀』（森浩一、一九八一年、岩波新書）としてとらえられています。

つまり、その頃、日本列島の広範な地域で、大山《だいせん》古墳（仁徳天皇陵古墳）に象徴されるような巨大な前方後円墳が少なからず築造されたのです。同じ時期、対馬海峡を隔てて朝鮮半島においても、北部の高句麗、南部の百済・新羅・加耶の諸地域で、それぞれ特色ある古墳文化の花が咲いていました。

高句麗の古墳には積石塚と封土墳があり、西暦紀元四〇〇年前後を境として前者から後者へと変遷しますが、いずれも方墳である点は共通しています。積石塚は高句麗の故地で独自に生成しました[1]が、封土墳に包蔵される横穴式石室は、中国大陸の東北部すなわち遼東地方からの影響を受けたもので、とくに高句麗特有の壁画古墳にはその傾向が顕著に認められます。

百済では、ソウル市内の石村洞四号墳で見るような、初期の古墳に平面方形の積石塚がわずかに知られていますが、その背後には、高句麗の王族の一部が南下して百済を建国したという、『三国史記』百済本紀の記事に見える説話との関連性がうかがえます。[2] 百済の古墳は、概して円墳の封土墳に横穴式石室を包蔵しますが、それらは高句麗の横穴式（石室墳）の影響下に成立したようです。紀元四〇〇年前後の頃、日本では北部九州においてはじめて、横穴式石室の概念を導入した竪穴系横口式石室の出現を見ますが、その契機は、当時における百済と倭との間の密接な交流の中で理解すべきでしょう。百済の古墳で特筆されるものは、六世紀前半に、中国南朝の塼室墳を直接的に受容しており、その典型例を忠清南道公州市の武寧王陵において見ることができます。その理由としては、百済が中国南朝・梁の冊封体制下にあったことに求められます。

新羅では、円墳や、まれに双円墳の内部主体である積石木槨墳《つみいしもっかくふん》は異彩を放っています。積石木槨という構造的特色のみについていいますと、その系譜は、北方草原地帯のクルガンないしは楽浪の木槨墳や高句麗の積石塚のいずれかに求められるかもしれません。

そして、加耶の古墳は、円墳で竪穴式石室を特徴としますが、この場合は、先史時代の石棺墓ないしは支石墓の下部構造としての石室墓から派生してきた可能性があります。

このように、朝鮮の三国時代の古墳構造は、それぞれの地域で独特なものを作り上げていますが、共通していえることは地上に壮大な墳丘を築造しているものが見られることです。そのことは、古代国家を形成した権力者たちが、王者としてのスティタス・シンボルに相応しい古墳造営に、権力と富の限りをつくしたことを示しています。そればかりか、古墳の内部からは、豪華な副葬品や装身具が見つかるのです。それらの手工業製品を見ますと、精巧で高度な技術が駆使されています。そこで、五、六世紀の「巨大古墳の世紀」に対して、私は「技術革新の世紀」と呼ぶことにしています。たとえば、島根県内においても知られていますように、安来市門生町の黒山根一号窯での須恵器生産や、松江市の岡田山一号墳出土の大刀における銘文の象嵌など、手工業生産において技術革新が進展しているのです。

黄金製装身具

そのうち、とくに顕著なものは、五、六世紀の古墳から出土する金製品です。その系譜を求めると、新羅が注目されます。

ここで、『日本書紀』の仲哀天皇紀を見ますと、新羅のことを「眼炎《まかかや》く金《こがね》・銀《しろがね》・彩色《うるわしきいろ》、多《さは》に其《そ》の国に在《あ》り」と表現していることからもうかがわれますように、新羅の王陵クラスの古墳の出土品の中で、黄金製品はひときわ目立った存在です（第15図）。被葬者の身辺を飾る装身具は、冠帽・耳飾・頸飾・腕輪・指輪・腰佩《ようはい》・履《くつ》など、頭の天辺から足の先まで、豪華な黄金製品であり、新

第 15 図　新羅・皇南大塚北墳装身具出土状況

羅人の好みと富と、そして、王者の風格をじゅうぶんに見せつけます。しかも金製装身具には、しばしば玉石を象嵌したり、鏤金《るきん》細工を施したり、さらには、歩揺《ほよう》もしくは瓔珞《ようらく》をつけているものがあって、その華麗さを一段と高めています。

加耶の古墳出土品にも、もちろん金製装身具を見い出しますが、それらは新羅に比べて、冠や耳飾など装身具の一部分であったり、個々の製品もシンプルになっています。

日本では、五世紀中頃以後はじめて、金製装身具が出土しますが、ほとんど耳飾や、ごく少数の指輪に限られるといっても過言ではありません。その代わりに、鍍金を施した金銅製品は、加耶や日本で比較的多く見られます。

朝鮮の古墳では、他に百済の武寧王陵出土の冠飾や耳飾などをはじめ、高句麗の古墳でも冠や耳飾などが出土してはいますが、新羅のそれほど顕著ではありません。新羅における金製装身具の盛用は、新羅人の価値観と、それを支えた金資源から理解したいところですが、現在のところ論証できる段階ではありません。

ここで、新羅の金製装身具の系譜を考えるとき、おそらく耳飾などとともに五世紀後半のころ、新羅からもたらされたと思われる奈良県橿原市の新沢千塚一二六号墳出土の歩揺付の透彫方形金飾を注目したいと思います。これと酷似したものは、中国の遼寧《りょうねい》省北票《ほくひょう》県の房身二号墓で出土しています(3)。ちなみに、房身二号墓の出土品には、新沢千塚一二六号墳でも出土した熨斗《のし》や嵌玉《がんぎょく》金製品・花樹状冠飾が共伴しています。このうち後二者については、内蒙古自治区烏蘭察布《うらんちゃぶ》盟ダルハン・ムミンガンの鮮卑族の墳墓や、遠くアフガニスタン北部のティリア・テペの木棺墓(4)からも出土しています。

また、慶州市の鶏林路一四（Ｎ）号墳出土の嵌玉金装短剣と同型式の短剣が、新疆ウィグル自治区のキジール千仏洞石窟寺院の第六九窟に描かれた壁画中、供養人の左側の腰に佩用されていることも良く知られています。そしてさらに、同型式の装具はカザフスタン共和国のボロウオエ墓の出土品へと系譜がつながってゆきます[5]。なお、新羅の金製耳飾の中には、慶州市の皇南大塚北墳出土の太環式耳飾と同型式のものが、中国・吉林省集安市の麻綫溝一号墳という高句麗の古墳でも出土しています。

いま述べて来たような諸事実を繋ぎ合わせてゆきますと、新羅の黄金製装身具というのは、その起源を遠く、黄金製品を愛用した、北方草原地帯やシルク・ロード上の遊牧民族の文化に求められますが、直接的には遼東地方の鮮卑族から高句麗族を経て、新羅で開花したと考えられるのではないでしょうか。その契機としては、興亡を絶えず繰り返した遊牧民族同士の間で、戦闘と和平などによる接触を通じて、連鎖的に伝播していったものと思われるのです。

ガラス製容器

新羅古墳の出土品で、もう一つ光彩を放っているものにガラス製容器があります。これまで、三国時代の朝鮮でガラス製容器が出土するのは、ほとんどが新羅の古墳です。現在までに、金冠塚・天馬塚など六基の新羅古墳から一九点と、玉田古墳群Ｍ一号墳と金海大成洞九一号墳の加耶古墳でそれぞれ一例ずつが報告されています。日本でガラス製容器が出現するのは、五世紀中頃以後のことです。つまり、さきの新沢千塚一二六号墳や福岡県沖ノ島の第八号祭祀遺跡で出土していますが、ともにそれぞれ金製の耳飾や指輪を伴っていて興味深いと思います。おそらくガラス製容器と金製装身具はセットとして、新羅から日本に受容されたものでしょう。そのうち、沖ノ島の出土品は円形浮出し文に特徴のある碗で、同趣のものが寧夏回族《ねいかかいぞく》自治区固原《こげん》県の北周の李賢（五六九年没）墓[6]から出土していて注目されます（第16図）。

新羅のガラス製容器を見ますと、その中には新羅国産のものも若干は含まれる可能性が出て来ているとはいえ、大多数は輸入品であると思われます。たとえば、慶州市の瑞鳳塚《ずいほうづか》や皇南《こうなん》大塚《おおつか》南墳出土の坏に見られる網目文を例にとりますと、類似品は、中国・河北省景県の北魏太和七年（四八三）没の封魔奴墓出土の坏[7]に見い出します。また、遼寧省北票県の北燕太平七年（四一五）没の馮素弗《ひょうそふつ》一号墓では、金製冠飾などとともに、碗・鉢・坏・高坏脚部破片・家鴨《アヒル》形水注といった、豊富な種類のガラス製容器が五点も出土しています。このうち、家鴨形水注は、東アジアで唯一の出土品として注目されます。これは吹きガラス手法による動物形品という点で、やはりガラス製容器を豊富に出土して有名な、アフガニスタンのベグラム出土の海豚《イルカ》形品に比肩されます。三国時代の朝鮮では、五世紀以後における高句麗の古墳が横穴式石室であるため、ほとんど盗掘を受けています。その結果、副葬品の全貌が分からないという悪条件を考慮しますと、高句麗にもガラス

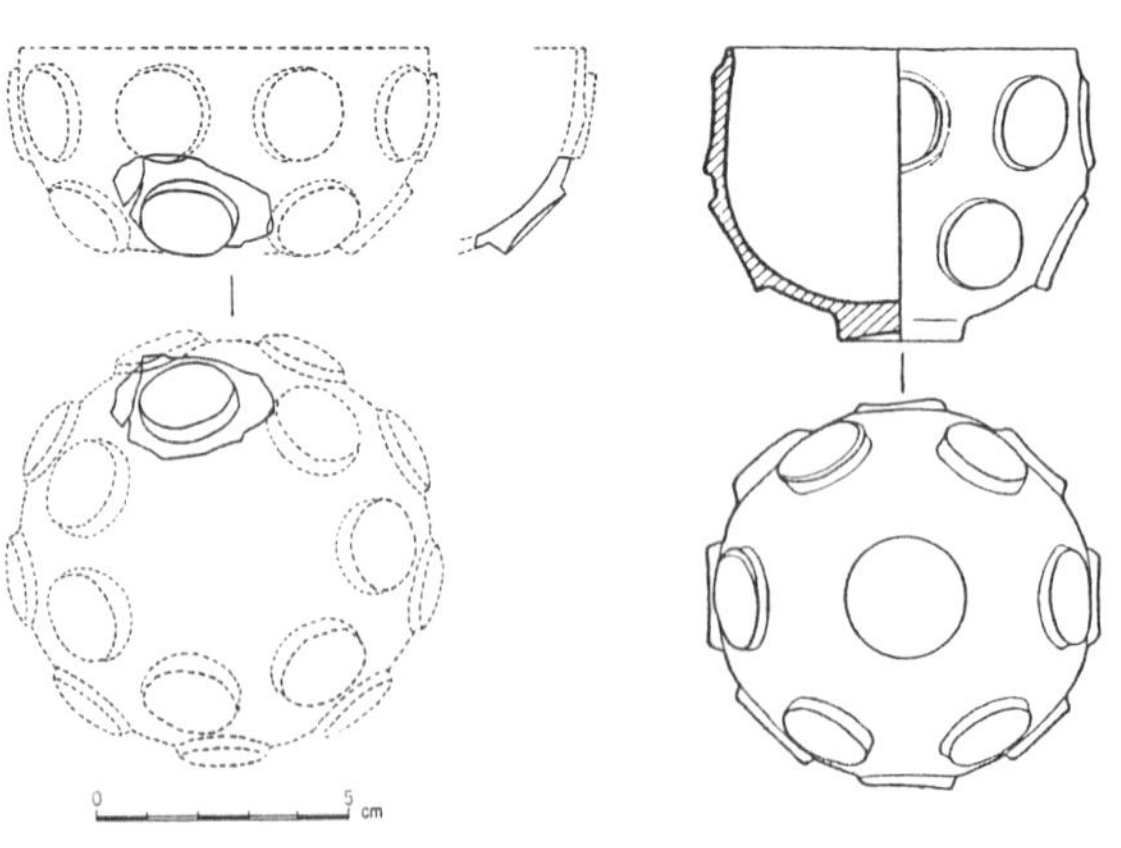

第16図　宗像・沖ノ島（左）と李賢墓（右）出土のガラス製碗

製容器が少しはあってもよいと憶測しています。もしそうだとしますと、はるか西方世界のガラス製容器が、北方草原地帯の遊牧民族の手で東方にもたらされ、さらに前述の金製装身具といっしょに、高句麗を経由して、新羅に流入して来たと考えられましょう。

騎馬遊牧民族の活躍

以上のように述べ来たってここにいたるとき、遊牧民族、ならびに、かれらが得意とする乗馬の風習ないしは騎馬戦法の問題にどうしても触れねばならないでしょう。日本で出土する初期の馬具のうち、木心鉄張輪鐙を取り上げますと、五世紀に若干例が知られます。大阪府堺市の七観山古墳第一槨出土の木心鉄張輪鐙は、五世紀前半までさかのぼるかもしれませんが、滋賀県蒲生郡安土町の新開一号墳の出土例は、五世紀中頃と推定されています。これらに酷似する輪鐙は、朝鮮の釜山広域市東莱区の福泉洞一一号墳の副室に当たる一〇号土壙墓から検出されており、五世紀前葉に比定されています。新羅では、慶州市の皇南洞一〇九号墳第四槨出土の輪鐙はやはり初期の例に属します。さらに高句麗では、五世紀前半から中頃にかけて、中国・吉林省集安市の七星山九六号墳や万宝汀《まんぽうてい》七八号墳で金銅製の馬具の良好なセットが見つかっていますが、その中に初期の輪鐙が含まれています。

いま見て来ましたような朝鮮と日本における初期の木心鉄張輪鐙の起源を考える場合に、中国・遼寧省北票県の上述の馮素弗一号墓の出土品はきわめて示唆的です。さきほどもガラス製容器や金製装身具で見たところですが、北燕の王族であった馮素弗は四一五年に没しています。

ところで、和歌山市の大谷古墳からは、すでに一九五七～五八年に行われた発掘調査に際し、金銅製の馬具の優品がセットで出土していますが、その他とくに注目されたのは、馬甲と馬冑の発見でした。とりわけ馬冑の完全な姿での出土は、それまで北東アジアを通じて唯一の遺品でした。馬甲・馬冑ともに、吉林省集安市の三室塚などの壁画には描かれていますが、一九八〇年頃まで、その実物が朝鮮では見つかっていませんでした。ところが、一九八〇～八一年に、釜山広域市の福泉洞古墳群が調査された際、前述の輪鐙を出土した一〇号土壙墓から、朝鮮ではじめて馬冑が出土(8)したのです。その後、慶尚南道陜川郡の玉田M三号墳など(9)でも見つかり、現在、朝鮮では一六例を数えます。

馬に甲冑を装備する状況は、中国の甘粛省天水県の麦積山石窟《ばくせきざんせっくつ》の一二七窟の北魏の壁画や、寧夏回族自治区の北周の李賢墓・河北省磁県湾漳の北斉墓、そして、河南省洛陽市の北魏の元邵《げんしょう》墓などから出土している陶俑、すなわち、五～六世紀の遺例において間接的に認められますが、しばしば引用した北燕の馮素弗一号墓では、馬冑札と推定されるものが副葬品の中に含まれています。なお、福泉洞一一号墳出土の鉄製冑の形式は、黄海北道安岳郡の安岳三号墳の壁画中の騎馬兵がかぶっているものと酷似していて興味がそそられます。

こうして見て来ますと、馬具は、五胡一六国時代の末期、五世紀初頭には、中国・東北地方の鮮卑族の間で使用されており、それが、戦闘と和平といった接触を繰り返す過程で、高句麗に入ったと思われます。ただし、黄海北道の安岳三号墳は永和一三年（三五七）の東晋の墨書銘を持ち、その壁画中にも馬甲・馬冑の図（第17図）が見られますので、中国・遼東地方からの亡命人が、別のルートで四世紀中頃にそれらを高句麗に伝えていることもじゅうぶん考えられるところです。ともあれ、五世紀といえば、

第17図　安岳3号墳出行図（部分）（菅谷文則、2000「晋の威儀と武器について」『武器研究』1、中川穂花氏製図より一部抜粋）

高句麗は新羅と友好・同盟の関係にありましたが、新羅にとっては、加耶と、加耶を支援する倭との間に緊張状態がありました。そうした情勢の中で、戦争と和平などによる接触を通して、馬具さらには騎馬戦法が、五世紀中頃までに、急速に倭まで伝わったものでしょう。

以上、五世紀に焦点を当てて見て来ましたように、朝鮮の古墳文化は、統一国家の形成に向かって激しく揺れ動いていた国内情勢に加え、当時の中国や日本が複雑に絡まり合って、独自の内容を作り上げていますが、基本的には、中国北朝—高句麗・新羅と、中国南朝—百済・加耶—倭という、相対立する二つの大きな南北世界の中で、古代北東アジアの文化交流を考えるべきです（第11図、44頁）。もちろん、朝鮮内部の相互間に、一時的もしくは部分的に生じた小康あるいは和平の状況の下では、相互間での交流があったことはいうまでもありません。日本側の問題でいえば、地方の大豪族の中には、中央王権とは無関係に、独自の外交を通じて、中央王権とは緊張関係にあった新羅から、その先進的な文物を受容[10]したこともあったでしょう。

〔注〕

（1）鄭燦永（永島暉臣慎・西谷正訳）、一九六九「高句麗初期墓制の起源」『古代学研究』第五六号、一～七頁。

（2）西谷　正、一九八〇「百済前期古墳の形成過程」『百済文化』第一三輯、二一～二六頁。

（3）陳大為、一九六〇「遼寧北票房身村晋墓発掘簡報」『考古』一九六〇年第一期、図版参照。

（4）V.I.Sarianidi, 1980, The Treasure of Golden Hill, *American Journal of Archaeology*, Vol. 84, No.2, pp. 126 ~ 131.

Viktor Sarianidi, 1980, The Treasure of Golden Mound, *Archaeology*, Vol. 33, No.3, pp. 31 ~ 41.

（5）穴沢咊光・馬目順一、一九八〇「慶州鶏林路一四号墓出土の嵌玉金装短剣をめぐる諸問題」『古文化談叢』第七集、二五一～二六三頁。

（6）寧夏回族自治区博物館・寧夏固原博物館（韓兆民）、一九八五「寧夏固原北周李賢夫婦墓発掘簡報」『文物』一九八五年第一一期。

（7）張李、一九五七「河北景県封氏墓群調査記」『考古通訊』一九五七年第三期、図版一一－四。

（8）鄭澄元・申敬澈、一九八三『東莱福泉洞古墳群Ⅰ』『釜山大学校博物館遺蹟調査報告』第五輯、六九～七一頁。

（9）趙榮済・朴升圭、一九九〇『陜川玉田古墳群ⅡM三号墳』『慶尚大学校博物館調査報告』第六輯、一〇〇～一〇一頁。

（10）西谷　正、一九八六「北部九州と古代大陸文化の交流」『加耶から倭国へ』六〇～六一頁。

第3章　北東アジアから見た百舌鳥《もず》・古市《ふるいち》古墳群

皆さん、こんにちは。ただいまご紹介をいただきました西谷正でございます。

今日は、こうして堺の町で世界文化遺産に関する話題についてのお話ができる機会を与えていただきまして、大変ありがとうございました。

先ほど冒頭で、竹山修身市長がお話されたごあいさつの中に、今回の百舌鳥・古市古墳群、すなわち仁徳天皇陵古墳をはじめとする巨大古墳群ということで、日本国が推薦する世界文化遺産の暫定リスト入りをしたというお話がございました。まず、皆さんとともにお喜び申したいと思います。

市長のお話にもありましたように、やっとスタートラインに立ったということです。ただいまの西村幸夫先生のお話をうかがっていても、これから登録までにどういうプロセスがあるかというお話とか、あるいは、いろんな課題についてもお話がございました。そういう意味では、これからが大変だと思います。そのためには、やはり地元ですね、堺市をはじめとする大阪府民の皆様が一丸となってこの問題に対するご理解、あるいは、ご支援をいただくことがまず第一歩だと思います。その上で、この問題を日本全体に情報発信してご理解、ご支援の輪を広げてゆくことが大切かと思います。

そして、仁徳天皇陵古墳が中心になってといいましょうか、看板ですので、日本国内においては認知度が非常に高いわけですけれど、これが世界的な遺産ということで、やはり世界に発信してゆかなければなりません。そのための戦略をいろいろとまず担当部局でお考えいただきたいと願うところです。

百舌鳥・古市古墳群をめぐって

まず、やはり百舌鳥・古市古墳群について皆さんもよくご存じのことではありますが、一応話の流れの関係で、ごくごく簡単におさらいをしておきたいと思います。

第18図は、皆さんおなじみの百舌鳥古墳群の分布図[1]です。年代的には四世紀の後半から五世紀の後半にかけて、およそ一〇〇年間にわたって巨大な古墳が次々と築かれました。巨大な古墳だけではなくて、もちろん中小の、また、前方後円墳だけではなくて、円墳とか方墳もありまして、全部で四七基にもなります。日本列島で一カ所にこれだけ集中している古墳群、しかも当時の古墳としては最大の

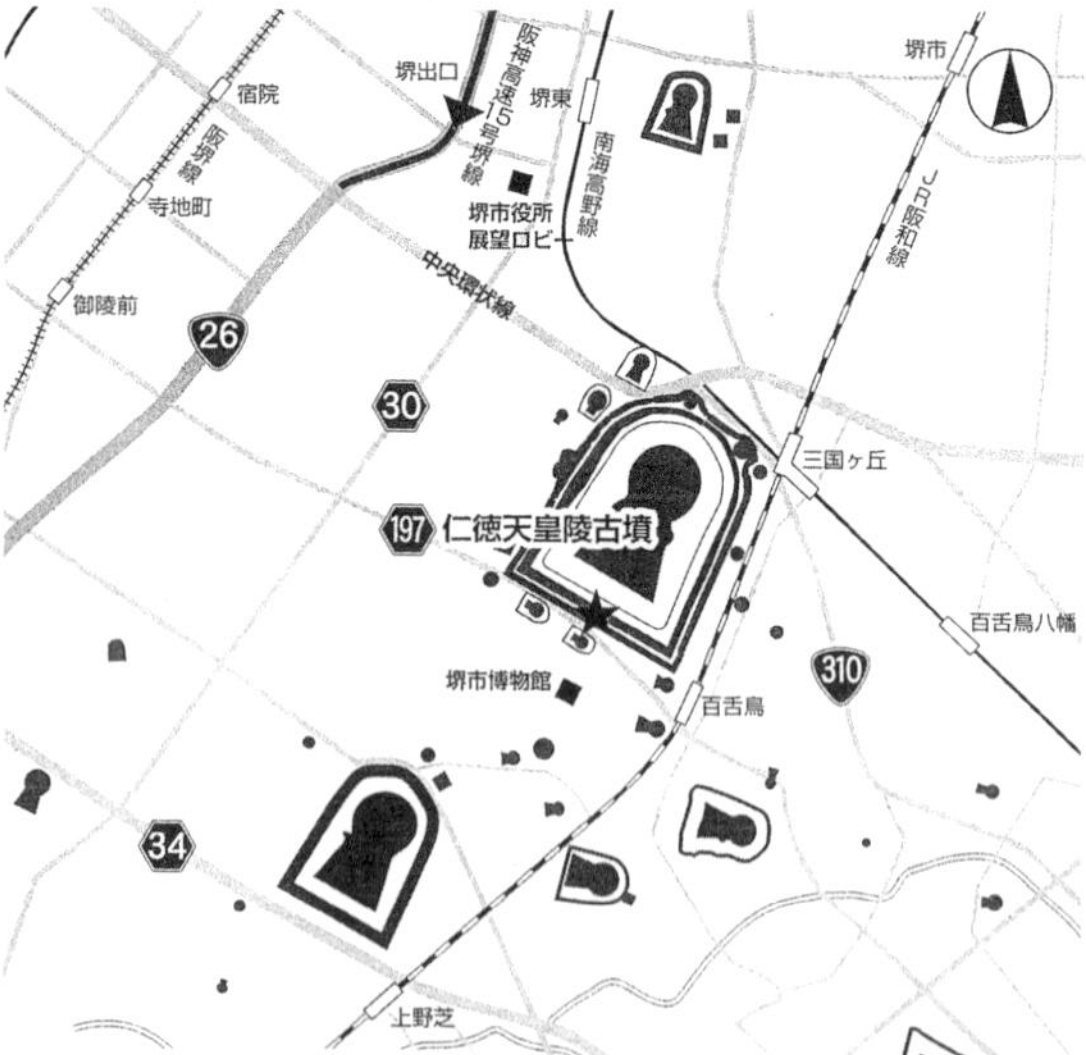

第18図　百舌鳥古墳群分布図

ものが集中しているということは、他の地域にないわけでして、そのこと一つをとっても、この古墳群の重要な価値がうかがえるのではないかと思います。

それから、古市古墳群の分布図があります[2]（第19図）。ここの場合は、始まりがこの分布図の左上の方に津堂城山古墳とありまして、この辺りがどうも一番古いようで、四世紀の後半ということです。それから五世紀いっぱいにかけて築かれて、さらに六世紀の前半まで続きます。この地図でいいますと、下、ちょっと右のところの高屋城山古墳、つまり現在の安閑陵に指定されている古墳まで、先の百舌鳥古墳群よりは長く古墳の築造が続いたということです。

ここには全部で四四基ということですが、百舌鳥古墳群とともに、一カ所に長期にわたって、しかも巨大な古墳群が集中して営まれたというのは、やはり他に例がないわけでして、百舌鳥古墳群と古市古墳群を一体のものとして考えていく必要があろうかと思っています。

第19図　古市古墳群分布図

(1)巨大古墳の世紀

このことは、皆さんご承知の同志社大学におられた森浩一先生が岩波新書で『巨大古墳の世紀』（一九八一年）という書物の中でくわしく論及されています。その中でこの古墳群についてたっぷり説明されています。百舌鳥・古市古墳群というのは、日本の歴史の中でも、五世紀を中心とした時期に一時期を画して巨大古墳が築かれました。しかも、ここ大阪平野に集中しています。これは画期的なことでして、まさに巨大古墳の世紀という、その文字どおりの状況です。つまり、日本の古代国家形成過程の三世紀の後半から七世紀にかけて古墳が築かれる中で、五世紀はまさに古墳真っ盛りといいましょうか、古墳文化が最大限に発展した時期の所産であるということです。

(2)倭の五王の時代

この点についても岩波新書の中で藤間生大先生が『倭の五王』(一九六八年)という書物をお出しになっています。この時代は、一方では国際交流が大きく展開した時期であるということですね。それと巨大古墳の築造が密接に連動しているというわけです。

国際交流という意味では、日本列島が国際社会に仲間入りするのは、二〇〇〇年以上前の弥生時代の中期後半に、当時、朝鮮半島の北西部に設置されていた楽浪郡を通じてのことです。楽浪郡はやがて邪馬台国の時代には帯方郡が分割されます。そのように弥生時代の中期後半から後期にかけて、朝鮮半島に設置されていた、中国の漢帝国や魏王朝のコロニーを通じて、直接あるいは間接的に中国の王朝と国際交流を持ちました。それを一段と発展させる形で五世紀に国際交流が大きく展開しました。まさに、中国の『宋書』倭国伝の中に見えるように、讃・珍・済・興・武という、後に天皇と呼ばれる五人の大王が、中国の南朝と外交関係を持ったということです。このことは教科書にも出ていますので、日本国民のすべてが知っていることです。

中国史書に登場するこの五人の大王については、讃・珍・済・興・武という、一文字で表現されていますが、『日本書紀』に記載される天皇とそれぞれどういう対応関係なのかというところは諸説あるところです。つまり応神・仁徳に始まり、安康・雄略に至る間の五人の天皇ということになるわけです。そのような国際外交を展開した五人の大王の陵墓も、この二つの古墳群の中に含まれるということでして、まさに倭の五王の時代の所産であり、その象徴的な遺跡群であるといえましょう。

（３）技術革新の世紀

森浩一先生の『巨大古墳の世紀』と、藤間生大先生の『倭の五王』、そして、不肖、私の『技術革新の世紀』ということを事あるごとに申しているんです。といいますのは、巨大古墳を発掘しますと、いろんな文物が副葬品として、あるいは装身具として出土します。それらを見ますと、いろんな手工業製品において技術革新が大きく展開した時期であるということが分かります。

今日もいただいた資料、全員の方がお持ちかどうか、何種類かあるようですね。私がいただいた資料のカバーを拝見しますと、上に百舌鳥古墳群の絵がありまして、その下に、出土した甲・冑と埴輪の冑の部分があります。これでいいますと、真ん中の冑と、左に甲がありますけれど、特に冑におきましては金銅製です。平たくいえば金メッキされています。そういうメッキの技術を駆使した、非常にすぐれた高度な技術が使われた冑、そして、その左の甲とかがありますね。甲につきましても、今までは革綴であったものが、鋲留になるとかが見られます。そのように甲・冑、それから馬具、とくに応神天皇陵古墳の陪塚の丸山古墳から秀れた鞍金具が出土しています。そういった馬具類のほか、堺市には陶邑《すえむら》というぐらい、日本でごく初期の須恵器を焼いた窯跡群がよく知られます。そのように一々挙げていくときりがないぐらい、この時代に技術革新が大きく進むのです。つまり、外観からいうと巨大古墳ですけれど、その副葬品である手工業製品を見ると、それまでとは違った技術革新が各分野において大きく進行しているということです。そのように日本の歴史、それも古代において画期的な時代で、その象徴的な文化・歴史遺産が百舌鳥・古市という二つの古墳群ということになるわけです。

世界の巨大古墳

百舌鳥古墳群のうち仁徳天皇陵古墳につきましては、皆さんよくご承知のとおり、昔から中国の秦の始皇帝陵、あるいは遠くエジプトのピラミッド、そういった世界の巨大古墳と常に比較されますね。仁徳天皇陵古墳は平面規模においては、長さが四八六メートルという、世界最大の規模であるといわれます。そこで、今申しましたエジプトのピラミッドや、中国の始皇帝陵、そして朝鮮半島の同時代の古墳群との比較を行いながら、この百舌鳥・古市両古墳群の特色を浮かび上がらせればと、そのように願っているところです。

(1) エジプトのピラミッド③

三つのピラミッド、つまりクフ王、カフラー王、メンカウラー王のピラミッドがよく知られます（第20図）。これらはご承知の通り、カイロのすぐ郊外のギザに残っているピラミッド群です。

ここで私がいいたいことは、仁徳天皇陵古墳が全長四八六メートルといいましたけれども、それに対して、ピラミッドの場合は一辺が二三〇メートルの四角い方墳状をなしています。確かにその二つを比べれば、仁徳天皇陵古墳の方が桁違いに大きいんです。ただ、それだけの単純な比較ではいけないということをいいたいのです。それは第21図をご覧いただきますと、たとえば、三つのピラミッドの周辺に小さな長方形の印がたくさん表示されています。とくに一番上のクフ王の左手、西側の方には多数の長方形の小型の墳墓がありまして、これらはいずれも陪塚です。もちろん百舌鳥古墳群にも陪塚があることはご承知の通りで

第20図　エジプトのピラミッド　1982年4月6日撮影

す。つまり、墳墓本体以外に多数の陪塚群を伴っています。その点は日本の古墳群と共通しています。違うところは、たとえば真ん中のカフラー王のピラミッドをご覧いただきますと、その前面、右のところに、カルト　テンプル cult temple、つまり葬祭殿といって、亡きがらを埋めたピラミッド本体の前面に、祭祀を行う施設が設けられているのです。それから、さらにずっと右の方に、これは七〇〇メートルほどあるんですが、小さな字でコース　ウエイ　course way、いわゆる参道、あるいは墓道《ぼどう》がずっと東の方に延びて来ています。そして、その一番先端のところに、小さな字で、テンプル オブ ザ スフィンクス　temple of the Sphinx と書いてありますね。つまり、その一番入り口のところは、すぐ右手にナイル川が流れています。そのナイル川の流域、河岸にあるということから、河岸神殿とか流域神殿というような言い方をしています。そして、その横にスフィンクスが築かれているわけですね。ここでは亡きエジプトの王の亡きがらを清めて、そしてミイラを作る、そういう場所なんです。船でこのナイル川の左岸に着岸いたしまして、そこで儀式を行って、ミイラを作り、そして、この墓道を通ってピラミッドの前面に行き、そこで最終的な儀式を行って埋葬するというふうになっているのです。こういうわけで、エジプトのピラミッドを見た場合に、一辺二三〇メートルのピラミッド本体だけではなくて、陪塚をはじめとする種々の付属施設があるということなんです。この辺が日本の古墳群との大きな違いということになります。

なおさらに、ピラミッド本体の周りには、塀がめぐらされているのです。そういうことから、このピラミッドに関しては、ピラミッド　コンプレックス　pyramid complex という言葉がございます（第21図）。つまり、ピラミッド複合とか、ピラミッド文化複合体と呼んでいるんです。ピラミッド本体だ

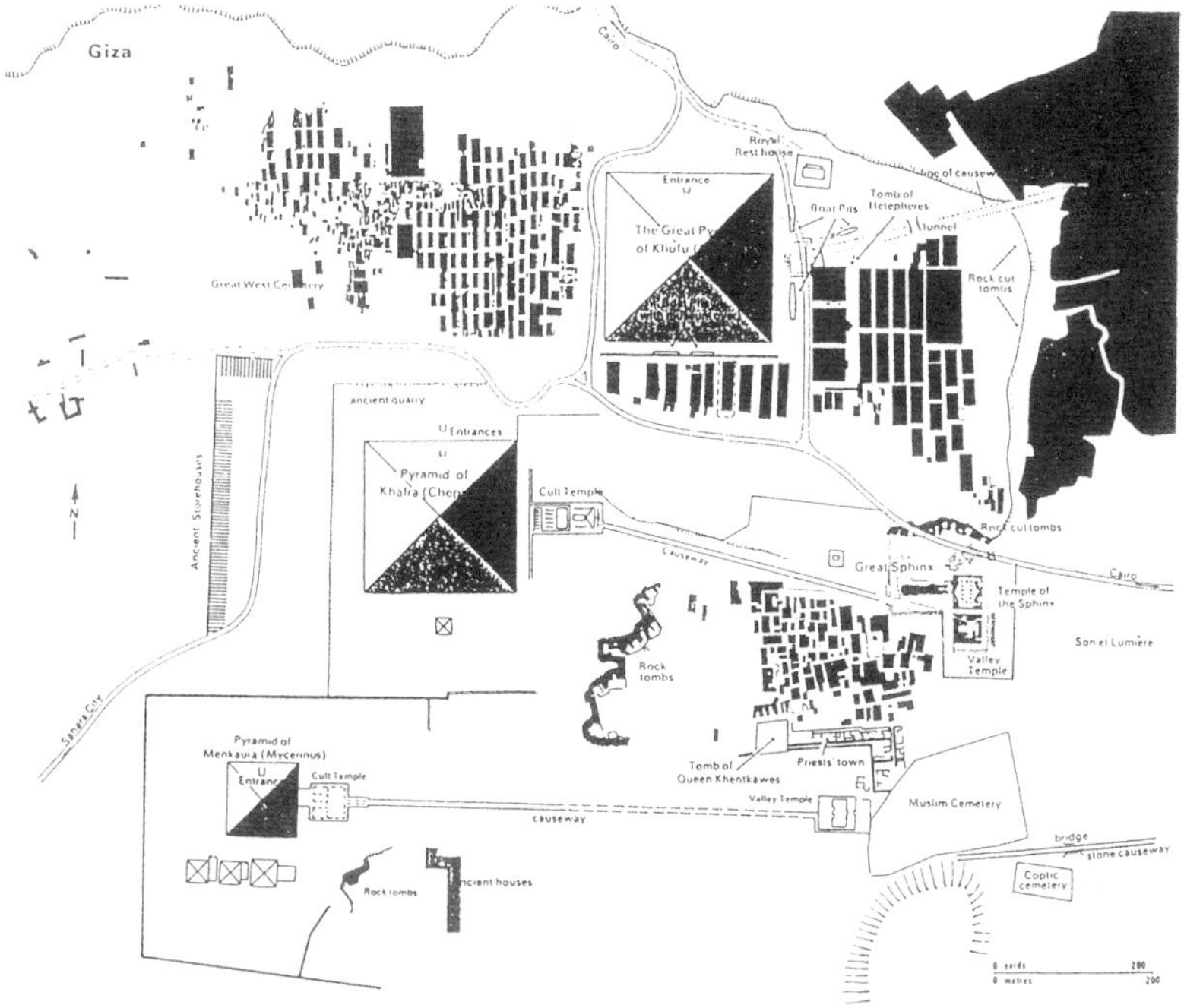

第21図　ギザのピラミッド・コンプレックス（Jacquetta Hawkes"Atlas of Ancient Archaeology",New York,1974より）

けではなくて、周辺のいろんな関連施設も合わせて全体としてトータルにコンプレックス、複合体として考えていこうという考え方です。総合運動場というのは英語ではスポーツコンプレックスといいますが、メインスタジアムがあって、その周りに水泳場とか、テニスコートなどいろんな競技場があって全体をなしているわけですね。そういういろんな構成要素が一体のものとしてあるコンプレックスが見られるという点が大きな特色であり、日本の古墳群との大きな違いということになります。

（2）中国の秦・漢皇帝陵

まず、秦の始皇帝陵[4]を見てみたいと思います（第22図）。秦の始皇帝

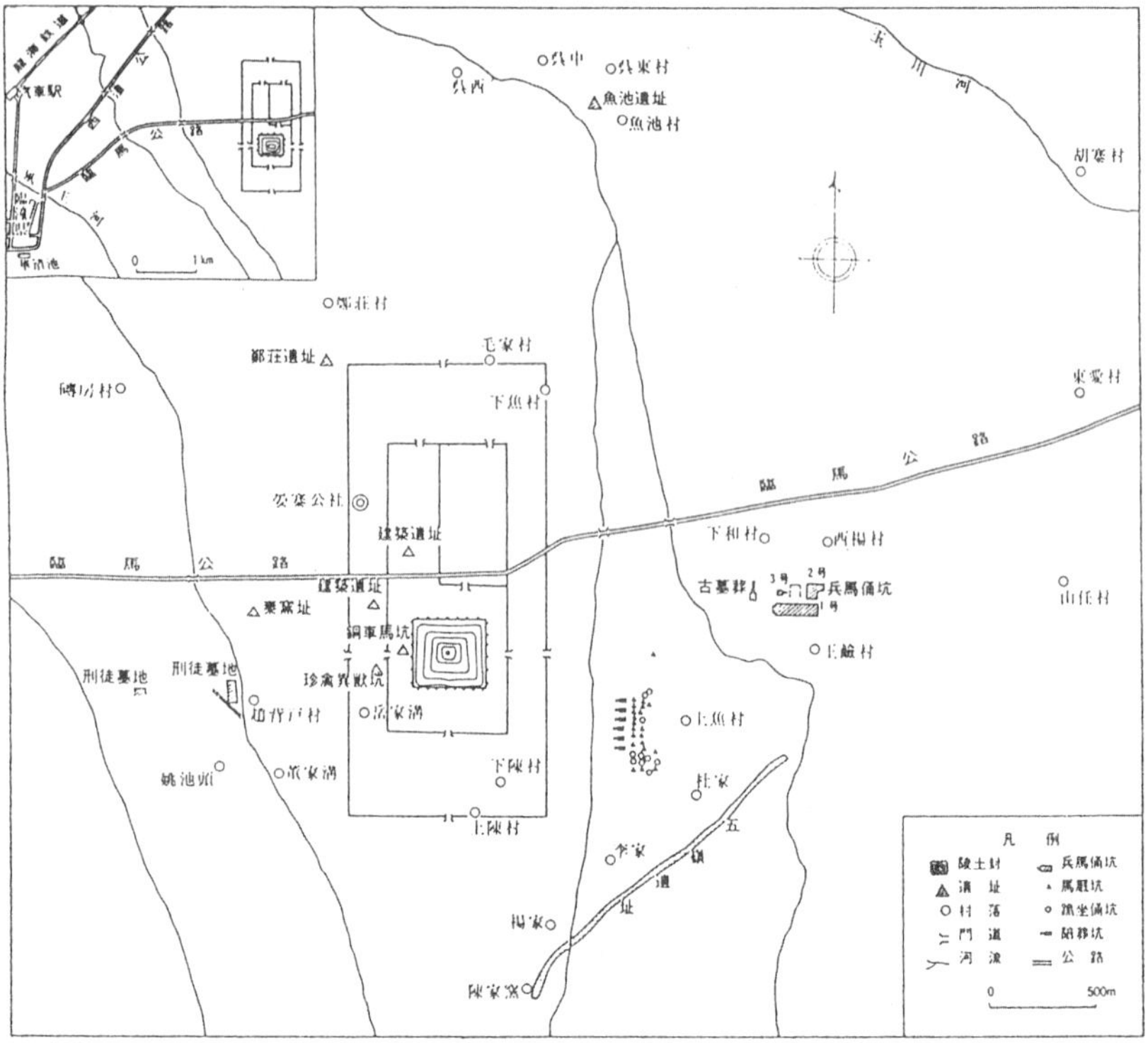

第 22 図　秦の始皇帝陵園（陝西始皇陵秦俑坑考古発掘隊・秦始皇兵馬俑博物館共編、1983『秦始皇陵兵馬俑』平凡社より）

陵園の図の真ん中ちょっと左手のところに、秦の始皇帝陵がありまして、等高線で方形に示されています。ここでは一辺が三五〇メートルですね。実は、その後、測量がし直されまして、正確に測量しますと、一辺が五〇〇メートルぐらいになると発表されました。そうすると四八六メートルを追い超されるわけですね。そこで、仁徳天皇陵古墳側も黙っておりませんで、地元でお考えになったのは、仁徳天皇陵古墳の水面のところではなくて、古墳は水面下に潜っていますので、そこまで測ると五一二メートルあって、秦の始皇帝陵よりもやはり大きいんだということをおっしゃった人がいるようです。それはともかくとしまして、一辺三五〇メートルといわれていましたのが、今では公称五〇〇メートルといわれているんです。しかし、そのように古墳本体の、つまり墳丘だけで比較してはいけないということを、ピラミッドの場合と同様に申したいわけです。

この第22図をご覧になっても、古墳本体の周りに南北に長方形の区画がありまして、その東西・左右が五七八メートルに、南北が二七七メートルという、長方形に囲まれた塀の南寄りのところに古墳本体が位置しています。その長方形の大きな区画の右上、北東のところにもさらに中を仕切る区画があります。そして、その周りにもう一つの長方形の囲いがあるということですね。これは東西が大体九七〇メートルぐらいに、南北が二・二キロぐらいの規模です。そのように古墳本体だけではなくて、南北長方形の二重の広大な塀によって囲まれているのです。この点は先ほどのピラミッドも同様です。そういうわけで、古墳本体だけの比較ではいけないということです。

第23図　秦始皇帝陵・兵馬俑

特に始皇帝陵の場合、墳丘から東、第22図の右手に一・五キロ行ったところに有名な兵馬俑坑があります（第23図）。そことは逆に、反対側の左手、西の方を見ますと、そこに刑徒墓地があります。この秦の始皇帝陵の造営に際しては、七〇万人の犯罪人が徴発され、動員されたといわれています。秦の始皇帝は若くして一三歳で即位しますけれども、その翌年ぐらいから、自分が死んだときの墓づくりに精を出しまして、何と三七年の在位期間中の三六年、ほとんど全期間を、この墓域の造営に費やしたといわれています。そういうことで申せば、古墳本体は一辺三五〇メートルから五〇〇メートルということですが、大変な規模の大土木工事をなし遂げているということになるわけです。

そういうわけで、ピラミッドの場合と同様にここにおきましても、そこで見たようなコンプレックス、日本語流に分かりやすくいいますと、陵園制《りょうえんせい》が認められるのです。陵墓が一つの陵園をなしている、陵園制ということです。

秦の始皇帝陵でそういう陵園制が確立すると、それが前漢の皇帝陵へと引き継がれるのです。皆様おなじみの西安の町のすぐ西北のところに、漢の長安城という当時の城郭がございます。そのさらに北西のところに咸陽台地、咸陽市が位置します。

ここに秦の始皇帝の時代の都があり、王宮の跡が残っています。前漢になると長安城に都の場所を変えています。かつて秦の都のあった咸陽、その北側に咸陽台地というところがあって、そこの東西三六キロにわたって歴代の前漢皇帝陵が築かれているのです。一一人の皇帝のうち九人の皇帝陵が東西に次々と築かれたことが分かります。一方、あと二人の皇帝については、西安の東南の方向に、宣帝の杜《と》陵《りょう》と文帝の覇陵《はりょう》があります。それ以外はほとんどがこの咸陽台地に築かれています。その一番西にあるのが、漢の武帝の茂陵《もりょう》です。

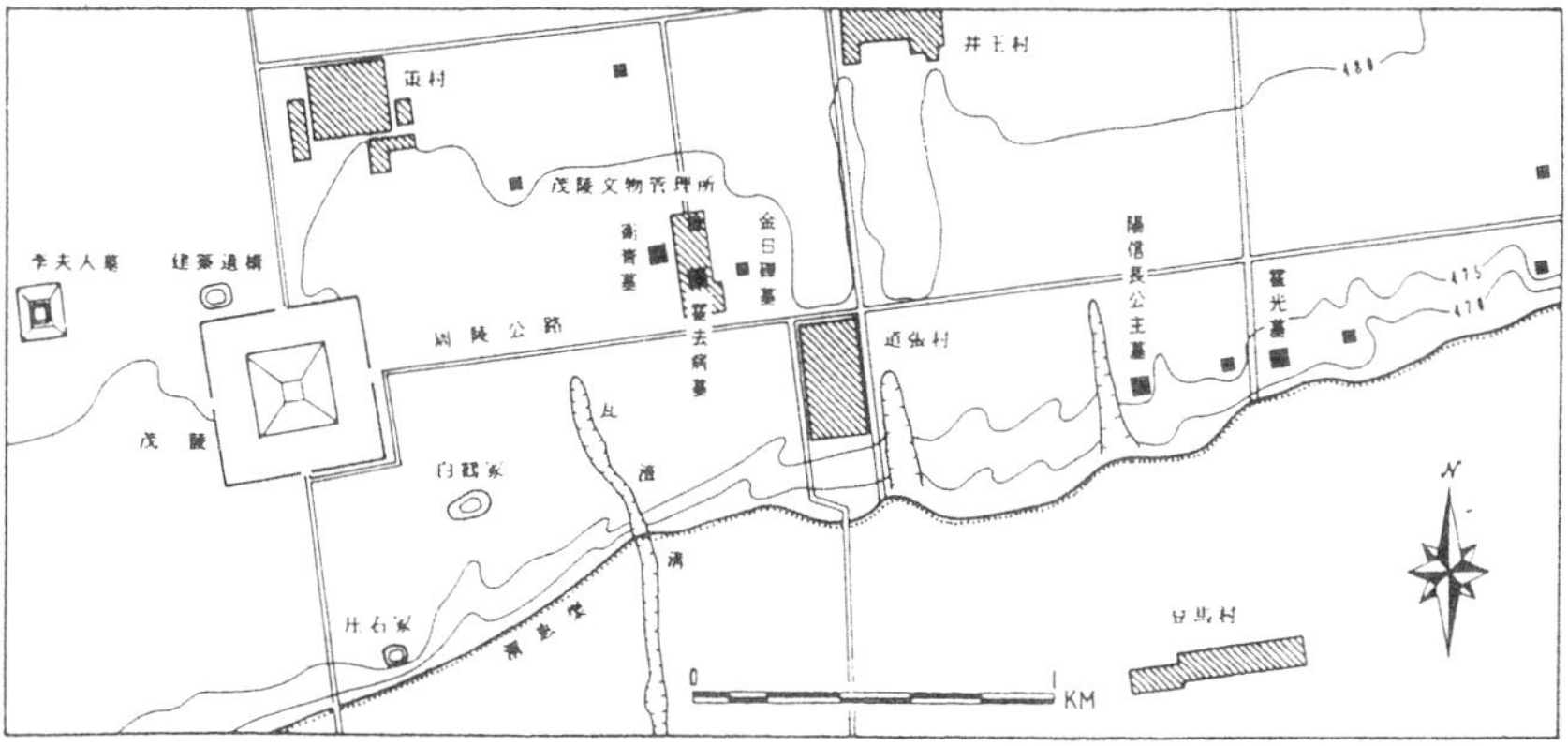

第24図　茂陵陵域平面図（劉慶柱・李毓芳（来村多加史訳）、1991『前漢皇帝陵の研究』学生社より）

茂陵の周辺図を第24図に示しておきました。この茂陵をご覧いただきますと、茂陵[5]と記した方形の墳丘を表現したところがあります。ここでも周りに塀がめぐっていたようでして、北側と東西に今も部分的にその痕跡が残っています。本来、ぐるっと外側に塀がめぐっていたことが分かるのです。茂陵の場合は、古墳本体は一辺が二三〇メートルということですが、その周辺は塀で囲まれていたのです。また、場所はまだ確認されていませんけれども、塀の中には寝殿というのがあったらしいのです。ここに亡き武帝の魂が宿るところという考え方ですね。これは始皇帝の場合も同じで、墳丘本体のすぐ西側に寝殿に想定される場所があって、そこに始皇帝の魂が通うわけです。そのために乗る金銅製の馬車が発掘されていますね。そういう寝殿のほかに、さらに外側には亡き武帝の菩提を弔うといいましょうか、あるいは、その後の皇帝が祖先祭祀を行う廟もあったらしいことが記録に出て来ますね。そして、塀の外で、特に東南の方向に当たるんではないかといわれています。そういう意味では、第24図の茂陵のすぐ右下つまり東南のところに、白鶴冢遺址《はくつるちょういし》と書いてありまして、平坦地にちょっとした高まりがあって、おそらく人工の土台と思われます。私はここが廟の遺跡ではないかと密かに考えています。さらに、もちろんここにも陪塚があるわけですが、そのうちで茂陵の西側、第24図の左手すなわち西の方には、武帝の妃の李夫人の陵墓が位置します。これは比較的大きな古墳ですね。一方、第24図の右、東の方に行きますと、霍光墓があります。武帝の右腕ともいわれた将軍の墳墓です。そういうわけでして、茂陵を中心として、その周囲に陪塚群が配置されているということです。

ここで特に注目したいと思いますのは、今申しました茂陵の東南の白鶴冢遺址、その東側のところから瓦や水道管の施設が出たりとかしていまして、この辺りに何らかの建築群があったことが推測されます。その点で考えられるのは、茂陵を保護し、また管理するために陵邑が置かれていたことが分かるのです。これは茂陵のすぐ右手（東側）に東西に長く武帝の茂陵の陵邑があったことが想定されます。その部分的な遺構なり遺物が発掘等を通じて見つかっているのです。

この点に関して申しますと、『太平御覧』という文献の中に、茂陵を守り掃除するもの五〇〇〇戸と見えます。五〇〇〇の戸数をそこに配置して、その五〇〇〇戸を監督する陵令という役人もいたと記録されています。五〇〇〇戸というと、これは大きな町ですね。そういう陵邑が、茂陵にすぐ接して東側に営まれていたことが記録上、あるいはまた、断片的な出土品からもうかがえるということなんです。同じように、各皇帝陵には陵邑があったことが推定されます。たとえば、手がかりがつかめたところは、茂陵のすぐ横の少帝の平陵におきましても、東側に陵邑があったらしいということが推定されています。

一方、先ほど申しました宣帝の杜陵(6)の場合、何と陵邑の規模が三万戸、人口が三〇万人といわれます。本当かなと、信じられないような数字です。事実かどうかは別としても、ともかく桁違いの戸数、人数が陵邑にいたことが記録されています。そのように古墳本体だけではなくて、周辺のいろんな施設、とりわけ陵墓を保護し、掃除をしたり、管理したりする大変な規模の村があったことが重要です。

そういうわけで、しばしば仁徳天皇陵古墳の本体と比較される秦の始皇帝陵、あるいはそれを受け継いだ茂陵をはじめとする前漢の皇帝陵において、古墳本体だけではなくて、その周辺にいろんな施設があって、陵園制が施かれていたことが認められるのです。

（3）朝鮮・三国時代の王陵　高句麗・百済・新羅・加耶

その点で、さらに朝鮮半島の三国時代の王陵ではどうでしょうか。仁徳天皇陵古墳などが築かれていた時代、お隣りの朝鮮の王陵はどうであったかということです。当時、北部に高句麗、西南部に百済、東南部に新羅、そしてその間に挟まって加耶の諸国がありました。そのうち加耶については日本では任那とか加羅というい方もします。この時代、朝鮮半島では、高句麗・百済・新羅という三つの国を指して三国時代と呼んでいます。実は今いいましたように、百済と新羅の間に挟まって加耶があったわけですね。そこで三国ではなくて四国時代だという説もございます。二〇〇六年に、韓国で崔仁浩《さいじんこう》という著名な作家が『第４の帝国』という書物を三冊書かれています。その中で加耶というのは非常に重要だと説かれています。歴史小説ですけれども、そういう本が最近出ているのです。その加耶はいち早く滅びまして、最後まで残りませんでしたので、ほかの三国とは違います。したがって、厳密に申しますと、高句麗・百済・新羅の三国と加耶の時代というべきですが、そこまでいうと長くなりますので、従来通り習慣的に三国時代と呼んでいます。それらの国々にそれぞれの王がいて、亡くなると王陵が築かれます。その辺りのことを少し見てみたいと思います。

この点につきましては、朝鮮半島古代の王陵というと、高句麗・百済・新羅が出て来ますが、ややもすれば加耶が欠落しがちです。そして、高句麗・百済・新羅・加耶それぞれに特色ある王陵が築かれていたということです。

まず、北部にあった高句麗につきましては、一例だけ取り

第25図 （上）太王陵　（下）太王陵（右上）と好太王碑（左）（吉林省文物考古研究所・集安市博物館編著、2004『集安高句麗王陵』より）

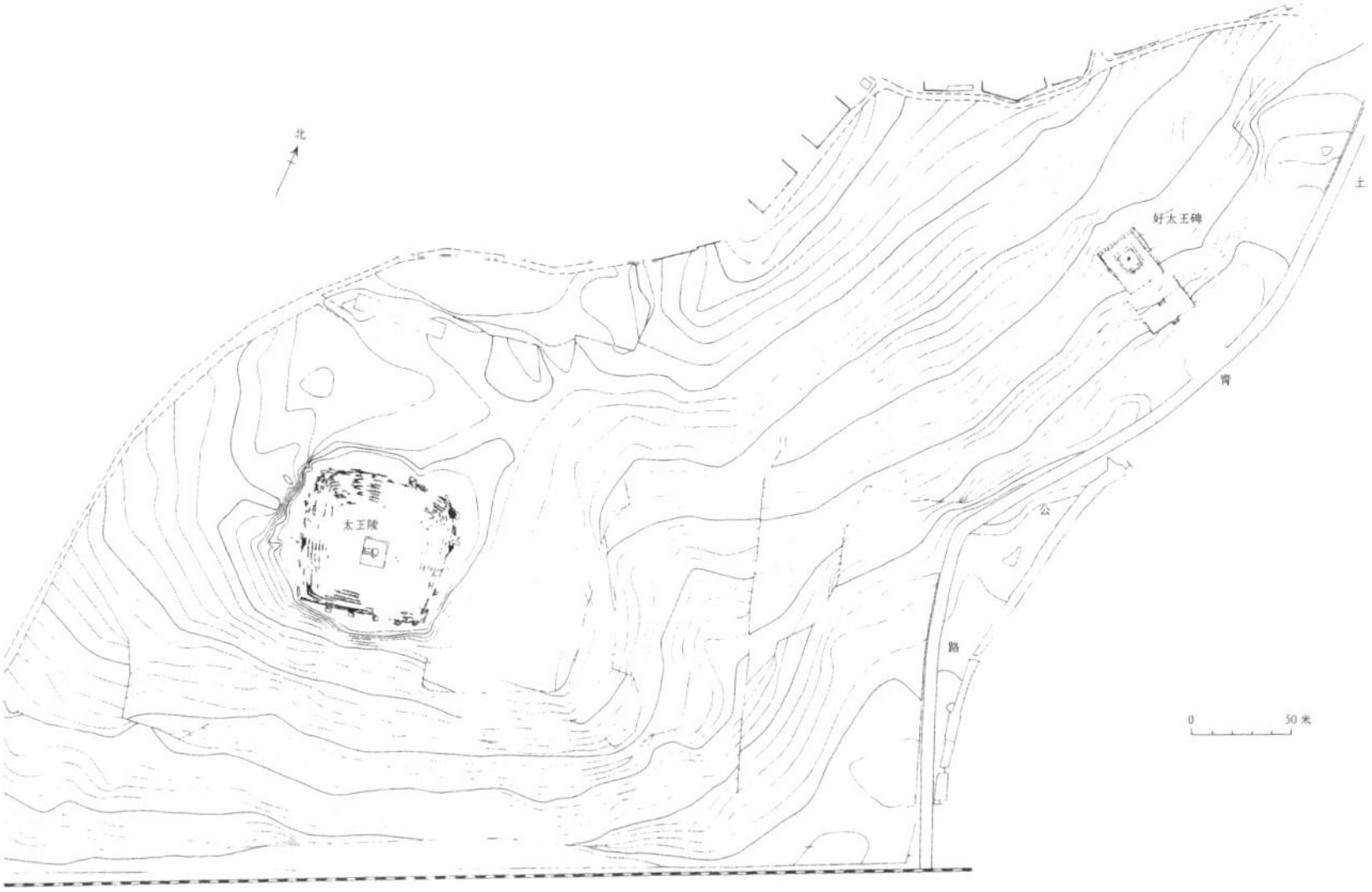

第 26 図　太王陵陵園（吉林省文物考古研究所・集安市博物館編著、2004『集安高句麗王陵』より）

上げますと、太王陵[7]という古墳がございます（第25図）。その西辺が六八メートルととても大きい規模です。写真の右手が北になりまして、北辺が六三メートルです。それから、左（南）が六六メートルで、下（東）が六三メートルを測ります。この古墳は太王陵と名前がついていますが、高句麗で二番目に大きな王陵ですね。一番大きなのは、そう遠くないところにある千秋塚という一回り大きい古墳です。これに関連して、平成一八年に堺市が政令指令都市に移行したときに、それを記念して東アジアの巨大古墳をテーマにシンポジウムが開催されました。そのときに私もお招きいただきまして、お話した内容をここでもお話させていただきます。したがって、そのときにご出席いただいた方々には、またかということになろうかと思いますが、おさらいのつもりでもう一度、お聞きいただければ幸いです。

そのことを詳細に見てみましょう。第26図をご覧いただきますと、太王陵という古墳本体のみならず、その周辺の遺構まで含めた平面図がございます。ここは二〇〇四年に世界文化遺産に登録されました。たまたま私はイコモスから派遣されて、その審査に当たりました。その際、中国は申請に向けて大々的な発掘調査を行っているんですね。この図面は、そのときの調査報告書に出ているものです。

この図面でご覧いただきますと、まず太王陵本体がありまして、その右（北）の方に一〇〇メートルほど行ったところに縦に線が引いてありますが、そこは東の陵墻《りょうしょう》旧址とされます。要するに、本体から東の方に一〇〇メートル余り行ったところに南北に壁があったということが、実は昭和一三年に日本の藤田亮策先生がここを測量しておられて、昭和一五年に学界に発表されているんです。(8) それを見ますと、この図面でいうと上の方が北ですね。その北側から東側、そして下（南側）の方に北朝鮮に通じる鉄道が今も走っていますが、コの字型にぐるっと城壁のような壁が残っていたことが測量で分かって報告されています。それが現在では、東側だけが部分的に確認されるということで、そこに陵墻旧址として記載されているのです。すなわち、古墳本体の周りが塀で囲まれていたというわけです。戦前に分かっていたことでは、この図面の太王陵という古墳の下（南）の方の真ん中辺りのところで、鉄道と古墳の真ん中辺り、古墳からいいますと、一八〇メートルぐらい離れたところで礎石や高句麗の瓦が出たりしましたので、そこに高句麗時代の建物があったことは間違いないと思います。これなどを見ますと、先ほどのピラミッドの葬祭殿のように、葬送儀礼を行う葬祭殿のような建物などがあったということが推定されます。

このたびの世界遺産登録に向けての発掘調査で、さらにその南側、鉄道線路のすぐ北側のところで、塀の出入り口が見つかっています。ですから、古墳全体の真南の辺りで、塀の真ん中付近に出入り口があって、そこを入ると建物が建っていて、そこで儀礼を行ったと考えられます。そして、後ろの大きな古墳に遺体が埋葬されるということになるわけですね。ちなみに、先ほど墳丘の西側の一辺が六八メートルといいましたけれども、そこでは七段、あるいはそれ以上に段築がなされていて、頂上部に近いところに、西に入り口を開けた横穴式石室が築かれています。

太王陵はそのような古墳ですけれども、ここでさらに私が強調したいことは、古墳本体からずっと右手、つまり東ちょっと北寄りのところをご覧いただきますと、そこに好太王碑と書いた場所がありますね。古墳全体からいうと三六〇メートル離れていますが、有名な好太王碑です。この碑文のことは教科書にも出ていますので、よくご承知のところです。好太王碑には、四面に全部で二八〇二文字ございます。すでに風化とかで、なくなっている部分もありますが、一八〇二文字が判読されています。そのうちのおよそ三六％に当たる六四一文字の内容が、何とこの古墳の墓守に関する記録なんです。そういうことからいうと、この碑文は、この太王陵を保護し、掃除し、しっかり管理していくために、墓守が三三〇戸置かれたと刻まれているのです。今いいましたようにこの碑文は、その三六％ぐらいが墓守に関する規定です。その前のところに、亡き好太王がどういう血筋で、どういうふうに高句麗を大きく発展させたか、その間の戦闘の状況などが記されていて、終わりの部分で永楽五年に、三三〇戸を墓の管理のために置いたということが記されています。ですから、この碑文というのは、碑文の内容からいろいろ、当時の日本列島との関係も分かりますが、本来これは墓守を規定するための碑文だったということですね。

したがって、私にいわせれば、好太王碑の西側に、先ほどの東の塀があって、そのさらに右手（東側）、つまり碑文の南から東にかけての辺りに三三〇戸という守墓人、つまり墓を守る人たちの建物群があったのではないでしょうか。というと、先ほどの前漢皇帝陵の陵邑と重なってくるわけですね。したがって、私はこの辺りに三三〇戸を配置した陵邑、いい換えますと、墓守の村があったのではないかと推定しています。

ここまで考えると、これは先ほどのピラミッドや秦始皇帝陵、あるいは前漢皇帝陵のように、陵園制が施行されていて、古墳本体のみならずその周辺に関連の施設がずっとあったということがいえるのではないでしょうか。(9) そういうことを一〇年前の堺市の政令指定都市移行記念のシンポジウムでお話したことでございます。

そのように見て来まして、朝鮮半島のほかの国ではどうかといいますと、新羅の皇南大塚古墳が問題になります。この古墳は双円墳といって、円墳が二つ連なったものです。河内に金山古墳というのがありますけれど、ああいうものですね。この新羅の古墳については、今のところ陵園制といったことがまったく分からないんです。文献史料からいいますと、『三国史記』という、日本でいえば『日本書紀』に相当するような、時代は新しく、高麗時代の一二世紀中頃に編纂されたものですが、この時代のことを記した歴史書があります。その中の文武王四年（六六四）のところに興味深い記事が見えます。すなわち、文武王は官吏に命じて、諸王の陵園にそれぞれ民二〇戸ずつを移住させたと書いてあるんです。この記録からいえば、六六四年という後世のことではありますが、すでにあった歴代の王の陵園に民二〇戸ずつそれぞれ移住させたということは、それ以前に陵園制が見られ、あるいはまた、陵邑があったということを間接的に物語っているようにも思えます。私は、そのように考えているのです。そういう意味では、韓国の先生方に、そのような問題意識を持って古墳の周辺を調査していただきたいと願うところです。

同様に、ここ百舌鳥・古市古墳群におきましても、先ほどご覧いただいたような八〇基を超すあれだけの大規模古墳があるわけですから、当然そこで、埋葬に伴う葬送儀礼が行われ、それに伴う施設があってしかるべきだと思います。もちろんコンプレックスという意味では、陪塚がずっとあったりとかということはありますが、中国大陸や朝鮮半島で見るような陵園制がここでも見られはしないかと類推するわけです。ただ、西村幸夫先生が指摘されるように都市の中の文化遺産というのは、都市化の波が押し寄せるか、あるいは、もうすでに都市化が進行していますから、これからの調査はなかなか困難かと思います。しかし、そういう問題意識を持って調査に臨んでいただきたいと思います。とはいえ、日本列島で陵園制はなかったかもしれませんが、『日本書紀』の仁徳天皇六〇年の条には、「白鳥陵の陵守らを指名して、役丁を当てた」と見えますので、あったかもしれないというところです。

そのように、北東アジアでは中国大陸で達成された陵園制が、高句麗のように朝鮮半島にも部分的に及んでいたということが知られます。

さらについでにいいますと、百済や加耶ではどうでしょうか。百済については中国の南朝との関係が非常に深かったのです。百済の初期の古墳は、石村洞四号墳（第27図）で知られます。この古墳は、先ほどの太王陵を小さくしたような段築式、ピラミッド状の積石塚なんです。その背景として百済の建国というか、百済を建てた王族が高句麗の人なんですね。ということが『三国史記』に書いてあるんです。つまり、私流にいわせれば、高句麗で王位継承の争いがあって、それに敗れた人が南に下ってきて百

第 27 図　石村洞 4 号墳　1994 年 8 月 25 日撮影

済を建てたという解釈をしています。そういうこともあって、百済において高句麗式の積石塚がまず始まります。しかし、やがて中国の南朝との交流が深まる中で、積石塚から封土墳になり、そこに南朝風の横穴式石室が築かれます。そのように変遷していきます。今のところ百済では、先ほどの新羅もそうですし、もちろん加耶でも、陵園制と思われる遺構は見つかっておりません。その辺が今後の課題であろうかとも思います。

ただ、高句麗の最後の都は現在の北朝鮮のピョンヤンにありました。そこでは東明王陵という高句麗最初の王陵があって、そのすぐ南の平地に定陵寺という仏教寺院を建てているのです。この寺院は亡き東明王の菩提を弔う、追福するために建てられたわけですね。そういう王陵と寺院というセット関係は、高句麗の後期に当たる五世紀に認められます。

そういう点でいえば、河内におきましても叡福寺と、そのすぐ背後に聖徳太子磯長墓があります。叡福寺は当初、御廟寺、推古天皇の時代には香華寺、さらに奈良時代に転法輪寺と呼ばれたようですけれども、その叡福寺と聖徳太子墓という関係に通じるということですね。

そこで想像をたくましくすれば、聖徳太子の仏教の師匠は高句麗僧の慧慈です。高句麗からやって来ていた慧慈に聖徳太子は仏教を学びますので、あるいはそういう高句麗の王陵と寺院というアイデアを自分が亡くなったとき、あるいは、母の穴穂部間人皇女や妃の膳郎女の三人が一緒に合葬されるときに導入した可能性があります。つまり古墳と、その南側に寺院という、そういう概念に通じるのかなと思ったりもしています。

そういうわけで、ピラミッドに始まり、中国大陸や朝鮮半島の王陵を見て来ました。そのように見て来ると、「北東アジアから見た百舌鳥・古市古墳群」ということで、おのずからここの特徴が浮かび上がって来るということです。

北東アジアから見た百舌鳥・古市古墳群

（1）古代国家形成期における巨大古墳

世界中を見わたしても古代国家が形成される過程で、人一人を埋葬するにしては余りにも桁違いにひときわ大きい巨大古墳が築かれたということが、世界共通に見られます。とはいえ、ピラミッドや、あるいは中国・朝鮮と日本では、それぞれ地域の特色が見られるのです。

とくに百舌鳥・古市古墳群の場合には、ほかの外国の王陵には見られないこととして、周囲に水濠をめぐらしています。つまり、諸外国の王陵には見られない大きな特色ではないかと思います。そういう意味では、世界遺産に登録されるには文化遺産に対して六つの基準がありますが、私はその中で、独自で無二の文明の存在であるという意味では、基準の一つに該当すると思っています。そしてまた、時代の名称に古墳時代とか、前方後円墳の時代ともいわれる、日本の歴史の上でも重要な古代という時期における顕著なモニュメントであるということです。さらに、その典型的な見本であるという点では、この古墳群は基準のもう一つにも該当すると考えます。

（2）東アジアの国際交流

このことによって、古代国家の形成が大きく前進したということです。当時の東アジアの地図を念頭に置いていただきますと、中国大陸は南北朝に分かれていました。中国が大きく北と南の二つの勢力圏に分かれていました。朝鮮半島はどうかというと、やはり高句麗・百済・新羅と加耶という四つの国に分かれていたのです。そして、日本列島はどうであったかというと、ヤマト王権が成立はしてはいるものの、私にいわせれば、河内王権があってここに都が置かれたかもしれないし、巨大古墳が築かれるということもありました。北部九州では筑紫の国で磐井が反乱を起こしています。吉備でもあったらしいのです。武蔵では国造の首長権の継承をめぐって地元とヤマト王権の間で戦いごとがあるとか、日本列島も決して盤石な確固たる統一国家になっていない時代ですね。そういう中で、ヤマト王権は統一的な王権としても、あるいは九州の筑紫君磐井という豪族のように独自に新羅と交渉を持ったりしています。

そういう時代にあって、大きくいいますと、中国の北朝と高句麗、新羅という一つの友好・同盟関係にある勢力圏がありました。その高句麗と百済はしょっちゅう戦争をしているんですね。戦争では騎馬戦をやりますから、その騎馬戦法が加耶を通じて、倭つまり当時の日本に入って来るわけです。そういう高句麗に対抗する百済はどうしたかというと、高句麗が北朝と手を結んでいますから、百済は南朝と手を結びます。加耶はというと、倭と密接な関係にありましたが、最終的には新羅によって滅ぼされます。百済も新羅と唐の連合軍によって滅ぼされるという運命をたどります。加耶や日本列島の倭は、百済や南朝と手を結び、いわば南方世界で同盟関係を結んだのです。ですから、この巨大古墳の世紀というのは、北東アジアにおいて南北世界という二つの大きな政治的な勢力圏に分かれていたときの所産であるということです。また、巨大古墳からの出土品を見ると、手工業製品において技術革新がずい分進んでいるといいましたけれども、これは直接的には加耶を主として、部分的には百済とか新羅もあるでしょうが、そういった地域の先進的な技術が移転されるという形で、五世紀の技術革新が展開すると、私は考えています。

南朝との関係という問題に関しては、倭が南朝と交流を持ちながら、実はそのことを裏付けるような物的な証拠はほとんど分かっていません。南朝風の画文帯神獣鏡などはありますが、それについて私は今、天皇陵に比定されている古墳はいかに学術的とはいえ、発掘はもちろんできませんし、急いでする必要もないんですが、百舌鳥・古市古墳群に含まれる中の、とくに宮内庁から天皇陵に指定されている古墳の発掘が行われれば、その中の出土品に南朝渡来の文物が含まれているんではないかと密かに思っています。ただ、これは当分の間は無理ということで、想像をたくましくするほかありません。

そういうことでありますけれど、巨大古墳の世紀は、とくに北東アジアを舞台にして国際交流が非常に展開した時代です。そしてまた、先進的な技術の移転によって、日本列島において手工業生産が大きく前進するのは国際交流の結果なんです。そういうことでいえば、世界文化遺産の基準の中に価値観の交流、国際交流という点が一つありますから、それにも適合するということです。結論的にいいますと、終わりになりますけれども、この仁徳天皇陵古墳をはじめとする巨大古墳群、すなわち百舌鳥・古市古墳群というのは、文句なしに世界遺産に登録されるべき人類ならびに世界共通の普遍的な価値を持っていると、私は確信しております。

〔注〕

(1) 堺市博物館、二〇一〇『百舌鳥古墳群—その出土品からさぐる—』堺市博物館。第18・19図は、百舌鳥・古市古墳群世界文化遺産登録推進会議の編集・発行(二〇一一)による、『世界文化遺産を大阪に—百舌鳥古市古墳群』から引用しました。

(2) 古市古墳群世界文化遺産登録推進連絡会議編集・発行『古市古墳群を歩く』。

(3) I.E.S.Edwards "The Pyramids of Egypt", Pelican Books A168, London,1965.
Jacquetta Hawkes "Atlas of Ancient Archaeology", New York,1974.

(4) 陝西始皇陵秦俑坑考古発掘隊・秦始皇兵馬俑博物館共編、一九八三『秦始皇陵兵馬俑』平凡社。

(5) 茂陵文物管理所・陝西省博物館、一九七六「漢茂陵及其陪葬冢附近新発現的重要文物」『文物』一九七六年第七期、文物出版社。

(6) 中国社会科学院考古研究所、一九九三『漢杜陵陵園遺址』『中国田野考古報告集』考古学専刊丁種第四一号、科学出版社。

(7) 吉林省文物考古研究所・集安市博物館編著、二〇〇四『集安高句麗王陵―一九九〇～二〇〇三年集安高句麗王陵調査報告』文物出版社。
(8) 藤田亮策、一九四〇「通溝附近の古墳と高句麗の墓制」『池内博士還暦記念東洋史論叢』池内博士還暦記念東洋史論叢刊行会。
(9) 西谷　正、一九九七「高句麗王陵コンプレックス」『史淵』第一三四輯、九州大学文学部。
西谷　正、二〇〇八「高句麗王陵における陵園制」『東アジアの巨大古墳』大和書房。

第4章　「神宿る島」宗像《むなかた》・沖ノ島と宗像大社、新原《しんばる》・奴山《ぬやま》古墳群

八年前のことですけれども、平成二一年の一月に「宗像・沖ノ島と関連遺産群」が、世界遺産の暫定リストに記載されることになりました。それを受けて、地元では福岡県・宗像市、そして、福津市が世界遺産推進会議を立ち上げました。それとともに、各分野の専門家からなる専門家会議が発足いたしました。それ以来、一二回にわたって専門家会議でこの問題を議論して来ました。それに加えて国内、国外の方々にも参加していただきまして、国際会議が三回、都合一五回の専門家会議が行われまして、そこではこの遺産、資産のコンセプトや、それに基づく構成資産について議論をして来ました。その結果は、去る平成二四年六月一八日の第七回の専門家会議におきまして、取りまとめを行いました。そのあと、八月四日の推進会議におきまして専門家会議の提案を申し上げたところ、承認されました。そういう経過を経て、現在、「宗像・沖ノ島と関連遺産群」についてのコンセプト、ならびに、それに基づく構成要素、構成資産が固まっていったのです。

平成二七年に、「「神宿る島」宗像・沖ノ島と関連遺産群」として、これを国に推薦書という形で申請いたしましたけれども、今のところ、平成二八年にユネスコに申請書を提出し、平成二八年におけるイコモスの現地調査を経て、平成二九年に正式に登録という、そういう目標を持って、現在、運動を続け

第 28 図　宗像・沖ノ島　沖津宮　2013 年 10 月 11 日撮影

ているところでございます。ここで、これまでの専門家会議で議論された現在の到達点につきまして皆さまにご報告し、さらなるご理解とご支援、ご協力をいただきたいと思っています。

はじめに、この資産の内容と位置についてです。まず、宗像・沖ノ島と関連遺産群の内容としましては、沖ノ島祭祀遺跡と、沖ノ島における沖津宮（第28図）、大島における中津宮、そして田島における辺津宮という、宗像大社の三つの神社でございます。それに加えて、この祭祀をつかさどった海の民、胸形（胸肩）君一族の墳墓と考えられる福津市の新原・奴山古墳群です。宗像・沖ノ島の関連遺産群は三つの神社と古墳群からなっており、九州本土部と玄界灘に浮かぶ島々に点在しているところです。

『日本書紀』によりますと、「海北道中」に宗像の神々が鎮座したと書かれていますけれども、この「海北」というのは、現在の朝鮮半島のことを指し示しております。海北、つまり、朝鮮半島に至る道中、海路上に宗像三女神が鎮座して来ました。そして、その祭祀をつかさどった胸形氏一族が、本土部に生活の拠点を置き、結果的に津屋崎古墳群などを残しておりまして、その代表的な古墳群として、新原・奴山古墳群を構成資産に加えているところです。

まず、沖ノ島について簡単にお話しておきます。長い方で一・五五キロ、短い方で〇・八八キロ、高さが標高二四三メートルございます。周囲が四キロほどの小さい島ですけれども、絶海の孤島として絶壁が切り立ち、神奈備状の山の姿が、ここで祭祀が行われる、神宿る島としての自然条件を備えていたのではないかと思われます。

沖ノ島の地質は、海底基盤をなす頁岩《けつがん》と変成岩の白色斑岩、さらには火砕流によって頁岩が取り込まれている状況、こういった自然が表面からも観察出来るところです。

この島は対馬暖流の影響を受けまして、オオタニワタリとかビロウといった亜熱帯植物自生の北限に当たります。そして、カンムリウミスズメ、ヒメクロウミツバメといった非常に希少な動物が、オガチとして親しまれるオオミズナギドリなどとともに生息しています。このように、自然に恵まれた豊かな動植物が、「沖の島原始林」として国の天然記念物に指定されています。

この世界遺産登録運動が始まった当初、こういった自然環境、自然条件の素晴らしさから、ユネスコの自然遺産にどうかという意見もあったほど自然の豊かなところです。

それでは、ここで、沖ノ島の祭祀がいつごろからどのようにして生まれていったのかということについて、振り返ってみたいと思います。祭祀が始まる前に、すでに沖ノ島には、何千年も前の縄文時代、あるいは二千年ほど前の弥生時代、そういった時代の土器とか石器のほか、銅矛も出土しています。島の西南側にかつて社務所がありまして、そこが旧社務所前遺跡ということで発掘されたときに、縄文時代や弥生時代の土器や石器が出て来まして、この島に人々の生活の痕跡が何千年も前から始まっていたということがうかがえます。

その沖ノ島でございますけれども、古代の当時の東アジアの地図をご覧いただきますと、中国大陸では北魏と宋という南北に大きく分裂していた南北朝時代、朝鮮半島におきましては、北部に高句麗、南部に百済・新羅、その間に加耶という四つの国に分かれていた時代です。その時代に大和地方を中心にヤマト王権が成立いたしまして、朝鮮半島や中国大陸との外交関係を展開する中でヤマト王権が律令制的な国家へと、古代国家を大きく育て上げていくわけです。

そのヤマト王権と朝鮮半島、中国大陸との外交関係のルート上に沖ノ島は位置いたしまして、この祭祀を担ったムナカタの海の民、胸形（胸肩）君という形で『古事記』や『日本書紀』に登場しますが、この本土部に拠点を置いていたわけです。そういうヤマト王権と朝鮮半島や中国大陸との対外交流の重要な位置にあるということがこの沖ノ島ならびに関連遺産群をして、アジアにおける重要な国家形成期の国家的な祭祀、あるいは、国際交流の要《かなめ》のような位置にあったという特色を浮かび上がらせることになるのです。

沖ノ島における祭祀遺跡(1)が明らかになりますのは、今から六三年前のことですが、昭和二九（一九五四）年から昭和四六年の間にかけて三回にわたって発掘調査が行われたことによります。標高二四三メートルの頂上部から西南側に下った標高八〇～九〇メートル付近に巨岩が散在していますが、その巨岩の周辺で、二二カ所において祭祀の遺構が見つかりました。結論から申しますと、四世紀の後半から九世紀にかけて、およそ五〇〇年余りにわたって祭祀が行われていますので、当然、その間に変遷が見られます。まず、そのあとをたどってみたいと思います。

最初に祭祀が始まりますのは、四世紀から五世紀ということですけれども、おそらく四世紀の後半に入って営まれたと思われる一七号と便宜上呼んでいる遺跡が発掘されまして、巨岩の隙間の所に合計二一枚の鏡類、それから碧玉で出来た腕輪類など大量の文物が奉納されていたのです。

同じく二一号遺跡の場合は巨岩の上に祭壇を設けて、そこで祭祀が行われました。その奉献品としては鉄の斧や小刀とか、あるいはこれは別の一六号遺跡ですけれども、鉄鋌という鉄の素材がありますね。当時、日本では鉄が作れませんでしたので、鉄資源を当時の朝鮮半島に求めたわけです。そのように大切な鉄の錬り金、鉄鋌と称する素材を奉納していたのです。いずれにしましても、四世紀後半に始まり五世紀に至る初期の祭祀は、巨岩の上で行われたというところで、「岩上祭祀」という表現をしています。

その次の段階として、六世紀の七号遺跡を例に見ますと、巨岩の岩陰、つまり、雨が降って雨垂れ水が落ちますと、その内側に当たる岩陰で祭祀が行われています。その時代に奉納された出土品の特徴的なものとしては、金製指輪が有名です。それから、平たくいえば金メッキですけれども、金銅製の馬具類がありますね。こういう、馬に飾りつけた馬具類は、国内外で比較いたしますと、朝鮮半島の新羅の古墳から、しかも新羅の王族とか第一級の古墳から出土するものと共通していまして、おそらく新羅からもたらされたものであろうと思われます。

それればかりか、小さな破片ですが、ガラスの碗が重要です。そのルーツをたどりますと、シルクロードを通ってはるか西の中央アジア、あるいは、もっと西のオリエント辺りからはるばるもたらされたものであることが分かりました。ここに、新羅、ないしは、新羅を通じてさらに西方世界との交流がうかがえるわけです。このような第二段階が、岩陰における祭祀ということになります。

同じく、二二号遺跡も七世紀にまたがっていますけれども、祭祀が行われた場所はやはりこの岩陰です。七世紀に入りますと奉納品に変化が見られまして、ミニチュアの織物関係の道具類、たとえば紡錘車がございます。出土状況を見ますと、ミニチュアの容器とか、人の形をした金具とか、そういったものが新しく出て来るのです。これらは後に、奈良時代、律令時代の国家的な祭祀制度が出来上がりますけれども、その折に使われるものに共通していまして、律令時代に先立つ時代の七世紀の後半ごろに、すでにこういった祭祀が行われていたことが、発掘調査を通じて分かって来たのです。

第三段階に至りますと、五号遺跡の例が知られます。七世紀の後半から八世紀前半にかけまして、岩陰から少し外に出た所で、半分岩陰で半分露天ということから「半岩陰・半露天」という場所での祭祀に使われた器類を、復元的に、再現してみたこともあります。こういった土器に飲食物を盛って、神に捧げたわけですけれども、この時代になりますと、先ほどのミニチュアでも、楽器の琴といったものも引き続き奉納されるのです。

新たな問題としては、中国、唐の時代の唐三彩といわれる、当時世界でも第一級の陶器とか、金銅製の龍頭など、先ほどの新羅に加えて、そういった中国製の、当時第一級の品々が、惜しげもなく神に奉納されているという状況を知ることが出来るのです。

そして、最終段階というと八世紀から九世紀末にかけてのことですが、一号遺跡が例に上げられます。それまでは巨岩の上とか、岩陰とか、ちょっと外に出た所とか、巨岩の周辺で行われていたのに対して、そこから少し離れた、やや平たんな露天での祭祀というように、場所が変わってまいります。こういう状況で、現在も落ち葉の間に奉納品の破片が広がっていますが、発掘によりまして、いろいろな土器類とか、あるいは、滑石製という軟らかい石で出来た馬・船・人とか、そういった形をしたミニチュアが奉納されています。

より珍しいものでは、すでに国産化が始まっている唐の三彩をまねて作った奈良三彩といわれる、当時の日本の最高技術でつくった器類ですね。さらに、富寿神宝《ふじゅしんぽう》という、皇朝十二銭でも新しいもので、西暦八一八年から鋳造が始まった貨幣が出土していまして、九世紀まで露天祭祀が継続していたことがうかがえるわけです。九世紀といえば、八九四年に遣唐使の廃止が提言されますけれども、その遣唐使の廃止を契機として、沖ノ島における国家的祭祀が終焉を迎えるのではないかと考えられます。

そういうわけで、四世紀後半に始まり九世紀末に至る五〇〇年間以上にわたって、巨岩の上、あるいは、その周辺で祭祀が行われました。岩上から露天へと四段階を経て変遷しましたが、それがどうしてそのように場所を変えたのか、その理由については謎のままです。

それでは、そういう自然崇拝といいましょうか、巨岩の上とかその周辺での祭祀、それが沖ノ島以外の所ではどうなのか、あるいは、それと三宮の成立の関係はどうなのかという点について、次にお話したいと思います。

七年前の平成二二年のことですが、大島で新しい重要な発見がありました。時代は八世紀から九世紀末にかけてのことですが、沖ノ島の標高二四三メートルよりも二〇メートル低い御嶽山《みたけさん》の頂上部で、沖ノ島で見られたような露天祭祀の遺跡が見つかりました（第29図）。沖ノ島と同様に、祭祀に使われた

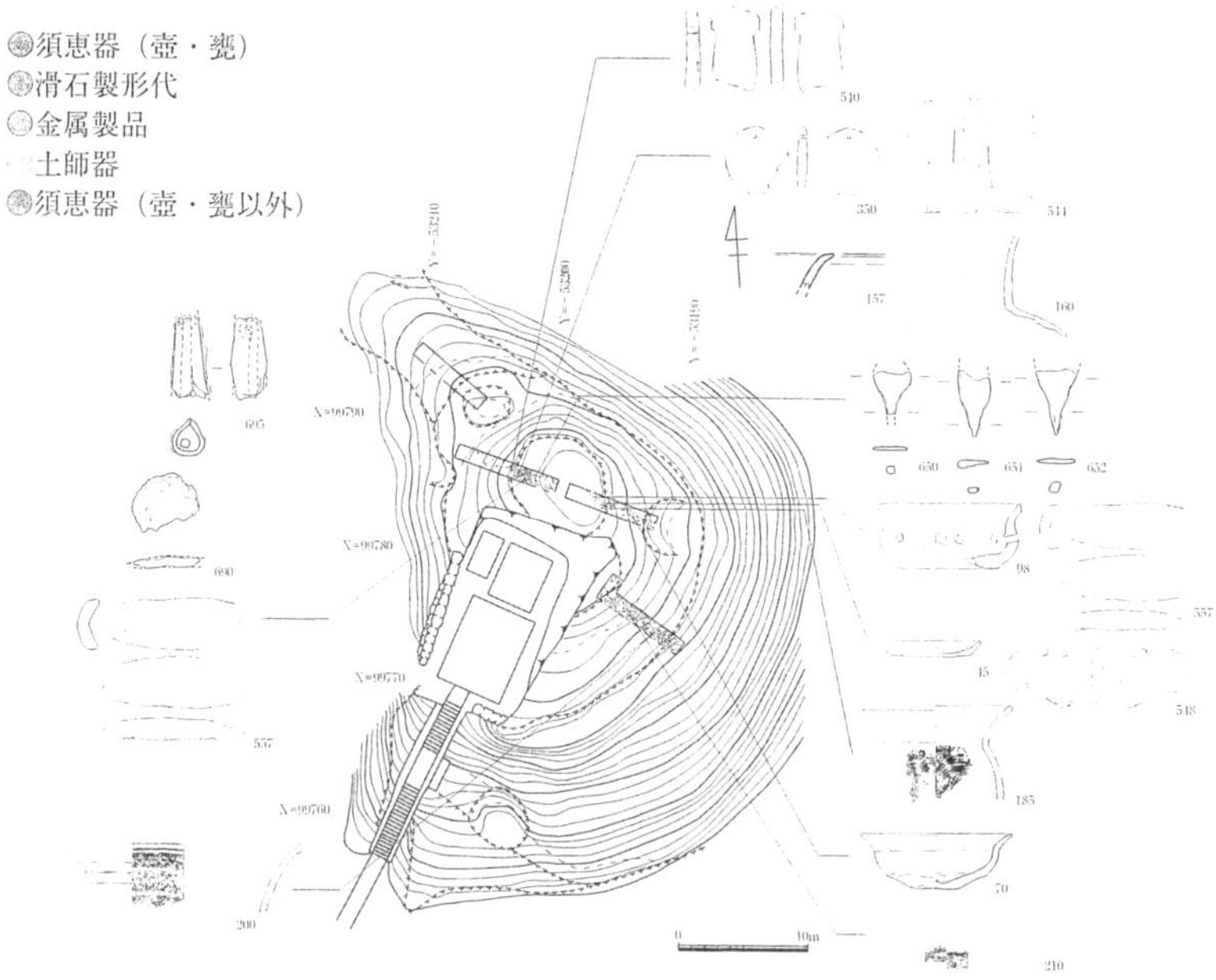

第29図　大島御嶽山遺跡と遺物分布状況（山田広幸ほか、2012『宗像市文化財調査報告書』第64集より）

土器類が割られたような状態で堆積していました。中には、壺が据えられていたままの状態で見つかったりもしています。当時の日常的な土器類に加えて、大島でも、奈良三彩の破片などが見つかっています[2]。御嶽山遺跡の出土品につきましては、「海の道むなかた館」におきまして特別公開ということで、企画展示したことがあります。

その出土品の一部を見ますと、滑石製の品々つまり人・馬形・あるいは剣・鏡や、船の形をしたものといった滑石製のミニチュアのいろいろな製品に加えて、当時としては非常に貴重な奈良三彩が見つかっているのです。

沖ノ島、それに新たに見つかった大島に加えて、すでに早くから、辺津宮のある田島におきましても下高宮遺跡が知られています。現在の辺津宮の本殿の少し後ろ、奥のほうに小高い丘がありますが、そこが高宮祭場ということになっています。ここからも露天祭祀に使われた品々が出土しています。

辺津宮境内、具体的には高宮祭場付近で見つかったものは、いずれも滑石製の臼玉という臼のような形をした小玉、円板であるとか舟形品といったもの、あるいは短甲の形をしたものなども出土しています。こういった品々は、宗像大社の神宝館に展示されていますので、これらもぜひ、またあらためてご覧いただければと思います。

そのようにしまして、七世紀の終わりから八、九世紀にかけて、沖ノ島、大島、さらに田島で露天祭祀が行われました。それぞれに社殿が現存していますが、『古事記』によりますと「奥津宮」、『日本書紀』によりますと、難しい漢字ですけれども「遠瀛《おきつみや》」という記録がございます。同じように、『古事記』・『日本書紀』に「中津宮」あるいは「中瀛《なかつみや》」と出て来ます。そして、辺津宮につきましても、『古事記』には、「邊津宮」、『日本書紀』では「海濱《へつみや》」と記録されています。表現は違いますけれども、『古事記』・『日本書紀』に、それぞれ沖ノ島、大島、田島にお宮があったことが記録されているのです。おそらく八世紀のはじめまでには、どの程度のどういう姿かは分かりませんが、三宮に社殿が成立していたのではないかと思われます。八世紀も後半になると、さらに発展した社殿建築が成立したのではないでしょうか。ちなみに現在のものは、中世末から近世初期のものですけれども、おそらくこういった外観に近い小規模な社殿が奈良時代、八世紀の前半にはすでに出来上がっていたのではないかと推定されます。

その三宮には、それぞれ、沖津宮の田心姫《たごりひめ》神、中津宮の湍津姫《たぎつひめ》神、辺津宮の市杵島姫《いちきしまひめ》神という、いわゆる宗像三女神をお祭りしているわけです。この宗像三女神は『日本書紀』によりますと、海北道中に鎮座していたと見えます。海北、つまり朝鮮半島に至る海路上で、直線上に、三女神が、沖ノ島・大島、そして田島にそれぞれ祭られたと、そういう位置関係になります。

しかも、このことは神勅《しんちょく》にも出て来るわけでして、汝三神、つまり宗像三女神は、海北道中に鎮座して、天孫つまり皇室を、助け奉って、皇室によって祭られるようにという神勅、神のお告げが発せられているのです。この宗像三女神が海北道中の守り神として、国家によって祭られ、国家のために祭られた、ということがこの神勅からもうかがえるところです。

その宗像三女神を信仰した背景に、この地域の豪族である、胸形（胸肩）君を頂点にいただく海の民あるいは海人族の活躍があったということです。

先ほど述べましたように、高句麗の広開土王陵碑に見える新羅との関係、『三国史記』の「百済本紀」に記される百済との関係等々を契機に、ヤマト王権が海北、つまり朝鮮半島への海路上に当たる沖ノ島で国家的な祭祀を行ったのです。沖ノ島は、単なる地域の漁民の祭祀ではなくて、ヤマト王権が朝鮮半島や中国大陸との国家間の対外交流を行うときに、沖ノ島において、国を挙げての重要な祭祀を行ったということです。それを支えた人たちは、九州本土部の宗像地域に、律令時代以後は宗像郡になりますが、現在の宗像市から福津市に至るこの地域に生活の基盤を置いていた人たちです。本土部では農業を営み、沿岸部では漁業を営む海の民、胸形氏が大きく関わっていたと考えられます。

その胸形君を頂点にいただく胸形氏が、宗像地域―律令時代の宗像郡を治めていたわけです。ヤマト王権の大陸・半島との対外交流の折に、海北道中に鎮座する宗像神を祭り、航海の安全、あるいは対外交渉の成就、そういったことを祈願して祭祀を行うわけですが、その際に、この地域の海の民、胸形君が重要な役割を果たしたのです。その胸形君一族の墳墓が、古墳という形で宗像地方には現在も数多く残っています。

そのような古墳を築いた人たちは、本土部での農業や、沿岸部での漁業によって支えられて各地に集落を営んでいました。そういう集落がまとまって一つの地域社会をつくり、その頂点にいたのが胸形君でした。集落にはそれぞれ個性がありまして、鉄器を作っている村もあれば、須恵器という焼き物を焼いている村、あるいは装身具を作っている村などもありました。特徴的なことは、たとえばある集落では、L字状カマドといいまして、これは後のオンドルという朝鮮半島に特徴的な暖房施設のルーツになるようなものが見つかっています。もちろん、韓国でも最近次々と見つかっていますけれども、そういった集落では当時の韓国の土器が出土します。

そういうわけで、胸形君あるいは宗像地域の社会というのは、海を控えて、海の向こうの海北、朝鮮半島との関わりが非常に深かったということです。その海に通じ、海の生活に慣れ親しんで、しかも大陸の情報を持ち、交流も行っている、そういう特徴的な胸形君が、宗像三女神を奉斎して国家的な祭祀に大きく関わったのです。(3)

改めていいますと、海北、つまり朝鮮半島に至る道中、海路、そのルート上に位置する沖ノ島、大島、田島にそれぞれ神社が、一直線上に配列されています。そして、そういった海北道中を見渡せる丘の上などに、福津市に属します津屋崎古墳群が南北八キロ、幅二キロにわたって、合計で六〇基ほど分布しています。その中でも、とくに新原・奴山古墳群は、当時の胸形氏の有様を、典型的に分かりやすく物語る古墳群といえます。

第30図 新原・奴山古墳群と大島 2012年11月20日撮影

その新原・奴山古墳群のある地域を北の海から見ますと、北は勝浦から南は須多田の辺りまで南北八キロにわたって古墳がずっと残っています。その中央、少し南のところに新原・奴山古墳群が位置しています。

新原・奴山古墳群は、中津宮のある大島を見渡せる丘陵部に立地しています。この北側は砂丘になっていまして、その内側は、もともと勝浦潟と呼ばれる内海が入り込んでいました。そういう海岸に面したところ、そして、大島が望める高台に五世紀の後半から六世紀にかけて、およそ二〇〇年にわたって古墳群が営まれていたわけです（第30図）。

南側の台地の奥から見ますと、古墳群がずっと南北に分布していまして、背後に大島が望めます。ここには、前方後円墳が五基と中小の円墳が三五基、方墳が一基の合計四一基の古墳群からなっています。この中にひときわ大きいのが、長さ八〇メートルの二二号墳で、これはおそらく胸形君の墳墓ではないかと推測されます。そのほか、その頂点の胸形君に連なる一族の古墳がその周囲に点在して前方後円墳を築いています。さらに、その周りに中小の円墳群が散在するという分布状況です。

これらを年代的に見ますと、この辺りは発掘をしていませんので年代を特定できませんけれども、五世紀から六世紀にかけて、およそ二〇〇年にわたって四一基の古墳が築かれたと思われます。そして、長さ八〇メートルの二二号墳に代表されるような頂点に立つ前方後円墳、次のランクともいうべきやや小型の前方後円墳、さらに小型の中小の円墳という、大きく三つの階層差がうかがえるのです。そういうことで、胸形君の支配構造を考える上で、典型的な古墳群を形成しているといえます。

ここで、「神宿る島」宗像・沖ノ島と、宗像大社、新原・奴山古墳群という資産の内容と価値について、整理をしておきたいと思います。ここに挙げましたように、沖ノ島の祭祀遺跡は、まず巨岩の上で四、五世紀に始まり、岩陰になり、半岩陰・半露天、そして露天へと、四つの段階を経ていくといいましたけれども、沖ノ島において最終段階の八世紀から九世紀に露天祭祀が行われました。そのころ同時的に、大島と田島でもそれぞれ露天祭祀が行われていまして、このころに三宮が成立して、やがて七世紀の後半には、現在見るような社殿の原型になるような社殿が建築されるようになるのではないかと考えられます。そういった、いわゆる原始的な自然崇拝から社殿を伴う崇拝へという、祭祀形態の変遷が見事にたどれるわけです。

つぎに、その奉納品の内容を振り返りますと、たとえば、まずいろいろな種類の銅鏡類で、一七号遺跡では全部で二一面という大量の鏡が出土しています。この中には国産品もあれば中国の鏡も含まれます。そのほか小刀・腕輪・頚飾《くびかざり》、そして、鉄鋌という鉄器の原料としての鉄素材、そういったものが奉納されています。これらを見ると、当時の古墳の副葬品と共通しているという特徴が見られます。

五、六世紀になりまして、祭祀が岩陰で行われるようになると、新羅製と思われる指輪と馬具類、さらには、はるか西方世界から新羅にもたらされていたと思われるガラスの碗、そういった新羅との関係を物語るものが、岩陰遺跡段階の特徴です。

半岩陰・半露天での祭祀へと変遷して来ますと、新たにミニチュアの金銅製の金属器が出土します。もちろん土器が祭祀の中心ですけれども、さらに中国の龍頭の形をした飾り金具なども出て来て、中国とも交流が始まっていたことがうかがえます。中国との交流という意味では、五、六世紀にかけましては、いわゆる倭の五王という、近畿地方に中央王権があって五人の大王が中国の南朝に出かけますが、そういったことが背景となっていたのではないかと思われます。

その後、八世紀から九世紀にかけて露天で祭祀が行われ、各種各様の滑石製のミニチュアが使われます。舟・馬とか人形、そのほか土器類などです。穴が空いていたりして、祭祀用の器として意図的に作られた土器類に加えて、奈良三彩の小壺とか、年代を決める上で非常に重要な富寿神宝という、八一八年に鋳造が始まった皇朝十二銭の一つが出土しています。先ほど、九世紀の終わりごろ、八九四年に遣唐使の廃止が提言されるといいましたけれども、遣唐使あるいは遣新羅使、そういった中国・朝鮮との国際交流の過程で、沖ノ島において国家的な祭祀が行われたということです。

その祭祀を支えたのが、胸形君といわれる海の民であり、その墓域の一つが新原・奴山古墳群(4)です。ここは南北八キロにまたがる津屋崎古墳群の一角に属しています。それと沖ノ島祭祀の関係につきましては、沖ノ島で見つかったものと同じような鏡とか土器が古墳群から見つかっていまして、沖ノ島祭祀遺跡と津屋崎古墳群が一体のものであることが認められます。

その中でも、とくに新原・奴山古墳群につきましては、津屋崎古墳群のほかの古墳とは異なって、沖ノ島祭祀を支えた集団を示す三つの階層、つまり大型の首長墳、中小の一族の前方後円墳、そして、在地小首長と思われる中小の円墳群、そういった大きく三つの階層からなっていたと思われる、そういう墳墓群が集まっているのでして、沖ノ島における祭祀を奉斎した海の民、胸形氏の存在を示す古墳群であります。

また、新原・奴山古墳群は海を望む台地上に築かれた古墳群で、まさに、海北道中を支配した海の民、胸形氏の墓域としての性格を端的に象徴しているのです。さらに、古墳群全体として非常によく保存されていまして、海北道中のルート上の軸線を眼下に見渡せる当時の情景をよくとどめているところです。

ところで、『神宿る島』宗像・沖ノ島と関連遺産群」の構成要素としましては、先ほど言及しましたように、神宿る島「沖ノ島」における祭祀が八世紀の頃までに三宮が成立して、沖ノ島の沖津宮、大島の中津宮、田島の辺津宮という三つの社殿建築という形での祭祀へと変遷します。その三社が、海北道中に一直線上に配列されているわけですが、この祭祀を担ったのが胸形氏で、その胸形氏の古墳群が津屋崎古墳群です。その中のとくに新原・奴山古墳群が典型的であり、保存状態も良好です。

結論として、本資産の重要性を申しますと、四世紀の後半から九世紀にかけて、ヤマト王権が古代国家を形成し確立してゆく過程で、お隣りの朝鮮半島や中国大陸との外交、国際交流を通じて、古代国家としての体制、組織を固めていったのです。そういった対外交流の折々に、対馬海峡あるいは玄界灘の真っただ中に浮かぶ沖ノ島で航海の安全、あるいは対外交渉における所願成就、そして無事に帰って来たときには感謝の意を込めて、とっておきの貴重なものを惜しげもなく宗像三女神に捧げました。

そういったところでして、日本古代国家が、形成の過程で対外交流を進めながら展開し、その際の祭祀が自然崇拝から社殿による崇拝へと変遷していく、つまり古代における祭祀の実態を如実に物語るわけです。また、そのような資産が良好な状況で現在まで保存されているのです。このような資産は、アジアでは唯一でして、まさに、そこに普遍的な価値があると認識し、必ずや世界遺産に登録されると確信するところです。

〔注〕

（１）宗像神社復興期成会、一九五八『沖ノ島―宗像神社沖津宮祭祀遺跡』宗像神社復興期成会。同、一九六一『続沖ノ島―宗像神社沖津宮祭祀遺跡』。第三次沖ノ島学術調査隊（代表　岡崎敬）、一九七九『宗像　沖ノ島　本文・図版・史料』宗像大社復興期成会。

（２）山田広幸ほか、二〇一二『大島御嶽山遺跡―福岡県宗像市大島所在遺跡の発掘調査報告―』『宗像市文化財調査報告書』第六四集、宗像市教育委員会。

（３）「宗像・沖ノ島と関連遺産群」世界遺産推進会議、二〇一一〜二〇一三『「宗像・沖ノ島と関連遺産群」研究報告Ⅰ〜Ⅲ』㈱プレック研究所。

（４）石山勲ほか、一九七七『新原・奴山古墳群―宗像郡津屋崎町大字勝浦所在古墳の調査―』『福岡県文化財調査報告書』第五四集、福岡県教育委員会。池ノ上宏、二〇〇一『新原・奴山古墳群Ⅱ―担い手育成基盤整備事業勝浦地区に伴う発掘調査報告Ⅳ―』『津屋崎町文化財調査報告書』第一七集、津屋崎教育委員会。

第5章　継体・欽明紀の時代の百済と加耶

『日本書紀』の継体・欽明両天皇紀からうかがえる歴史像を一言で表現すると、日本列島内部では、ヤマト王権中枢部における政治的対立があり、すでに早くから内乱の時期と位置づけられるほどでした。[1]つまり、継体天皇の皇位継承をめぐる混乱や、継体天皇在世時の欽明天皇の即位、さらには両天皇擁立の鍵を握った大伴氏と蘇我氏の抗争などが指摘されています。そして、地方においても、継体天皇二一年（五二七）に始まる筑紫国造磐井の乱や、安閑天皇元年（五三四？）に起こった武蔵国造の地位継承をめぐる争乱など、政治的危機が発生していました。ここで、後者がヤマト王権と地方豪族の関係であるのに対して、前者は同じ関係であっても、その契機が朝鮮半島情勢にあったのです。

私は継体・欽明両天皇の時代を考える時に、もちろん列島内の出来事が中心ですが、とくにこの時代は、対外交流に関して重要な時代であったということをつねに考えておく必要があると思っています。

継体紀の時代とその関連遺跡

皆さんもよくご承知の通り、欽明紀を見ますと任那官家《みやけ》が滅びるといったことがあります。この時期は日本列島、古代の倭にとって地理的・歴史的にもっとも深い関係にあった加耶の諸地域がつぎつぎと滅ぼされていくという状況ですので、対外交流というのはたいへん重要な一面であるといえるのではないかと思います。欽明天皇ならびにその前の継体天皇の時代というのは、分かりやすくいえば、朝鮮半島三国の中にあって南部の百済という西側の大国と、新羅という東側の大国に挟まれた加耶諸国――『日本書紀』では「任那」という表現をしばしばしていますが――の滅亡の歴史であると考えられます。つまり、百済ではなく新羅が加耶を滅ぼしたということは、新羅が六世紀の中頃から大きく成長して、やがて百済や、ついで高句麗を倒して朝鮮半島を統一するということにつながっていくわけで、新羅による統一国家の形成に向けての出発点が継体紀、あるいは欽明紀に現われる時代の歴史であると考えられるのです。このように、加耶諸国の存亡は、その後の半島三国間の政治構図を塗り替えたばかりか、北東アジアの新たな勢力圏の形成に大きく係わったのです。

　まず、そのような文脈で見ると、継体紀では何といっても非常に重要な問題は、継体紀六年（五一二）の条の有名な話、いわゆる任那四県の割譲という伝承です。いい換えると、『日本書紀』が任那の影響下にあったと記録している地域、つまり朝鮮半島西南部の百済の南方に加耶国の上哆唎《おこしたり》、下哆唎《おろしたり》、そして西側に牟婁《むろ》、東側に娑陀《さた》といった四つの県があり、これらを百済に譲り渡したという記事が出て来ます。このことはいうまでもなく『日本書紀』の記事でありまして、そのまま事実とは申せません。つまり、百済の成長過程で領土を拡大していったことを、『日本書紀』がそのように改変したものといわれます。[2]『日本書紀』に出て来る地名がどこかという考証は昔からいろいろな先生方が研究されて来ましたので、それについての議論は一切避けて、これまでの通説的な位置比定を前提としてお話をしていきたいと思います。この地域は朝鮮半島の西南端部で、すぐ東側に現在全羅南道《ぜんらなんどう》と慶尚南道《けいしょうなんどう》の境界になっている蟾津江《せんしんこう》という川の右岸流域一帯に比定されています。この地域は考古学上の遺跡の面でもたいへん興味深いところで、これについては大竹弘之氏がごく最新のデータと資料を提示されています。(3)また、戦前に発掘調査された新村里《しんそんり》九号墳という古墳からは大型の甕棺が見つかっています。甕棺というとわが北部九州だけではなくて百済地域にもあり――もっともこちらは古墳時代ですけれども――、大型の甕棺を古墳の埋葬施設に使っています。新村里九号墳からは立派な金銅製の冠が出ていて、韓国政府が国宝に指定しています。さらにこの古墳からは円筒形土器が出ています。そのように非常に特徴的な墓制があるところとして早くから知られて来ました。要するに、栄山江流域を中心とする西南部地方は、六〇〇年前後の頃まで、大型甕棺墓という朝鮮半島では特色のある墓制が盛行したところとして知られます。その分布地域は、『宋書』に見える慕韓《ぼかん》とも重なることが推定されています。(4)それらは五世紀後半から六世紀にかけて築かれたもので、現在のところ九基が集中して分布しているのです。その上、ここ三、四〇年ほど前に、韓国のみならず日韓、あるいは北東アジアの中で大きな話題を提供する発見が相次いで起こって来たのです。ここまでいえば皆さん、もう、連想なさっているかもしれませんが、日本列島の前方後円墳とそっくりな古墳がつぎつぎと見つかって来ました(第31図)。韓国ではこれを長《ちょう》鼓《こ》という楽器の形に似ているというので、長鼓山古墳とか長鼓墳、あるいは前方後円墳に似ているという意味で「前方後円形古墳」と呼ばれます。一九九九年一〇月二六日、韓国の昌原《しょうげん》大学校で、「嶺・湖南の古代地方社会」というシンポジウムがありまして、私はそこではっきりと韓国のこの種の古墳を前方後円墳と呼ぶべきであると申して来ました。さらにその二日後に大田の忠南《ちゅうなん》大学校でも、「韓国の

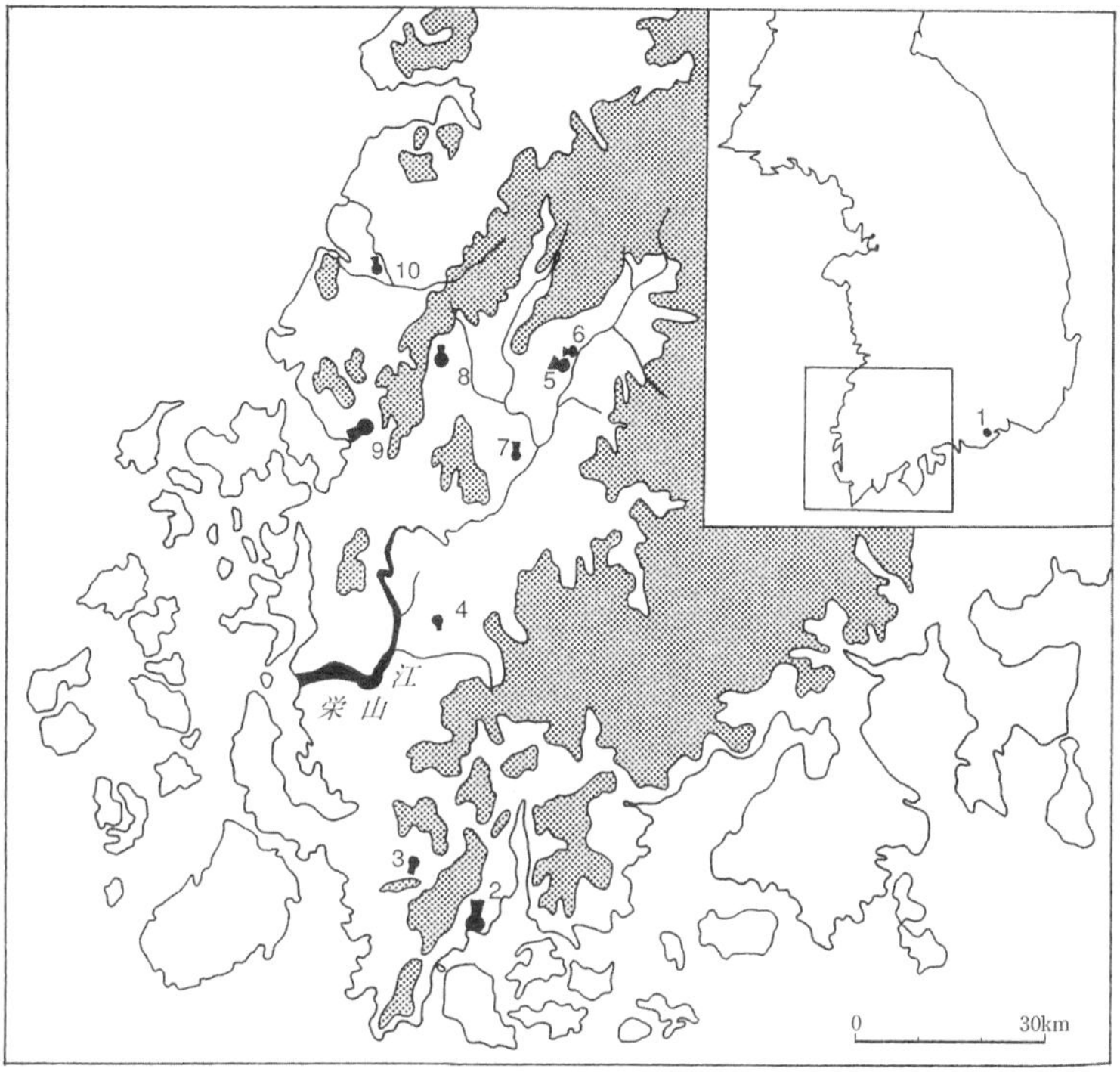

第 31 図　韓国における前方後円墳の分布（岡内三眞編、1996『韓国の前方後円形墳』雄山閣出版より）

１舞妓山古墳　２海南長鼓山古墳　３マルムドム古墳　４チャラボン古墳
５月桂洞１号墳　６月桂洞２号墳　７明花洞古墳　８新徳古墳
９咸平長鼓山古墳　10 月渓古墳

前方後円墳」というテーマの百済研究韓・日学術会議がありまして、その資料集を見ますと、はっきり「前方後円墳」と書いてありました。韓国でも前方後円墳という名称で今後議論が起こって来るのではないでしょうか。

それはともかく、任那が百済に割譲した四県というのは非常に特異な地域といえます。三世紀から五世紀頃にかけては大型甕棺が埋葬に使われていますが、五世紀の中頃から六世紀前半になりますと、前方後円墳が登場します。現在、前方後円墳は一三基ほど見つかって、そのうち五基の発掘が行われています。特異といいましたのは日本列島、つまり倭と非常に関係が深い地域であるということです。

さて、継体紀は七年（五一三）の条のところで続けて興味深い記事を載せています。加耶（いわゆる任那）の一国に当たる伴跛《はへ》国という国が百済の己汶《こもん》の地を略奪したとか、あるいは倭が己汶と帯沙《たさ》という地域を百済に賜ったと見えます。それに対して伴跛国は黙っていなくて倭に己汶の地を乞うたが賜わらなかったとか、そういう記事が出て来ます。このような一連の記事はつまり己汶・帯沙をめぐって、百済と加耶の間で領地争いが起こったことを物語っているわけです。それを日本列島の倭に相談したり頼んだりしているのです。『日本書紀』にそのように記録されているのですから、おそらく当時のヤマト王権が影響力を持っていたか、あるいは、非常に密接な関係にあった己汶・帯沙という地域が百済と加耶との間で取り合いというか、抗争の場になったということでしょう。結果的には、己汶・帯沙の地は百済の領域化に伴って、加耶の勢力圏外となり、加耶の縮小化が進みました。

つまり加耶の辺りがどうなるかが、その後の朝鮮半島の勢力圏の構図を変えていき、やがて統一に向かっていくということで非常に重要な出来事です。ここで己汶・帯沙の位置については、蟾津江《せんしんこう》の右岸域で、任那四県の一つの娑陀《さた》の北側に己汶、南側に帯沙というのがあったとされています。問題になる伴跛についてはは洛東江の上流域辺りといわれてまして、私もそのように話を進めていきたいと思います。

まず、伴跛については、第32図左の任那（加羅）諸国図の真ん中辺りに「伴跛」と出ています。実は伴跛（本彼）にはいろいろな説があり慶尚北道の星州の辺りともいわれて来ましたが、最近ではむしろ大加耶付近というのが通説化しています。その伴跛あるいは本彼については韓国側というか朝鮮側の記録、つま

郵　便　は　が　き

料金受取人払郵便

８　１　２－８　７　９　０

博多北局
承　認
0426

169

差出有効期間
平成29年10月
31日まで

福岡市博多区千代3-2-1
麻生ハウス３F

㈱梓　書　院

読者カード係　行

ご愛読ありがとうございます

お客様のご意見をお聞かせ頂きたく、アンケートにご協力下さい。

お名前《ふりがな》	性　別（男・女）
ご住所　〒	
電　　話	
ご職業	（　　　　歳）

梓書院の本をお買い求め頂きありがとうございます。

下の項目についてご意見をお聞かせいただきたく、
ご記入のうえご投函いただきますようお願い致します。

お求めになった本のタイトル
ご購入の動機 1書店の店頭でみて　2新聞雑誌等の広告をみて　3書評をみて 4人にすすめられて　5その他（　　　　　　　　） ＊お買い上げ書店名（　　　　　　　　）
本書についてのご感想・ご意見をお聞かせ下さい。 〈内容について〉 〈装幀について〉（カバー・表紙・タイトル・編集）
今興味があるテーマ・企画などお聞かせ下さい。
ご出版を考えられたことはございますか？ ・あ　る　　・な　い　　・現在、考えている

ご協力ありがとうございました。

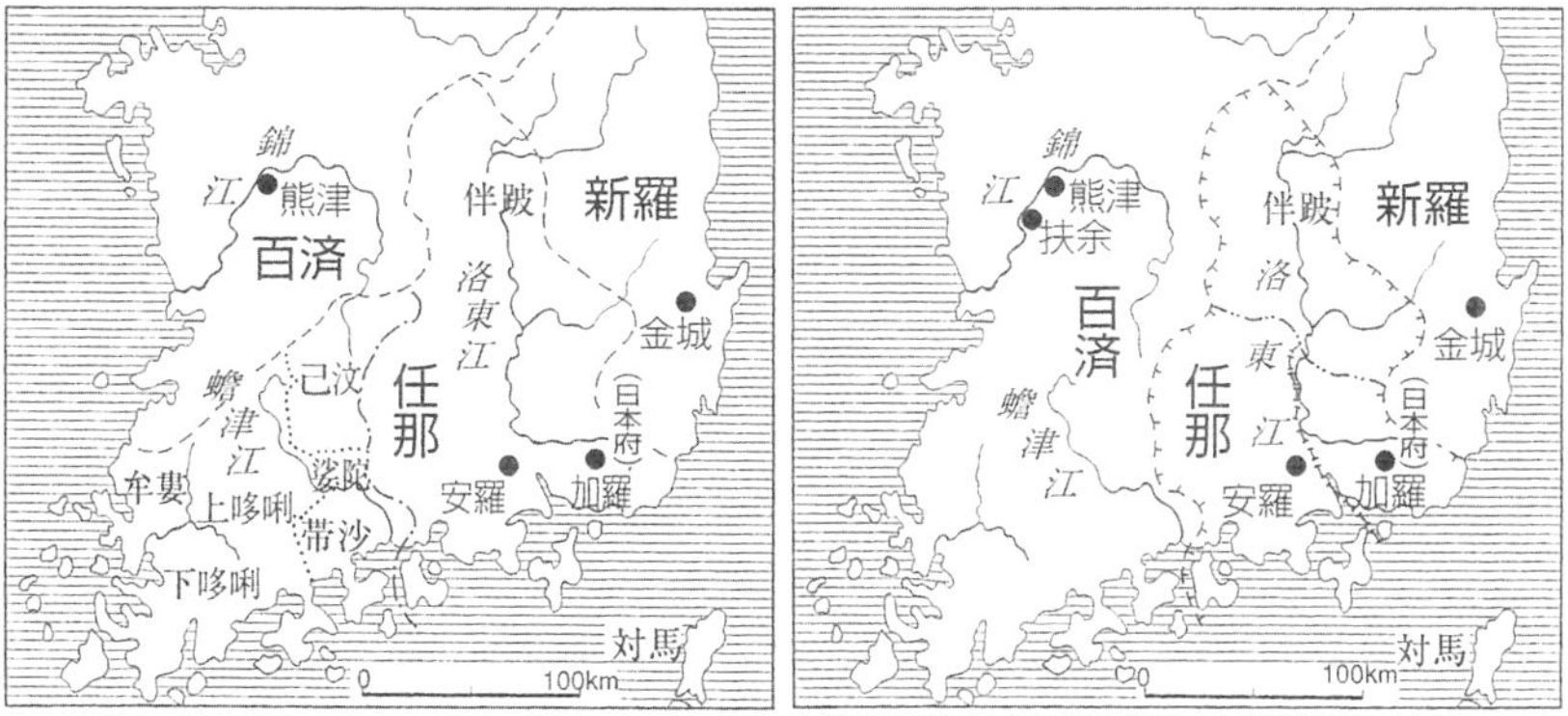

任那の縮小(1)百済への割譲（末松保和氏による）　任那の縮小(2)新羅の侵略（末松保和氏による）

- - - -　475年ごろの任那
………　512年に割譲した４県
-・-・-　513年に割譲した２県

+++++　513年ごろの任那
-・・-・・-　520年ごろ以前に略取された地
⊢⊢⊢⊢　532年ごろまでに略取された地

第32図　任那の縮小過程（山田宗睦訳、1992『日本書紀（中）』教育社新書より）

り『三国史記』や『三国遺事』には、大加耶国という呼称で登場します。また、『日本書紀』には伴跛国と出て来ます。結局のところ、伴跛国は大加耶国の固有名といわれます。その本拠地は、現在の慶尚北道《けいしょうほくどう》の高霊《こうれい》というところです。周囲を山に囲まれた高霊盆地には、大加耶国の中心であっただけに考古学上の遺跡群が数多く分布しています。王宮跡があると推定される山麓の高台の背後には、主山と呼ばれる山城があり、その西側の尾根上には、大加耶国の王陵とおぼしき古墳がずっと連って造られています。また、その東南側の斜面には実に多数の古墳が築造され、池山洞古墳群として知られます。この古墳群の東南方二〜三キロのところにある内谷洞の窯跡群は、池山洞古墳群などへ副葬品として供給された加耶土器の生産地ですが、このことは土器胎土中に含まれる微量元素の蛍光X線分析によって、自然科学的にも裏付けられています[5]。このように伴跛国については現在の高霊と考えられており、そこにはそれにふさわしい遺跡群が見られます。これまで、継体天皇の縁りの地には古墳群があったり、集落遺跡があるといったことが分かっていますけれども、『日本書紀』に出て来る朝鮮側の地名を当てはめていくと、やはりその土地、土地に遺跡群が残っているのです。ただ日本と違うところは、山城《さんじょう》が築かれているということでたいへん大きな問題です。日本の古代史分野でも最近では山城が問題になって来ましたが、とくに朝鮮半島においては古墳と並んで山城が非常に重要な考古学上の遺跡です。高霊を例にとっても高霊盆地の真ん中に水田地帯があり――おそらく当時も農耕基盤だったと思いますけれども――、その西側の山の麓に王宮跡があり、そして、その背後の山に立派な主山山城《しゅざんさんじょう》という山城を築いているのです。その外側で南側の尾根の上に古墳を点々と築造しています。そのように古墳群だけではなくて山城が必ずあるという点が特徴的です。

己汶・帯沙については、第32図の地図でも分かりますが、蟾津江の流域地帯ということです。現在の地名でいうと、己汶については全羅北道の南原《なんげん》というところです。作者は未詳ですが、李朝小説の最高傑作といわれる『春香伝《しゅんこうでん》』（一八世紀初）の舞台となった南原辺りに比定されています。そして、帯沙については現在の地名でいうと、全羅南道の順天《じゅんてん》から宝城《ほうじょう》の辺りとされています。この付近にもやはりいろいろな遺跡が残っています。たとえば、南原には月山里《げつざんり》古墳群が調査されて、そこの竪穴式石室からは加耶は加耶でも高霊系つまり、本彼国の辺りで五世紀末～六世紀初めごろに作られた特徴ある長頸の壺が出土したりするのです。それらを合わせ考えますと、己汶を伴跛が略奪したという記録と一脈通じるのかもしれないと思ったりもします。南原はやがて百済に入りますが、月山里古墳群からは見事な環頭《かんとう》大刀の環頭の部分が見つかっています。しかもそれには金や銀の象嵌《ぞうがん》が施され、朝鮮古代における象嵌技法としては貴重な例です。また、草村里《そうそんり》古墳群もよく知られ、二〇〇基以上の横穴式石室墳は六世紀ごろの築造とされます。このように、南原にはいろいろな遺跡があり、古墳には伴跛国、つまり高霊系の土器も入っているほか、百済系と思われる象嵌のみごとな出土品もあるということです。

もう一つの順天・宝城については、この地域の調査がようやく進んで来ました。そこの順天大学校の先生方が一生懸命に調査・研究を行っておられ、いろいろなことが分かって来ました。たとえば、一九九九年一一月五日、六日に開催された韓国考古学会において、順天地域の遺跡についての優れた発表が行われ、それは剣丹山城《けんたんさんじょう》という遺跡(6)で、順天にこんな立派な山城があったのかと皆な驚きました。ちなみに順天には四〇〇年以上前に豊臣秀吉が朝鮮半島への侵略時に築いた倭城《わじょう》の一つが非常によく残っています。そのわずか二キロほど西に行った山の上に剣丹山城が残っており、調査が行われ、その山城では石塁で囲んだ城壁の内側から建物跡などが見つかっています。『続日本紀』にも登場する古代山城の一つ、熊本県の鞠智城《くくちじょう》で平面形が八角形の珍しい建物跡が見つかり、百済系の古瓦も出土しました。この地域と百済の関係が深いことが分かります。一方、帯沙が継体天皇の時代に百済に編入された後に、百済が築いた山城が剣丹山城で、百済のフロンティアでの出来事を物語るものだといわれています。

そのように、継体紀に出て来る地名に当たるところには、それにふさわしい遺跡があり、日本とは違って山城が発達しているという点が大きな特徴であろうと思います。

加耶の危機

継体天皇も晩年近くになって来たころ、不幸な事件が起こります。それが継体天皇二一年（五二七）

第33図　金海の遺跡群（森浩一・門脇禎二編、2000『継体王朝』大巧社より）

に始まる、いわゆる磐井《いわい》の乱《らん》で、森浩一先生のおっしゃる磐井戦争です。磐井の乱につきましては皆さんよくご存知でしょう。それまでは百済と加耶が南部の地域をめぐって抗争していましたけれども、結果的には加耶の西側の一部が百済に領域化されることになります。ところが、今度は倭と非常に関係の深い加耶が、新羅によって蚕食《さんしょく》されていくことになるのです。その結果、加耶の国々は全部滅びるのですが、その契機はまず南加羅《ありひしのから》と喙《とく》己呑《ことん》が新羅に領域化されたことにあります。そこでヤマト王権、つまり継体王朝としては何とかこれを回復しなければということで兵を送ることになるのです。つまり倭の出兵です。それに対して筑紫君磐井がいうことを聞かなかったので継体天皇が磐井を征討するという話です。今もいいましたように、加耶自体も新羅によってつぎつぎと滅ぼされていくという歴史が継体天皇の晩年には起こって来ていたのです。そして、『三国史記』によりますと、金官国すなわち南加羅と、押督国すなわち喙己呑は、それぞれ法興王《ほうこうおう》一九年（五三二）と婆《ば》娑《さ》王《おう》二三年（一〇二）に新羅に降伏したと伝えます。南加羅については、第32図の洛東江河口付近に加羅と書いてある、だいたい慶尚南道の金海《きんかい》辺りに比定されています。南加羅――朝鮮側では金官加耶《きんかんかや》と呼んでいる地域ですが――そこに当たる現在の金海の遺跡群はあまりにもよく知られています[7]（第33図）。つまり金海貝塚をはじめとして、最近では良洞里《りょうどうり》墳墓群や大成洞《たいせいどう》古墳群などが発掘調査され、数多くの情報をもたらし、また、問題を提起しました[8]。もう一つの喙己呑に関連する遺跡としては、大《たい》邱《きゅう》の少し東の方へ行った慶山《けいさん》に、嶺南大学校という広大なキャンパスの大学があって、その傍に林堂《りんどう》古墳群があり、厖大な報告書も発刊されています。この古墳群はその付近に居住していた勢力基盤の奥津《おくつ》城《き》（墳墓）であろうと考えられます。

欽明紀の時代とその関連遺跡

森浩一先生はかつて継体新王朝が成立し、それから欽明天皇の時代に大和政権（ヤマト王権）という新しい政権が完成したといわれたことを記憶しています。継体天皇に続く欽明天皇の時代に入ると、いわゆる「任那復興会議」が行われました。その間の経緯は、『日本書紀』の欽明紀二年（五四一）～同五年（五四四）にかけて記載されています。これは大変興味深い話で、百済の聖明王が安羅《あら》・加羅《から》・卒《そ》麻《ま》・散半奚《さんはんげ》・多羅《たら》・斯二岐《しにき》・子他《した》の旱岐《かんき》、つまり加耶諸国の首長たちをはじめ、任那あるいは安羅にあった、いわゆる日本府の吉備臣らの役人たちを召集して任那の復興会議をやっているのです。新羅に滅ぼされた南加羅・喙己呑に加えて卓淳《とくじゅん》――現在の大邱辺り――などの任那の国を復興する協議を行ったというわけです。しかし、それはうまくいかなかったようで、百済の目的は、任那日本府の執事である吉備臣・的臣・河内直などの放逐であったといわれます。(2) 続けて欽明天皇二三年（五六二）にその加耶諸国も、とうとう新羅によって滅ぼされます。つまり、『三国史記』では真興王二三年（五六二）に加耶が叛いたので攻め入ったところ降伏したと記しています。このことに関連して、『日本書紀』では任那の官家《みやけ》が滅びたという、別の表現をとっています。おそらく、この年をもって最後まで残っていた伴跛国、あるいは大加耶国といわれる国が滅び、加耶諸国が滅亡したということでしょう。このことで新羅はおおいに力を得て、その後の統一に向かって歩みを進めていくという歴史が大きく展開するのです。

欽明紀に見える加耶諸国の中でもっとも話題になるのは、安羅国です。すなわち、任那日本府は安羅日本府とも呼ばれるように安羅国にありました。安羅は「アラ」ともいわれ、『三国遺事』では阿羅とも記されます。現在の地名でいいますと慶尚南道の咸安《かんあん》というところに比定するのが定説になっています。この安羅の故地には遺跡群がたくさん残っていまして、そのうちの一つが道項里《どうこうり》・末山里《まつざんり》の古墳群です。ここから南方すぐ近くには城山という山城がありまして、立派な城跡が現在もよく残っています。山城の東側山麓には古い道が通っていまして、この道をずっと辿っていくと南海岸に出るという交通の要衝に山城が築かれているのです。この東門跡が発掘調査されまして、木切れに文字を墨書した木簡が三〇〇点以上も見つかっています。二〇〇〇年には、国立金海博物館でその木簡をめぐってシンポジウムが行われました。木簡は荷札のようで、地名・人名・外位《げい》（在地首長層に与えられた官位）・物品名などが書かれています。ただ、これらの木簡は、新羅が阿羅加耶を滅ぼして以後のものです。そのように咸安には阿羅加耶にふさわしい遺跡群が残っているのです。

いわゆる任那日本府につきましてはいろいろな説があるわけですが、私は山尾幸久先生や韓国の金泰《きんたい》植《しょく》先生らの主張のように、「安羅倭臣館」つまり安羅にあった倭の使臣たちの館ではないかという説を支持しています。(9) もう一つ、さきほど加耶諸国の首長たちも一同に会して「任那復興会議」を行ったという話をしましたが、安羅の次に加羅――さきほどの加羅と考えていただければいいのですが――そのずっと下、つまり南の方の真ん中辺りに多羅国というところがあります。この多羅は現在の慶尚南道の陜川《きょうせん》というところに当たります。一九九〇年に調査が行われています。(10) ここには多羅里という地名があり、また、その川岸のほぼ真ん中辺りの小高い丘に城山里土城という城郭が知られます。さらに、その近くに現在も陜川・玉田古墳群が残っています。一九九〇年の発掘調査で、金銅製の冠や龍鳳文環頭大刀のほか、加耶ではじめてガラス製碗が出土して注目されます。

このように『日本書紀』に出て来る地名については、日韓の先生方によりそれぞれが比定され、大体それが定説化しています。それぞれの地域には、日本における継体天皇ゆかりの地と同じように考古学上の遺跡が各地に残っていて、これまでにそうした遺跡の調査がどんどん進んでいるのです。一九九〇年に参加した昌原大学校でのシンポジウムでは「東西和合」という言葉が使われていました。そのように百済地域の大学と、加耶地域の大学が共同で相互交換学術会議を行ったことは画期的なことでした。

当時、韓国では金大中《きんだいちゅう》大統領が百済地域の出身の方でもあるため、隣国加耶の地域にずい分と力が入っていました。そして、現在、加耶の歴史地区のうち、高霊・金海・咸安の遺跡群が世界文化遺産に登録されるべく推進運動が展開しています。そのために、それらの遺跡群が本格的に発掘調査されています。その結果、これから加耶の研究がますます進展することでしょう。今後さらに興味深い展開が見られることを期待したいと思います。

〔注〕

(1) 林屋辰三郎、一九五七『古代国家の解体』岩波書店。
(2) 東　潮・田中俊明、一九八九『韓国の古代遺跡2　百済・伽耶篇』中央公論社。
(3) 大竹弘之、二〇〇〇「潘南面　新村里九号墳の再調査」『継体王朝　日本古代史の謎に挑む』大巧社。
(4) 東　潮、一九九五「栄山江流域と慕韓」『展望考古学』考古学研究会。
(5) 泉　武・三辻利一、一九九一『朝鮮三国時代陶質土器の研究』㈶由良大和古代文化研究協会。
(6) 順天大学校博物館〈崔仁善〉、一九九八『全南東部地域の文化遺蹟と遺物』順天大学校博物館。
(7) 沈奉謹・李東注、一九九三『金官加耶国精密地表調査報告』東亜大学校博物館。
(8) 林孝澤・郭東哲、二〇〇〇『金海良洞里古墳文化』『東義大学校博物館学術叢書』七、東義大学校博物館。釜山大学校博物館、一九九八『金海の古墳文化』金海市。
(9) 金泰植〈浅井良純訳〉、一九九三「六世紀中葉加耶連盟の滅亡過程」『朝鮮学報』第一四六輯、朝鮮学会。
(10) 趙榮濟、一九八八『陝川玉田古墳群Ⅰ』。趙榮濟・柳昌煥・河承哲、二〇〇〇『陝川玉田古墳群Ⅳ』慶尚大学校博物館。

第6章　加耶と倭　―長野県・根塚を例として―

もう二一年前のことになりますが、平成八年に長野県下高井郡木島平《きじまだいら》村の根塚《ねづか》遺跡が発見されまして、大変話題になりました。

その一つは、墳墓の構造・外観・形態にあります。まず、根塚は自然の丘に立地しますが、一部で部分的に削りとって盛り上げるなど、人工が加わっています。そして、丘全体を墓地あるいは墓域として使っていたということが明らかです。また、複数の埋葬があるということも確かですね。韓国・金海市の良洞里遺跡の場合は五四八基もあるということですから、実に多くの墳墓が一カ所に集中して造られていることになります。根塚はそれほどまでいかなくても、少なくとも数基の埋葬施設があったことが明らかです。そして、北の裾の方にある木棺墓の一つから渦巻文装飾付鉄剣が出て来たわけです。高橋桂先生のお話では当初「あれは墓ではないのでは」とのことでしたが、その後の精査で木棺墓という埋葬施設があったことが分かりました。とくに、もっとも頂上部の墳墓は九メートル×一一メートルくらいの規模でしたが、周りに溝が廻ったり、規模や構造が特異な、弥生時代の終わり頃のものとしては非常に珍しいものです。そういう意味で墳墓の大きさと形に特徴があると思います。

もう一つは、前述の通り、その内部がその後の調査によって木棺墓であることが分かりました。また、北側の裾から出土した鉄剣のほか、出土土器の中にもきわめて顕著なものがあるという点です。[1]それにも増して根塚に複数の墳墓が営まれ、年代的にも弥生時代の終わりから古墳時代にかけて、おそらく二百年間近くにわたっています。さきほどの金海市の良洞里遺跡では、二世紀から四世紀まで二百年間という長期間にわたって、一族の墳墓の丘として使われていたのではないかと思います。一族といいますと、今まで述べました内容の根塚を築いた人というのは相当の人々だと思います。たとえば良くありませんが、おそらく当時ここに葬られた人物は、現在の木島平村の村長よりも力があった、つまり川向こうの飯山市を含めた下高井郡ぐらいの地域全体を治める首長、リーダーであったのではないかと思っています。

ところで、根塚周辺を含めて北信濃は先進文化が集中しているところです。かつて、長野県立歴史館を拝見しましたところ、弥生時代の青銅器である銅剣・銅矛・銅鐸が出土しています。鉄器の出土率が非常に高いことも知りました。この辺りのことはかつて笹沢浩先生が論文[2]をお書きになっています。根塚の時代は弥生時代の終わり頃といいましたが、その時期の土器は箱清水《はこしみず》式土器と呼ばれています。そういう箱清水式土器が千曲川《ちくまがわ》流域の北信濃を中心に広範囲に分布していまして、その辺りで当時として非常に先進的な鉄製の道具とか、それよりも少し古い時期の銅剣・銅矛・銅鐸が出土しているのです。箱清水式土器の分布範囲と当時の先進的な道具の分布がだいたい重なるということで、それはいったい何を意味するのでしょうか。笹沢先生は、邪馬台国の時代に邪馬台国をはじめとしていろいろな国がありましたが、そういう国に当たるのではないかとずいぶん前に指摘されているのです。私はその論文を拝見して、なるほどと思いました。そこで笹沢先生のお考えに賛成しています。つまり、信州の北部を全体として一つに考えるか、あるいは更埴市《こうしょくし》辺りに一つ、高井郡と水内郡を一つとして二つに考えるか、これは今後の研究課題です。ともあれ邪馬台国の時代に「魏志倭人伝」に出て来るような国が北信濃に一つないしは二つくらいはあって、それが後に高井郡・水内郡、あるいは更級郡とか埴科郡になっていくのだと思うのです。この地域にも小さな国があって、そのトップに立つ人の一族の墳墓が根塚ではないかと推測しているところです。そのことがまず第一点です。

それから墳墓の性格を考えるときに、やはり出土土器が問題になります。実際に出て来た箱清水式というのは昔からこの地域の土器ですが、そこにポツンと長さ七四センチで渦巻文の飾りがついた鉄剣が入っていたのです（第34図）。これは大

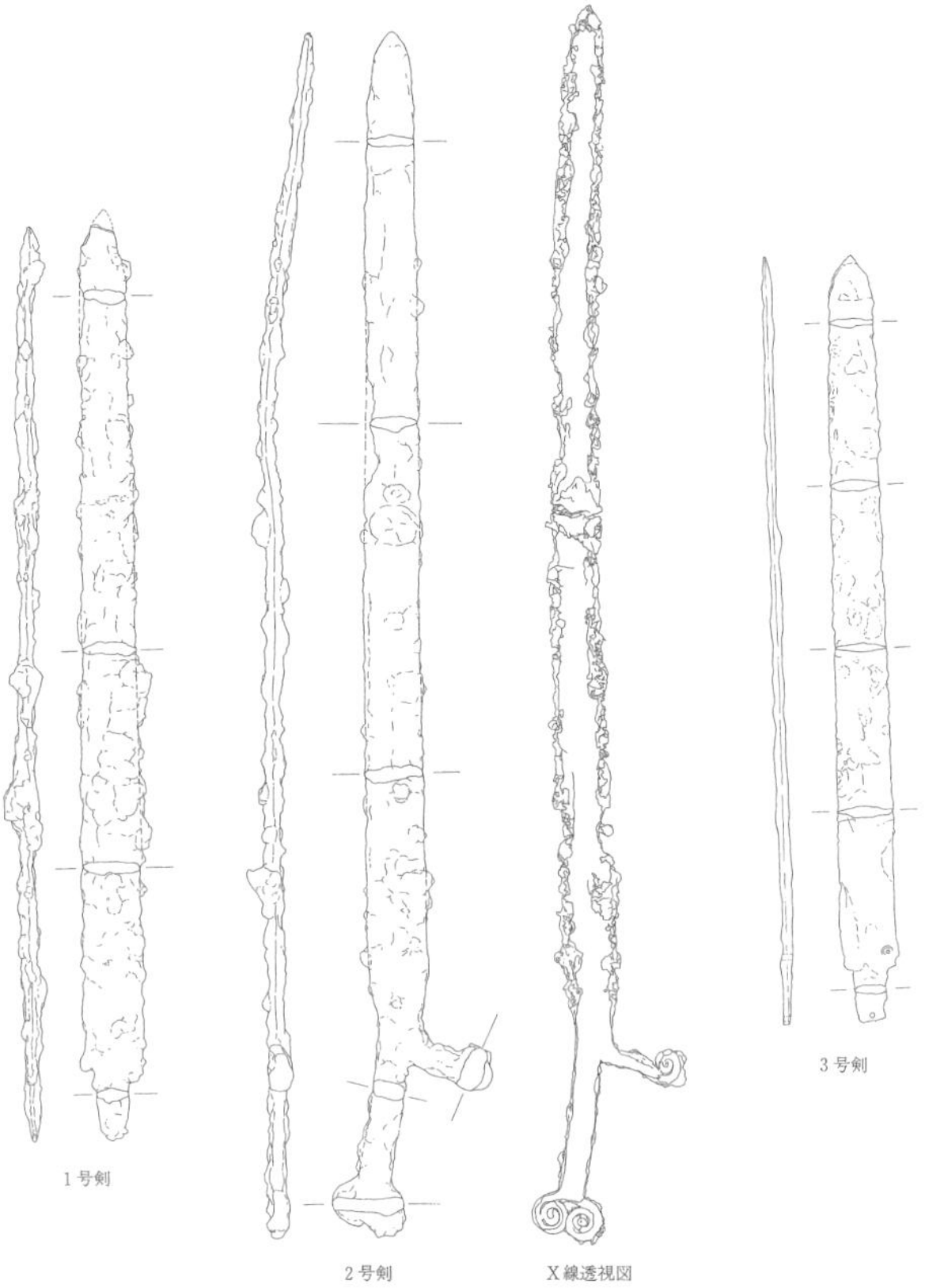

第 34 図　根塚遺跡出土の鉄剣（木島平村教育委員会、2002『根塚遺跡』『木島平村埋蔵文化財調査報告書』№. 12 より）

変な問題です。とくに二本の鉄剣の長さがそれぞれ五六センチと四七・四センチです。そもそも五〇センチを超える当時の鉄剣というのは、全国的に見てもきわめて稀なんですね。

外国で申しますと、その時代に現在の北朝鮮（朝鮮民主主義人民共和国）のピョンヤン―かつて南北会談が行われたピョンヤン付近に中国・漢の植民地であった楽浪郡がありまして、そこの墳墓遺跡から出ている刀剣に五〇センチを超えるものが何本かあります。それらを見ますと、楽浪郡の太守つまり長官などトップクラスの人の墳墓から出土するものなんです。そのような鉄剣が根塚から出土したということは、先ほどいいましたようにそれ相応の人物、つまりこの地域を治めていた国の首長の墳墓であるということです。その人は渦巻文の飾りのある剣に象徴されますように、やはり加耶と密接な関係を持っていたと思われます。自然科学的な分析結果によりますと、これは加耶で作られたものらしいということが発表されています。

なお、平成一〇年度の第三次調査の折、箱清水式土器の壷の肩部に大の文字が刻書された土器（第35図）が発見されたことも重要な成果です。今後、文字文化の波及を考える上で貴重です。

この地域が加耶と関係を持っていたということは動かないと思います。加耶といいましても皆さんは馴染《なじみ》が薄いと思います。義務教育、あるいは、高校の歴史の教科書を開いていただきますと、加羅・任那とか、カッコして加耶という表現で出ている地域です。韓国や北朝鮮ではこの地域を加耶と呼んでいます。朝鮮半島の南北に長い地図を念頭に置いていただきますと、一番東南部のところに現在の大都会で釜山があります。そこから西へ山を越えたところに金海市が位置します。その辺りはもともと金海郡と呼んでいたところです。ここ根塚付近に国があったのと同じように金海郡にも国がありまして、「魏志倭人伝」では狗邪韓国というふうないい方をしています。一方、「魏志韓伝」によりますと弁辰狗邪国と呼んでいます。要するに狗邪国というのがあって、弁辰狗邪国とか狗邪韓国とも呼ばれたわけです。邪馬台国の時代に狗邪国があり、しだいに国家的な体裁を整えていきまして金官加耶という国に成長します。しかし、やがては新羅によって滅ぼされる運命をたどります。加耶の「加」にはニンベンを付けて「伽」としたりいろいろな表現がありますが、朝鮮側の記録である『三国史記』という、『日本書紀』と同じような歴史書には「加耶」という字が一番多く出て来ますし、もっとも簡単な字である「加耶」という字を多く使うようになりました。将来もそのように定着していくと思います。

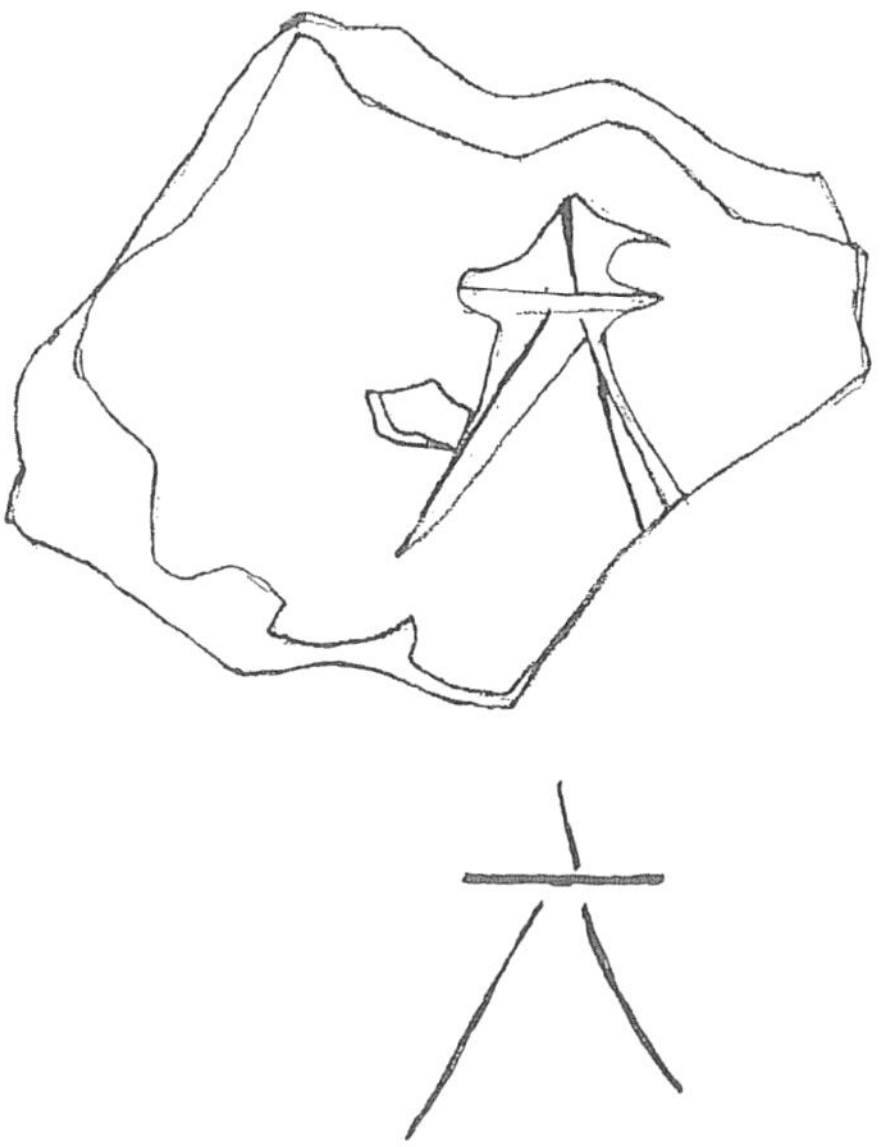

第35図　根塚遺跡出土の刻字土器（木島平村教育委員会、2002、前掲書より）

さて、年代でいうと箱清水式土器ということで三世紀の後半あるいは末の頃といわれます。ちょうど邪馬台国の時代からヤマト王権が出来る頃に当たっています。その頃に彼の地とこの地の間で交流があったということは大変なことです。これまで狗邪国が発展して成立した金官加耶国も含めて、加耶全体と日本列島との関係でいいますと、海を渡って北部九州、瀬戸内海から河内、大和ということで、近畿までは加耶との交流がずっと続いて来たといわれて来たのです。ところが、それよりも百年以上も古い時代に、すでに東日本のこの地域まで交流の輪が広がっていたことが明らかになって来ました。これまでの加耶と倭の交流の歴史からいいますと、さらに遠くまで交流があったことが根塚の発見で分かって来ました。いってみれば、これまで私たちが描いていた古代の倭と加耶、あるいは、古代の日本列島と朝鮮半島東南部との交流の歴史が塗り替えられるというのが、根塚の発見ではなかったかと思います。

それから桐原健先生のお説と関連づけますと、かつて、長野県立歴史館と森将軍塚博物館を見学しましたが、両館で大変興味深い土器を見出しました。それらは松本市内で出土した壺です。両館にそれぞれ台付きの壺がありました。手にとって見たかったのですが、時間がなくガラス越しに見ましたので、歴史館と博物館のどちらが本物なのか分かりませんでした。私は、あれは間違いなく加耶の土器だと思いますね。根塚よりも新しい時代のものですが、少なくとも五世紀までこの地域と加耶の交流が続いていたことを物語ってくれます。そのように日本列島と朝鮮半島、あるいは倭と加耶の交流の歴史が塗り替えられる遺物や遺跡の調査が、ここ長野県もしくは北信濃で行われて来ていると思うのです。

すでに、高橋先生と桐原先生が問題提起されていますが、この地域が今までの倭と加耶の交流の歴史を百年以上も古く、そして、畿内よりさらに東方まで交流の波が広がったといいましたけれど、一体どうして交流を持ったのでしょうか。私たち、東義大学校の林孝澤先生が福岡にお着きになりまして、東京経由でこちらまでご案内して来ました。飛行機のない一千七百年ほど前に、この地域と彼の地との交流がどうして起こったかといいますと、二つの可能性があると思います。北東アジアの地図を念頭に思い浮かべていただきますと、まず、朝鮮半島東南部、金海のあります加耶の地域から対馬、壱岐を経て中国地方の西端部に達し、そこから日本海岸を海路で能登半島を越えて、さらに富山、新潟へとたどるルートです。これは確かに一つのルートとして考えられると思いますね。この点に関しては一〇数年前ですが、鳥取県の倉吉の近くに東伯郡東郷町というところがありまして、そこの宮内第1遺跡で弥生時代後期の鉄刀が発見されました。(3) その長さがなんと九四センチということで、弥生時代後期の鉄刀としては最古で最長なんですね。根塚の鉄剣も弥生時代後期末ですが、鉄剣としては最古で最長です。そのような刀剣が日本海側で発見されているのです。

時代が少し下がりまして、先ほどご紹介しました松本市で加耶の土器が出土しています。それとそっくりな加耶の土器が最近、鳥取市の近くでも発見されました。ですから、一千七百年前から一千五百年前くらいにかけて引き続き交流ルートがあったといえましょう。そういう意味で、日本海側からおそらく直江津に入れば、富倉峠を越えてここ根塚に入って来ることが出来ます。あるいはもう少し北上して信濃川（千曲川）をさかのぼってこの地に入るという、もう一つのルートが考えられます。

一方、対馬、壱岐を経て北九州に達し、そこから瀬戸内海を通りまっすぐ邪馬台国のあった―というとご批判があると思いますが―大和まで入り、邪馬台国からさらにこの地域にあった国にもたらされたと考えるのです。ある地域に強大な国があって、その国を通して間接的に入ったという可能性がございます。今、根塚では柳澤村長はじめ皆さんが着ておられるTシャツには、「謎とロマンの大国」と書かれていますね。大国というのは邪馬台国ぐらいにいえることでして、私がこの地域に国があったと申しましたが、お世辞にも大国とはいえません。つまり、小国ぐらいはあったのではないかと考えます。ですから上述の日本海ルートで直接交流を考えたときは狗邪韓国あるいは狗邪国とここにあった小国との地域間の交流ですね。

ところが、いったん邪馬台国に入り、それからここの小国に入った場合は、邪馬台国の大国と小国という、中央の強大な国家と地方の王権との交流ですから、交流の中味が変わって来るわけです。したがいまして、根塚の鉄剣がどのようにしてここに入ったかという問題は大いに議論が分かれるところです。これまでお書きになったものを見ますと、関東の先生方は、どうやら日本海ルート説のようですが、私は瀬戸内海―畿内ルート説でして意見が分かれるようです。いろいろな可能性を考えながら、今後の調査が進む中で少しずつ解明されていくのではないかと思います。まさにそこにロマンの世界が開けるのでありまして、あまり早く結論を出してしまうと面白くありませんので、根塚遺跡に対する将来のさらなる調査と研究に大いに期待しながら見守っていきたいと思います。

〔注〕

(1) 西谷正、一九九六「謎とロマン秘めた発見―木島平村・根塚遺跡の鉄剣―」『信濃毎日新聞』七月二日付。

木島平村教育委員会、二〇〇二『根塚遺跡～墳丘墓とその出土品を中心にして～』『木島平村埋蔵文化財調査報告書』No.12。

(2) 笹沢浩、一九八六「箱清水式土器の文化圏と小地域―地域文化圏の動静を語る―」『月刊歴史手帖』第一四巻第二号、名著出版。

(3) 鳥取県教育文化財団、一九九六『宮内第一遺跡・宮内第四遺跡・宮内第五遺跡・宮内二・六三～六五号墳』。

第7章　古都慶州と日本列島　―古墳文化と古代都市―

はじめに

ここでは、「古都慶州と日本」という題で、三国時代新羅の古墳文化と、統一新羅時代の古代都市の問題を中心に、合わせて、それぞれの時代の日本列島と朝鮮半島の交流、あるいは両地域の文化の比較について、お話させていただきます。

私が初めて慶州を訪れましたのは、今から四九年ほど前の一九六八年（昭和四三）の秋でした。そして、その一〇年後に当たる一九七八年の夏から一年間ソウル大学でお世話になったときにも慶州に行きました。三九年前と四九年前に、慶州でそれぞれ二週間ほど生活して、山野を跋渉《ばっしょう》しましたが、その後も、たびたび訪問しています。振り返えりますと、慶州にはおよそ四九年間にわたって、全部でわずか二カ月ぐらいしか滞在していませんが、慶州については、ずっと見守って来ました。

慶州は、ご承知の通り、三国時代から統一新羅時代にかけて、新羅の都があったところです。しかし、その間に感じたことは、慶州はただ新羅の都ということだけではなくて、その慶州盆地には、新羅以前からの古い歴史、つまり新羅前史とでもいうべきものがあったということです。

第36図の地図をご覧いただきますと、慶州の町から東南方向に走っている、仏国寺に至る道に、聖徳王陵という表示があって、その左上のすぐ西側の、鉄道と仏国寺に行く道のちょうど間ぐらいに、無文土器（青銅器）時代の立派な支石墓があります。それから、地図の上の方をご覧いただきますと、皇龍寺と芬皇寺《ふんこうじ》、あるいは北川《ほくせん》という川があります。その北川と書かれているところのちょっと下で、普門観光団地に行く道のすぐ右脇に、立派な支石墓があるといったように、慶州盆地には、日本でいうと弥生時代に当たる無文土器（青銅器）時代の遺跡がずい分あるのです。

その時代の土器は、日本の弥生土器と非常によく似た無文土器ですが、ベンガラを塗った丹塗磨研土器も伴出しています。また、石包丁とか、磨製石鏃など、いろいろな磨製の石器が出ています。これらについては、一九四五年以前に、斎藤忠先生が、「慶州附近発見の磨石器」という論文[1]を書いておられます。

このように、新羅以前の古くて立派な遺跡や遺物が残っていますが、国立慶州博物館にいらっしゃると、最初に入られて右手の部屋に、そういった先史時代、無文土器時代関係の石器・土器や、青銅器類が展示されています。新羅の文化に触れられる前に、新羅以前の数千年の歴史に、まず触れていただくと、興味深いのではないかと思います。

私個人としては、新羅前史にも関心を寄せていますが、韓国では、無文土器時代の次の時代を、のちの三国時代の母体がだんだん出来上がっていく時代という意味で、原三国時代と呼んでいます。この時代の土器は、それ以前の土器とちがって、瓦質（灰陶質）土器と呼ばれています。この時代になると、土器を焼くのに、無文土器やそれ以前の櫛目文土器とちがって、窯を作って、そこで焼くので、温度が非常に高く上がって、焼きの硬いものができるようになりました。また、土器の形をつくるときに、

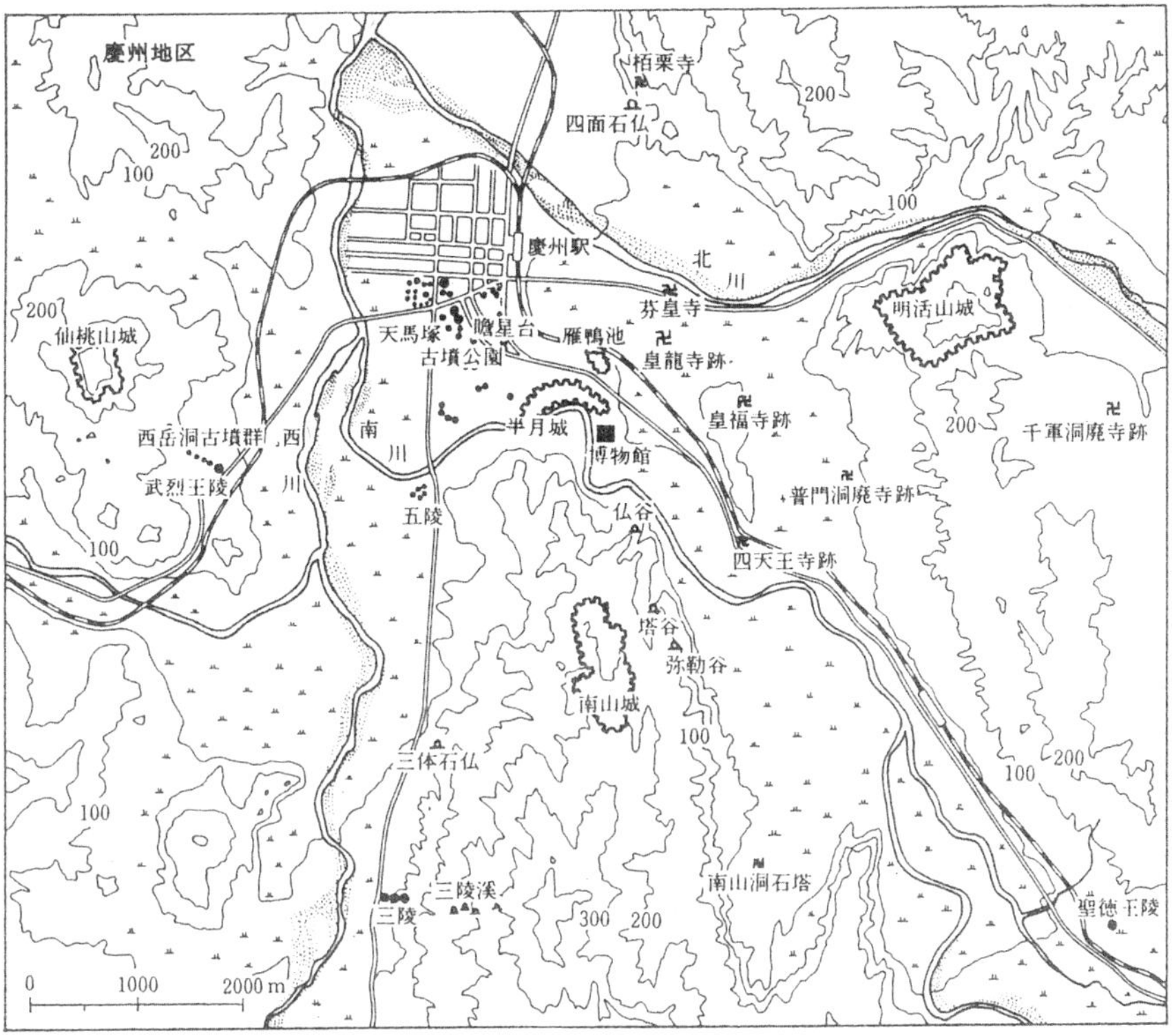

第 36 図　慶州の遺跡群 (1980『新潮古代美術館』11、新潮社より)

手づくりで仕上げるだけではなくて、場合によっては轆轤《ろくろ》を使っています。さらに、胎土を締めるために、叩き締めますので、その叩き目が残った土器が出現します。

生産用具も、それ以前の支石墓の時代の磨製の石包丁や石鏃とちがって、完全に鉄器の時代に入りますが、そういう時代が無文土器時代の次の原三国時代なのです。この時代は日本に当てはめますと、弥生時代の中期末から古墳時代初頭にほぼ相当します。韓国においても、無文土器時代から三国時代の新羅に移る過渡期があって、それを原三国時代と呼んでいるわけです。この時代の代表的な遺跡が釜山の西方郊外の金海にあるところから、金海時代というい い方もあります。慶州ではこの時代の非常に重要な遺跡が発見されています。ここでもう一度、第36図の地図をご覧いただきますと、聖徳王陵のすぐ脇に、慶州から蔚山《うるさん》に行く鉄道があって、そのすぐ西側に道路があります。その近くにある国民学校の裏手で、三九年ほど前に国立慶州博物館が発掘したところ、たいへん珍しい朝陽洞の墳墓群(2)が見つかりました。さきほど言及しました灰陶質(瓦質)土器や鉄器も出ていますが、非常に重要なのは、墳墓の構造が木槨墓らしいということです。死者は木棺に埋葬していますが、その周りに木で枠を組んだ、木槨を使っている点が、とても注目されました。

つまり、無文土器時代から、三国時代の新羅へ移行するちょうど過渡期に、非常に古いタイプの出現期古墳のような墳墓が見つかったのです。日本でも、三世紀中頃に前方後円墳が出現しますが、その直前の弥生時代終末期に、すでに弥生墳丘墓といわれる、古墳のような格好をして、マウンドもしくは墳丘を形成したものがあることが分かっています。この弥生墳丘墓で非常に注目されるのが、岡山県の楯築墳丘墓(3)です。これに対して岡山大学がずっと調査をして来られまして、前方後円墳の起源を考える場合に、その前段の重要な墳墓として位置づけられていますが、それが木槨墓です。

岡山大学の先生方から、この木槨墓がどこからどうして出て来るのだろうかと、よく聞かれますが、それに対比できるものは、韓国の慶州の朝陽洞にあると申して来ました。日本でも前方後円墳がどうして出現するかということに関して、弥生墳丘墓が大きな問題です。韓国においても、無文土器時代から原三国時代を経て、三国時代の古墳が成立する前段に、どういった墓制があるかという鍵ともなるような墳墓が、いまから三九年ほど前に、聖徳王陵のすぐそばで発掘されたということです。出土品は国立慶州博物館に納められていますが、調査報告書も出版されています。そのように、新羅の古都慶州には、非常に古くから人の営みがあって、そのような基盤の上にやがて新羅が成立して来るのです。

新羅の歴史

考古学の立場から、いろいろな遺跡のお話をする前に、ここでごく簡単に新羅の歴史を振り返っておきたいと思います。新羅の歴史は私の専門ではありませんが、『三国史記』という文献史料があります。これは三国時代の歴史書として、日本でいえば『日本書紀』に当たるような記録ですが、これによって、高句麗・百済・新羅、あるいは、加耶の歴史が分かります。

『三国史記』が成立したのは、一二世紀ですから、ずっと後世のことですが、六世紀以後の記述については、かなり信憑性が高いといわれています。この記録によると、新羅の国が出来たのは、紀元前五七年のことになります。『三国史記』にはもちろん、紀元前五七年とは書かれていませんが、『三国史記』には中国の前漢の年号で五鳳元年と出て来ますので、それに基づいて紀元前五七年に新羅が成立したことになっています。

一方、この時代の慶州の辺りのことにも触れた中国の歴史書が、『三国志』という書物です。邪馬台国が登場する「魏志倭人伝」は、中国の三国の中の魏の歴史を書いた『魏書』の東夷伝の最後にありますが、その倭人伝のちょっと前に、韓伝があります。邪馬台国を考える場合は、倭人伝だけではなくて、そのすぐ前の韓伝や東夷伝全体をも読みながら、広い視野で見ていく必要があります。中国のほぼ同時代の記録である『三国志』の『魏書』の韓伝は、三世紀の前半のことを記した記録ですが、それを見ますと、のちの新羅は辰韓（第37図）というところで、一二の小さな国々があったと記録されています。したがって、三世紀の前半の中国の史料によると、辰韓一二国ということで、まだ新羅は出来上がっておりません。しかし、後世にできた『三国史記』によると、それよりずっと前の紀元前五七年に新羅が成立していることになりますが、これは高麗時代に『三国史記』を編纂したときに、歴史をかなり古く書き上げたということではないかと思います。

同じようなことは日本でも知られます。『日本書紀』によると、一人の天皇が百何十年も生きられたりしていますが、それらをそのまま数えてずっとさかのぼっていくと、縄文時代に日本の天皇がおられたことになります。同じようなことが韓国についてもいえるわけです。

ですから、『三国史記』の内容は、六世紀以後については、かなり信憑性が高いのですが、紀元前後のような古い時代については、一二世紀の高麗時代の人が歴史書を編纂する過程で、まちがえたり、あるいは、わざとフィクションを書いたりした部分があるということになりましょう。

歴史書は、同時代であるということが非常に重要ですから、ほぼ同時代の『三国志』の中の『魏書』韓伝がやはり正しくて、三世紀の前半の段階には、この地域で新羅という国がまだ成立しておらず、それ以前の辰韓一二国の小さな部族国家が連合している状態であったようです。

考古学の立場からいいますと、朝陽洞というところで、非常に古い墳墓が見つかったのが、ちょうど辰韓一二国の時代ではないかと考えています。つまり新羅の成立を示すような顕著な考古学上の遺跡とか遺物が出て来るのは、古くさかのぼっても三世紀後半あるいは四世紀でしょう。よく新羅の建国は紀元前五七年、つまり紀元前一世紀中頃までさかのぼるといわれますが、実質的には三世紀の後半頃と考えるのが妥当です。

こうして、新羅は西暦三〇〇年前後までには成立しますが、その後、新羅は独自な発展の道をたどりました。日本でも古代国家がいつ成立したかという問題について、最近では六世紀だという説が定着しつつありますが、お隣りの韓国の新羅においても、新羅ができるのは三、四世紀頃であって、古代国家としての体制が確立するのは、六世紀の初めではないかといわれています。

この頃になりますと、『三国史記』に書いてあることも、史実らしいということになって来ます。『三国史記』には、智證王《ちしょうおう》という王様の時代に、画期的なことが起こったことが書かれています。たとえば、それまでは新羅の王様の名前が何々尼師今《にしきん》とか、何々麻立干《まりつかん》といういい方をしていましたが、智證王の時代から、何々王《おう》という名前で呼ぶようになりました。新羅のトップの人が、この時代から新羅国王と名乗るということは、相当大きな王権の確立があったのではないかと思います。(4)

同時に、国号も、このときに新羅と決まります。それまでは、もちろん新羅ともいっていましたが、斯羅《しら》や、斯《し》盧《ろ》とか、いろいろな呼称があって、一

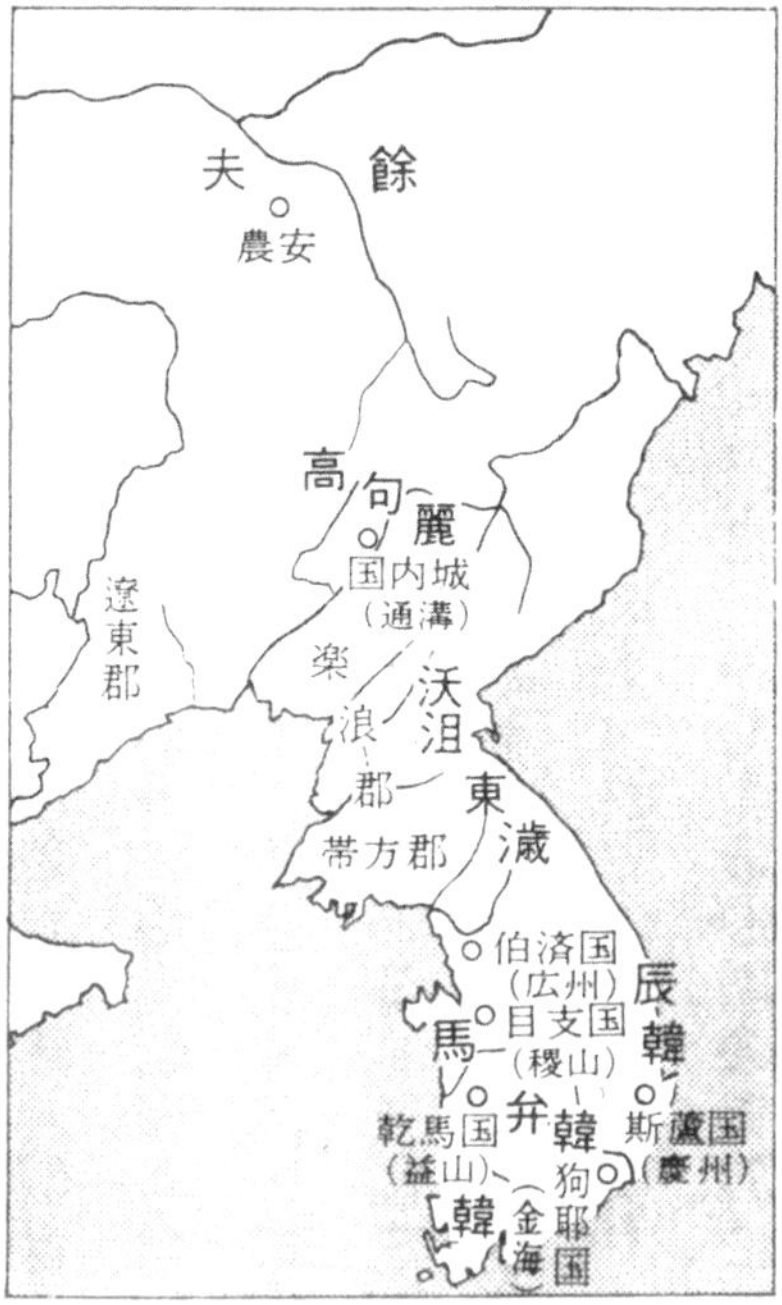

第37図　三韓分布図（李基白、1979『韓国史新論〈改訂新版〉』学生社より）

定していませんでした。これはおそらく史実だと思われますので、この時代に大きな発展があったのではないかと考えられます。

智證王についで、六世紀の前半に、法興王という王様が出ますが、この時代も新羅国家の発展にとって、画期的な時期であるようです。法興王というのは、その名も仏法を興す王様ということですから、自ら仏教を篤く信じて、おおいに仏教を興隆させようとしたというわけです。そういう名前を自ら名乗っているぐらいですから、新羅では、六世紀の前半に、仏教が公に認められました。もちろん、それ以前の五世紀後半の段階に、新羅の都から西北方に少し離れたところに、高句麗から仏教が入って来ていますが、中央貴族の中に反対があって、なかなか公認されませんでした。ところが、五二七、八年の法興王の時代になって、ようやくみんなが納得して、新羅国家の重要なイデオロギーとして、仏教が公に認められるようになったのです。

また、法興王の時代には、律令が公布されました。つまり、律や令という法律や行政法によって政治を行うことになりました。もう一つ大きい出来事は、西暦五三二年に、百済と新羅の狭間《はざま》にあった加耶の金官国（現在の金海付近）が新羅に投降したことです。そのように、六世紀に入って、つまり智證王から法興王の時代に、政治・行政の面でも、あるいは、よその国にまで支配を及ぼすという格好でもって、いろいろと新羅の古代国家としての体制が整備されたようです。

以上は、『三国史記』という歴史書に基づいたお話ですが、考古学の立場から見ても、ちょうど六世紀の前半ごろに、古墳文化が非常に盛んになって、立派な古墳が造られ、豪華なものが出土します。したがって、歴史書の記録によっても、あるいは、考古学の物的な資料によっても、どうやらそういうことがいえるのではないかという感じがいたします。

こうして、新羅はしだいに古代国家の体制を整えていきますが、六世紀の中ごろの真興王という王様の時代に、新羅はもっとも強大になりました。当時の朝鮮半島には、北に高句麗、南の西側に百済と、東側に新羅がそれぞれあり、さらに、その間に加耶がありました。新羅は、高句麗や百済という強大な国家と伍しながら、百済との間に加耶があるという非常に複雑な国内情勢でした。ところが、新羅は真興王の時代に、非常に勢力を拡大して、高句麗の一部まで手中に収めています。

現在のソウルの都市の真ん中を漢江という大きな川が流れていますが、六世紀の中ごろには、その中流右岸域まで高句麗の領域でした。そこを真興王の時代に、新羅が支配下に収めています。また、漢江の下流左岸域は、百済の東北疆域に当たります。その当時、百済の都は扶余に移っていますが、東北の国境を新羅が手中に収めるといったふうにして、真興王の時代に、領域を大きく広げています。

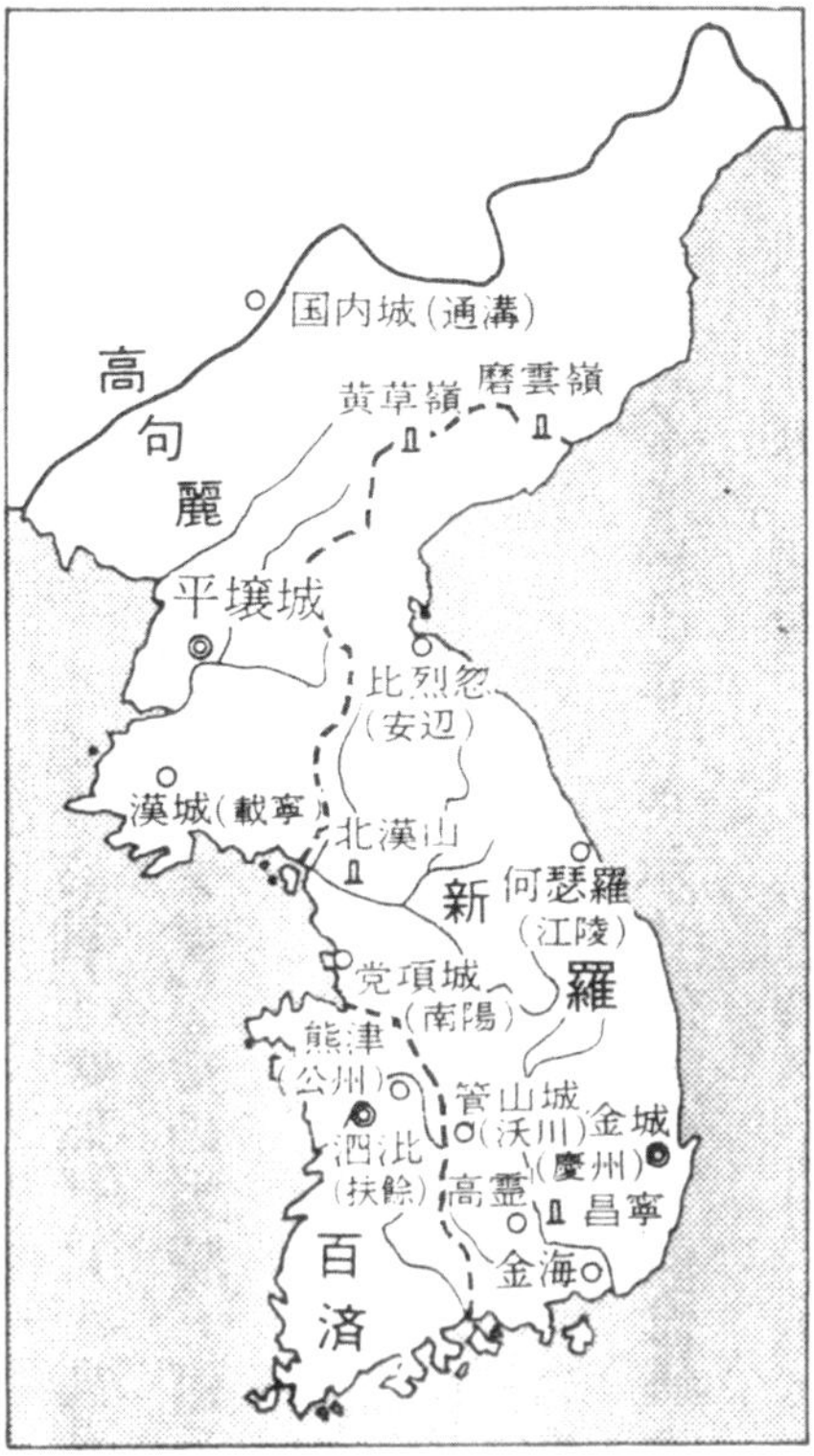

第38図　真興王巡狩碑分布図（李基白、1979『韓国史新論〈改訂新版〉』学生社より）

さらに、東海岸においても、高句麗の東海岸の南の地域まで支配領域を拡大します。真興王は領域を拡大すると、自分が新たに手中に収めた地域を視察しています。そのときに、ここは新羅の領土であるということを示すために、記念碑を建てていますが、それが有名な真興王の拓境碑もしくは巡狩碑(5)と呼ばれる石碑です（第38図）。

その巡狩碑が立っているところを見てみますと、一つは、現在の咸鏡南道の咸興のちょっと北の方に当たります。ソウル付近では、かつては北漢山に立っていました。あまりにも傷みが進みますので山から降ろし、一時、景福宮の廊下に置かれていましたが、さらに現在は国立中央博物館の中で展示されています（第39図）。南の方では、慶尚南道の昌寧の現地に立っています。ただ、現地といっても、実はかつて小川に放り出されていたのを、今西龍先生が見つけて、現在のところに移されたわけです。

このように、真興王は支配領域を巡狩して、記念の碑を立てていますが、それらの碑をずっとたどっていくと、六世紀の中ごろにおける新羅の勢力範囲が分かります。そういうことで、真興王の時代に新羅は、国力の充実を背景として、よその国の地域まで領土を拡大していきました。したがって、六世紀には文字どおり古代国家としての地位を確立するわけです。

真興王の時代で、とても重要なことは、百済の北と高句麗の南のフロンティアを手中に収めて、西海岸の一部の地域をわがものにしたのです。新羅の都は、東南部の山の中ですから、西海岸の一部を手中に収めるということは、そこを突破口として、中国大陸に直接出かけられるということです。それまでは高句麗や百済があるので、そこを越えていくわけにいきませんでした。ところが、西海岸を押さえた結果、やがて新羅は隋や唐、とくにまず唐と手を結んで、西暦六六三年に後ろから百済を倒し、さらに六六八年に高句麗を倒すというかたちで、朝鮮半島を統一するようになります。

さて、三世紀後半から七世紀後半にかけての四〇〇年間を三国時代の新羅と呼んでいますが、統一してから以後は、統一新羅時代と呼ぶようになります。統一新羅時代になると、広くなった領域を支配していくためには、それ相当の国内統治のいろいろな制度を完備しなければなりませんが、三国時代以来の国力の充実を背景にして、土地制度や官僚制度を整えて、非常に強大な国家へと発展していきました。同時に、中国はすでに唐の時代に入っていましたので、三国時代にも増して唐との積極的な外交を展開して、唐の先進的な文物・制度を導入しています。当時の唐帝国は、西のローマと並んで、世界に冠たる東の大帝国であり、長安に国際的な大都会が繁栄していました。唐の長安の都には、シルクロードを通って、西方世界からいろいろな人が来たり、文物や技術がどんどん入って来ていましたので、唐と仲良くすることによって、唐を通じて、さらに西方のペルシア世界とも間接的に接することが出来たわけです。

第39図　北漢山碑　2006年4月29日撮影

一方、三国時代においては、新羅と倭すなわち現在の日本は、非常に仲が悪くて、よく喧嘩をしていますが、新羅は三国を統一すると、外交の修復を行ったようです。今まで喧疇していたけれども、国がいったん統一されると、日本の奈良王朝とも仲良くしないといけないということで、統一したあと、すぐ日本に使いを遣わして、正常な外交関係を結んでいます。

そういうかたちで、三国時代を統一した統一新羅は、中国の唐と積極的に外交を繰り広げながら、合わせて、日本とも仲良くしましたので、基本的には非常に平和で、文化の花開いた時代が訪れます。ところが、三国時代新羅の時代は、三国と加耶が複雑にからみあって、三国のそれぞれがなんとか朝鮮半島を統一しようと努力していた時代ですから、国内が非常な緊張状態にありました。

当時、日本列島では現在の近畿地方を中心にヤマト王権がありましたが、北部九州には筑紫君磐井という豪族がいて、なかなかヤマト王権のいうことを聞きませんでした。そのちょっと前には、現在の岡山県に当る吉備地方で、吉備の反乱がありました。さらに関東地方では、武蔵国造の地位継承問題をめぐって、ヤマト王権も係わって争乱が起こるといったように、六世紀には、いちおうヤマト王権はあっても、地方には中央のいうことを聞かない大豪族がいたのです。ですから、ヤマト王権がまだ完全に出来上がっていないという状況でした。

お隣りの朝鮮半島においては、三国と加耶が互いにいがみ合っていますし、中国大陸はというと、北朝と南朝に大きく二つに分かれていました。つまり、五、六世紀という時代は、中国においては、南北の大きな分裂国家時代であり、朝鮮半島においても、三つないし四つに分かれた複雑な国内情勢があり、そして、日本においても、ヤマト王権はあるけれども、地方にはいうことを聞かない大豪族がいるという非常に不安定で、緊張した状態が見られました。

その後、朝鮮半島においては、新羅が三国を統一し、日本列島では、ヤマト王権も筑紫君の磐井の反乱を押さえて、文字通り統一的な古代国家形成への道を歩み出します。さらに中国でも、隋によって南北朝が統一された後、唐帝国が出来上がるという平和な時代が訪れることになるわけです。

よく日本では、「咲く花の薫《にほ》ふがごとき」奈良の都といわれ、『万葉集』の小野老の歌が引き合いに出されますが、統一新羅時代の朝鮮半島においても、「咲く花の薫ふがごとき」状況であったことでしょう。日本は桜で、向こうはレンギョウかツツジかもしれませんが、要するに、文化や経済が非常に繁栄した平和な時代が訪れたということです。中国大陸の唐でも、八世紀には、世界中からいろいろな人々が来て、外交・政治・文化の交流を行うという平和な時代が到来しました。したがって、八世紀は、北東アジア諸地域の国々が平和を楽しみ、友好関係を思う存分、発揮していた時代ではなかったかと思います。

ところが、統一新羅も、やがていろいろと矛盾が出て来て、地方豪族が台頭して来ます。すなわち、九世紀の後半には、朝鮮半島の西南部の全羅北道の全州辺りを拠点として、甄萱《けんけん》という地方豪族が勢力を持ちはじめて、かつての百済の一角で、後百済という地方国家を打ち立てます。また、中部地方においても、現在の開城辺りを根拠地として、弓裔《きゅうえい》という地方豪族が台頭して、後高句麗という地方政権を打ち立てています。

その後、弓裔は、王建によって地位を奪われ、王建は、九一八年に後高句麗を倒して、高麗という国を建てました。高麗は九三六年に、西南地方の後百済を倒しますが、新羅の最後の王様の敬順王は、王建のもとに降服して、平和的に政権交代が行われました。こうして、一〇世紀の前半ですが、高麗が成立し、その都は開城でした。

そうなると、かつて新羅の都であった現在の慶州は、一地方都市になって、高麗時代は東京と呼ばれますが、引き続き都市的な発展を遂げました。昔、一九七八年の頃、私が慶州に滞在していたときに、東京旅館というのがあって、愛用したことがありますが、それは高麗の東京という呼称をとって、旅館の名前にしていたのでした。

ここで、慶州のお寺を見てみましょう。三国時代新羅から統一新羅時代にかけて、仏教が新羅の国教として隆盛しますので、お寺がたくさん建てられました。それらのお寺は、高麗に入っても、ずっと法灯が守られていたようです。新羅の都が慶州にありましたので、慶州で出土する瓦は、みんな新羅時代の瓦だと思われるかもしれませんが、じつはそうではありません。

日本の平安京に六勝寺《りくしょうじ》というお寺がありました。つまり藤原道長の全盛時代に、法勝寺、最勝寺など、勝という字を付けた六つのお寺が建てられました。それを六勝寺と呼んでいますが、そういう平安時代の寺院跡から発掘された瓦と、慶州から出ている瓦を比較すると、両者の間に共通点が少なからず見出せるということが、だんだん分かってきたのです。(6) ですから、慶州は新羅の都ですが、慶州で出土する瓦は、すべてが新羅のものではなくて、中には高麗時代のものも混じっているということを注意する必要があると思います。

かつて、会津若松市にある福島県立博物館にいきました折、ちょうど東北の古瓦の展覧会が開催中で、楽浪の瓦から三国時代の瓦も参考資料として展示されていました。新羅のコーナーにいきますと、ある瓦ははっきりと新羅と書いてありましたが、何も時代を書いていない瓦がありました。そこの学芸員の方に、これはどういう意味ですかと聞きましたところ、その方はその辺の学界の研究成果を良くご存知で、普通なら新羅と書くところだけれども、ひょっとしたら高麗かもしれないので、わざと時代を書いていないのだということでした。

ところで、一三世紀になりますとその前半に、蒙古が攻め寄せるという非常に打撃的なことが起こって、東京（慶州）は、焼き払われてしまいました。一九七六年から皇龍寺跡の発掘調査が行われましたが、仏像の台座が残っているところは金堂跡です。その後ろの講堂跡の辺りで、発掘が始まると、下に塼つまり煉瓦を敷いていましたが、その上が焼けただれていました。まさに蒙古の侵入によって灰燼に帰した跡が発掘によって出て来たわけです。

したがって、一三世紀前半の蒙古の侵入によって、高麗の地方都市は、焼け野原になってしまいます。蒙古が侵入して、ムチャクチャをしたとき、当時の東京に住んでいた人々は、山の中かどこかに逃げていったのではないかと思います。やがて、戦火が収まって、もと住んでいた東京に帰って来ると、古墳の裾に寄り添うように住みついて、しだいに東京の町に人の営みが再開されて、町としての復興が図られていきました。

李朝（朝鮮）時代になると、李王朝は東京の地を慶州府とし、都市的な体制を整えて、町全体を城郭で囲みます。第40図の「新羅王京三十五坊想定復元図」の北東のところに、慶州邑城と書かれているのがそれに当たります。慶州だけではなくて、都の漢城や他の地方都市もそうですが、何度も外圧に遭った経験を踏まえて、城壁によって囲まれた邑城すなわち城郭都市になったのです。

この時代の遺跡としては、鉄道の慶州駅のすぐ西側の辺りに、李朝時代の邑城の城壁が一部に残っています。北の方に行くと、城壁の周りに濠があったようで、その跡が非常に良く残っています。また、一九七四、五年に、現在の立派な博物館ができる以前は、慶州の町の中に博物館がありましたが、こ

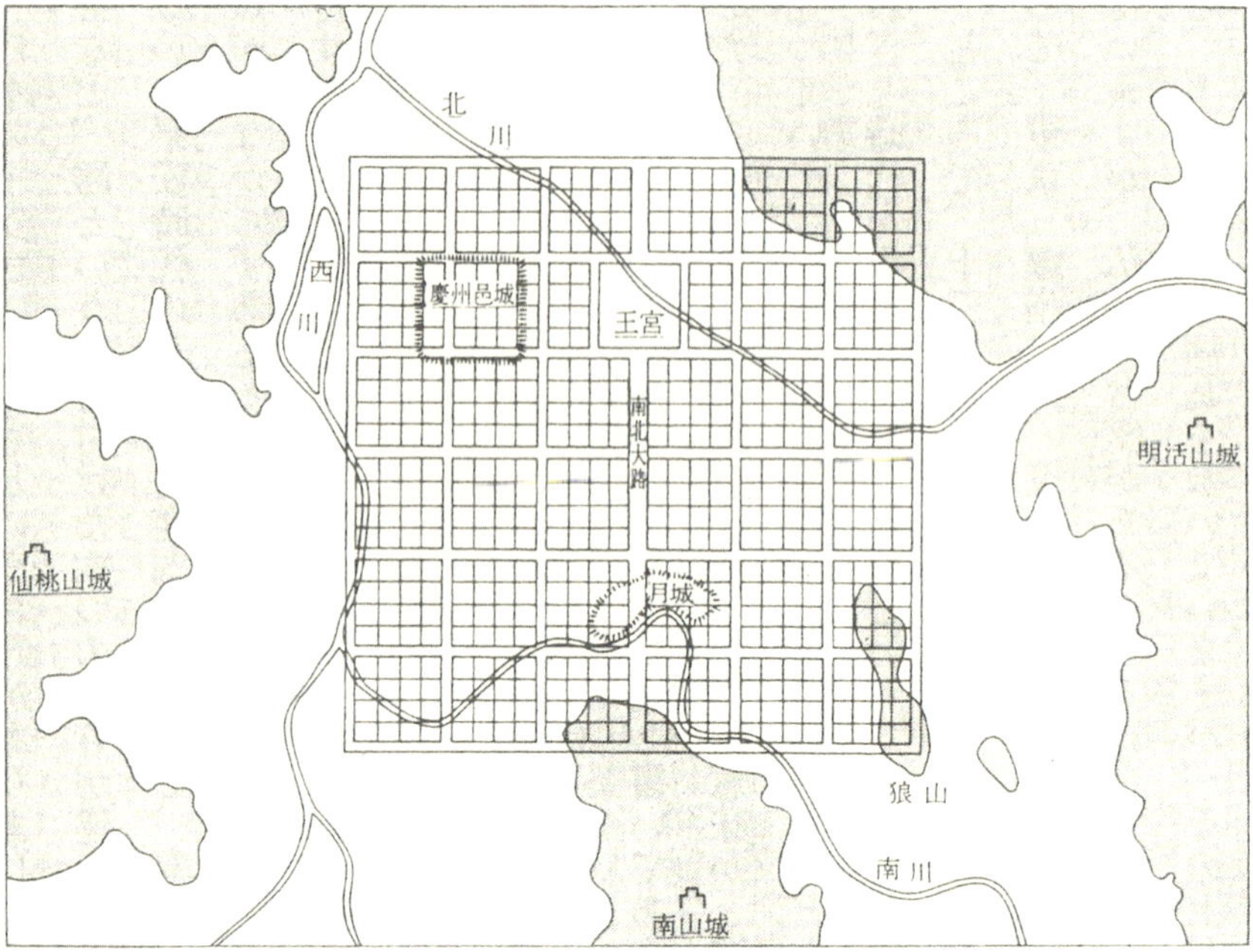

第40図　新羅王京三十五坊想定復元図（尹武炳氏原図、1986『斗渓李丙燾博士九旬記念韓国史学論叢』より）

れは李朝時代の郡役所があったところです。それから、月城に行くと、石氷庫という石組みの冷凍庫のような施設が残っています。

このように、慶州には、統一新羅時代以後の高麗、李朝の遺跡も残っていますので、そういう遺跡群も見落とさないようにしたいと思います。こうして、町全体が城壁で囲まれた慶州邑城というかたちで、地方都市の発展がまた蘇っていきますが、だんだん人口が増えてくると、城壁の内部だけでは住めなくなって、人々は城壁から外へ出て、南へ、南へと町が広がっていきました。

近代になって、不幸な日本の植民地時代に入りますと、ドッと日本人が渡って、慶州の町もしだいに大きくなって、慶州邑城からさらに南へ、南へと発展していきました。そうしますと、そこには新羅の古墳群がたくさんありました。慶州邑城の南にあるので、邑南古墳群と呼んでいましたが、現在では皇南洞古墳群と呼ばれています（第41図）。ともあれ町が発展していくと、古墳群とぶつかりまして古墳の発掘が行われるようになるのが、一九三〇年代前後に行われた慶州の大規模な発掘調査です。

第41図　皇南洞古墳群

慶州はしだいに地方都市として発展を遂げていきますが、なんといってもここは新羅の都があったところですから、新羅、あるいは、その前後の遺跡や遺物がたくさん知られます。そこで、慶州の生きる道は観光だということになりました。また、韓国では慶州の文化遺産を大事にして、韓国国民の歴史教育の生きた素材にしています。外国の人々にも韓国のすばらしい文化に触れていただくと、世界に新羅文化の精髄を知らせることができるし、しかもお金も少し落ちるということで、慶州はそれ以後、国際観光都市としての発展を遂げていくわけです。

こんにち、世界中の人々が新羅文化に触れるために、はるかヨーロッパ、アメリカからも来ています。もちろん、日本からも毎年何万人と訪れています。そういうことで、慶州は大きな発展を遂げています。それでも一九八〇年の統計では、人口は一二万余りといわれていますが、新羅の全盛期の人口は一七万といいますから、今の慶州のにぎわいよりも、新羅の都があった時代は、もっとにぎやかであったということを類推していただけるのではないかと思います。

慶州の遺跡

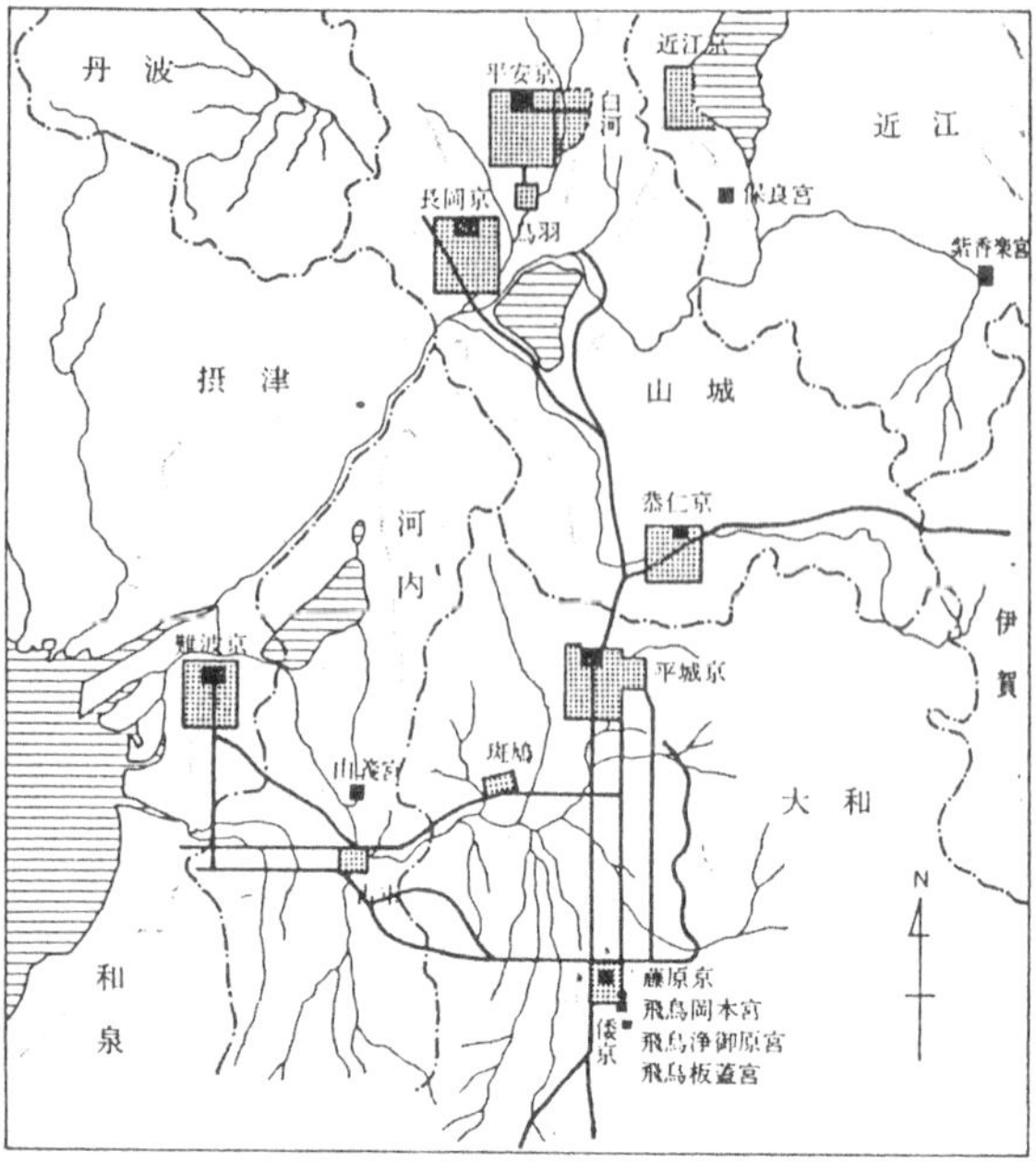

第42図　日本古代の都城とその位置（1988、国際シンポジウム『大宰府と新羅・百済の文化』学生社より）

前置きがずい分と長くなりましたが、これから本論に入ります。慶州は新羅千年の都と良くいわれますが、実質上、新羅が古代国家の体制を整えるのは六世紀の初めだとしても、六百数十年間にわたって、都があったことに間違いありません。

第42図の地図をご覧いただきますと、「日本古代の都城とその位置」というキャプションで、日本古代の都のあったところを図示しています。それからもお分かりのように、ヤマト王権が形成過程にあった四～六世紀の頃は、大和盆地の東南部、現在の奈良県桜井市の辺りで天皇が代わるご

とに都を移していました。その後も、藤原京、平城京という格好で、都は何百年の間にずい分移っています。あるいは、高句麗が二度、同じく百済が二度、それぞれ都を移しているのに対して、新羅の都は六百数十年間、一貫してここ慶州に置かれました。

したがって、慶州の盆地は六百数十年間にわたって、あらゆるものが集積された、文字通り文化財の宝庫です。それらの文化財を順次追っていきますと、まず取り上げなければならないのは、王様がおられて、日常的な政治、あるいはプライベートな生活をされる王宮の問題です。そして、その周囲に役所があって、さらにその周辺に一般住民の生活空間があったわけです。

第43図　月城の内部　1981年11月8日撮影

新羅の王宮は、『三国史記』新羅本紀によると、最初はどうも金城といっていたようです。その後、金城の東南方に月城を造るという記録がありますので、金城の位置は月城の西北方に当たることになります。さらに、『三国史記』地理志に、新月城の北に満月城ありという記録が見えます。ですから、新羅の都があった六百数十年間に、金城と月城と満月城という三つの王宮が次々と造られていったということになろうかと思います。

第43図は国立慶州博物館のすぐ横にある月城の内部で、自然の丘陵を利用して北側の周囲に城壁をめぐらせた、立派な王宮跡です。伝承や実際の遺構から考えて、そこが月城であることは間違

いないと思います。かつて、ある雑誌で、月城から北西方の李朝時代の慶州邑城の地下に金城があるのではないかという説が出ていましたが、月城の北西方にあると伝えられている金城についてはよく分かっていません。

第40図の地図にある月城の北方に、北川が真ん中を貫通しているような格好で王宮と書いてあるところがありますが、その付近で遺構が見つかっています。つまり、城東洞（当時の城東里）で、斎藤忠先生が一九三七年（昭和一二）に発掘されたところ、礎石建物の遺構が見つかりましたが、どう見ても一般の住居ではなくて、公的な建物と考えられます。したがって、城東洞にある建物群こそ、月城の北にあったといわれる満月城ではないかと考えられます。金城は新羅の建国期のことですから、果してどの程度の遺構が残っているかは、むずかしい問題ですが、月城と満月城は比較的信憑性が高いのではないでしょうか。

三国時代の新羅の頃すでに、慶州（鶏林）には、都市計画に基づいて市街化された古代都市が成立していたようです。『三国史記』には、五世紀の前半の慈悲王の時代に、方格地割りの市街化された都市がすでに出来ていて、慈悲王の一二年に、慶州の市街地に名前をつけたという記録が出て来ます。こういう街路を日本では条坊制というところですが、韓国では坊里制と呼んでいます。古代都市慶州には、すでに三国時代に、新羅の国都にふさわしい計画都市なり、王宮が造られていたようです。

一九八七年頃に、月城の周辺部が文化財管理局の慶州文化財研究所によって発掘された結果、月城北側の外周りに一・二キロにわたって立派な濠がめぐっていることが分かりました。月城の南側を流れる川は南川といいますが、自然の川を利用して、要害としています。あとの三方については、濠をめぐらせて、王宮の防御施設としていたことが分かっていますが、濠の外側すぐ脇から非常に長大な建物跡が発掘されました。それ以外にも、古代都市としての景観をうかがわせるような遺構群が次々と発掘されています。

三国時代の新羅では、高句麗や百済、あるいは加耶など周辺諸国との係わりで、王都の防衛が非常に大事になって来ます。そこで、慶州の周りに山城が配置されるということが、大きな特色です。第40図の地図の東の方に明活山城が位置しますが、すでに五世紀頃には存在していたと思われます（第44図）。

第44図　明活山城　2012年11月27日撮影

そして、この中に、倭人なり倭賊が侵入したという記録が、五世紀代には頻繁に出て来ます。

また、五九一年に、南の方に南山城という山城を築きましたが、その際、新羅の領域の各地から作業員を動員して、村ごとに分担させて、石積みの城壁を築いたということが、六世紀の終わり頃に造られた石文によって分かります。さらに、同じ頃に、西の方に仙桃山城（西兄山城）を築くといったようにして、王都の周辺部を山城によって固めています。

統一新羅時代に入った七世紀の後半になると、ずっと西の大邱に向かう方に、富山城という山城を築造しています。北の方に行くと浦項に出ますが、そこには北兄山城を築いています。

さらに慶州から東南方向にずっと行くと、蔚山に出ますが、慶州から二〇キロほど離れた、ちょうど慶尚北道と慶尚南道の道境に当たるところに、八世紀の頃、関門城という城壁を東西一〇数キロにわたって築いています。これは現在、一部が復元されているようですが、そういうかたちで、王都の直接、あるいは、間接の守りを固めていたわけです。

慶州の遺跡で、実は第一に問題にしなければならないのは、住居とか集落です。ところが、あれだけの古墳文化を残した新羅人が、どんな住居に住み、どういう集落を形成していたのでしょうか。あるいは、古墳からいろいろな文物が発見されますが、そういう当時の文物をどこで、どういうふうにして作っていたかという生産関係の遺跡は、まだよく分かっていないというのが実情です。新羅の土器の中に家の形をした土器がありますので、どういう家であったかということは想像がつきますが、地下から、ここにこういう規模のこういう住居があったという遺構はほとんど見つかっていませんし、もちろん集落の遺跡もほとんど調査されていません。生産関係の遺跡でいいますと、新羅ではたくさんの焼き物が出ますが、慶州盆地の周辺には、古墳とか、宮殿に供給した新羅土器の窯跡がたくさん知られます。その一部は調査されていますが、まだまだ今後の課題です。西北の方に行きますと、東国大学校の慶州分校の近くの多慶というところで瓦を焼いた窯跡が見つかりましたが、出土した瓦の比較研究によりますと、そこで焼いた瓦を雁鴨池や四天王寺などに供給していたということが指摘されています。ですから、実際にどこで焼かれて、どこの寺や宮殿に供給されたかという、その当時の生産と流通の問題を考えるような調査も、少しずつ行われるようになりました。また、慶州盆地の北寄りのところ隍城洞《こうじょうどう》では、鉄・鉄器生産関係の調査が行われました。

慶州の文化遺産の中では何といっても非常に特色のあるものは、古墳文化です。日本でも、森浩一先

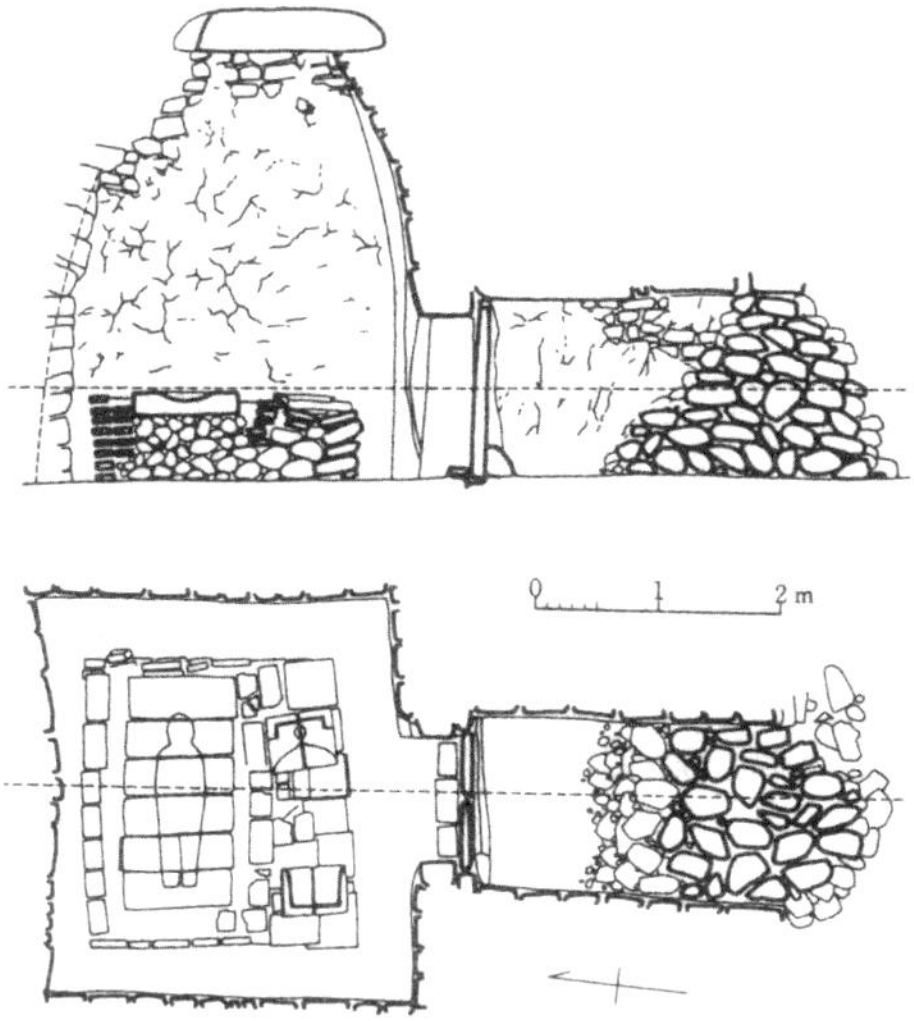

第46図　双床塚横穴式石室

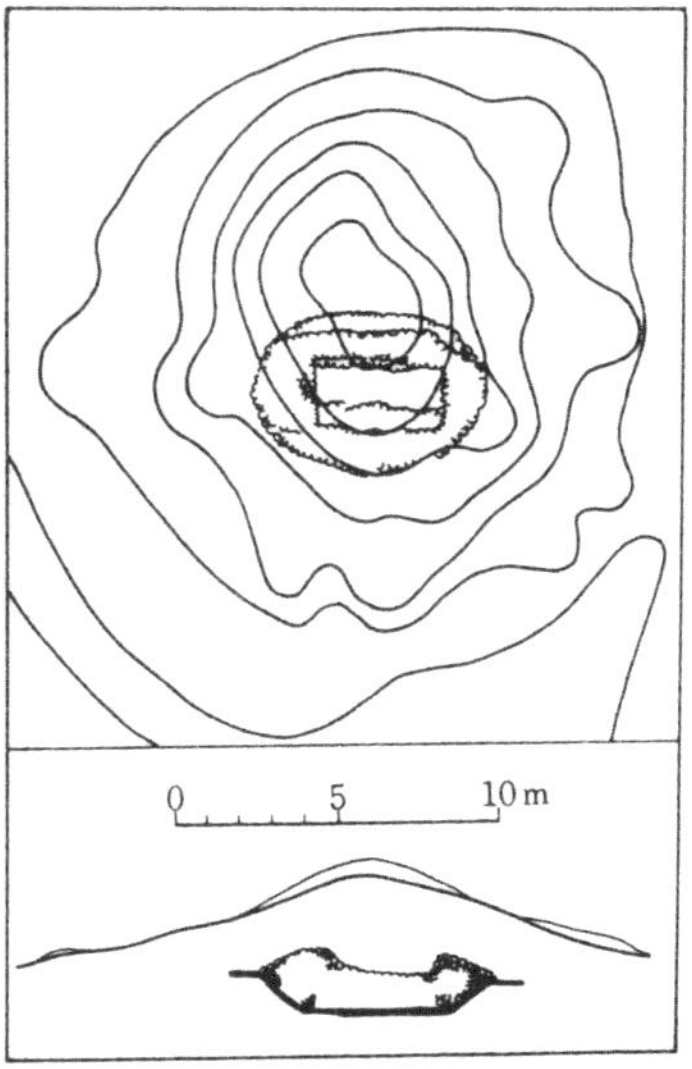

第45図　皇南洞83号積石木槨墳

生が、五世紀は巨大古墳の世紀だといわれていますように、五世紀には近畿地方をはじめとして、列島各地で立派な前方後円墳などが築造されました。その時代に、お隣りの韓国、とくに慶州においても、新羅国家の成立・発展の過程で、当時の王様や貴族は立派な古墳を築きました。それが現在、慶州盆地に数多く残っている新羅の古墳です。

しかし、先ほどから述べて来ました通り、慶州には六百数十年間、新羅の都がありましたので、その間に古墳も、ずい分と変遷しています。三国時代の新羅の古墳には、木棺を納める木槨があって、その周りを石で積むということから、とくに積石木槨墳《つみいしもっかくふん》（第45図）と呼ばれていますが、この埋葬構造は百済や高句麗にはほとんど見られません。新羅では、積石木槨墳が五世紀を中心に、六世紀にかけて、盛んに造られて、こんにち見るような土饅頭形の古墳が慶州盆地のあちこちで見られます（第41図、151頁）。

ところが、その後、そういう積石木槨墳がどうい

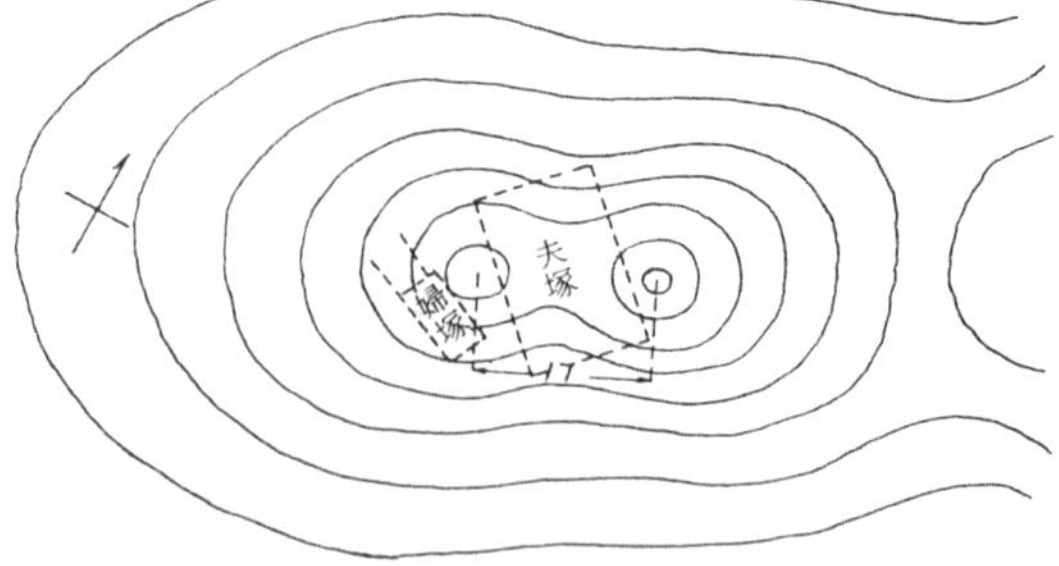

第47図　普門洞夫婦塚（合葬墳）

うわけか造られなくなって、横穴式石室墳へと変わっていきます（第46図）。六世紀の前半ぐらいを境にして、古墳が小さくなりますが、その内部を見ると、石を組み上げた横穴式の石室が入っています。こういう変化が六世紀の前半に起こったのです。

第36図（137頁）の地図でいいますと、明活山城の南の方に、普門洞廃寺跡と書いてありますが、そのすぐ東側背後の山に古墳がたくさん分布していて、普門洞古墳群と呼ばれています。そこに円墳が瓢箪形《ひょうたんがた》に二基つながった夫婦塚という古墳があります（第47図）。ここで非常におもしろいことに、その東側の一基には、積石木槨墳が入り、西側のもう一基には、横穴式石室が入っています。ですから、最初はおそらくこの土地の貴族の男性が円墳を造って積石木槨墳に葬られ、しばらくたって、たぶん奥さんが亡くなられて、円墳を築いたときは、横穴式石室を造ったということになります。ただ、最近の研究では、夫婦でなく近親者の合葬であると主張[7]されています。それはともかくとしても、このように、ちょうど墓制の変化する時期の古墳が普門洞で知られます。

その時期は、出土する新羅土器に照らしますと、六世紀の前半の法興王の時代に相当する時期ではないかと思います。この場合、なぜ突然、横穴式石室が出現するのかということが、非常に大きな問題です。必ずしも明快な答えは出せませんが、その背景には仏教が関係していると考えます。

新羅で仏教は、六世紀前半に公認されました。仏教では、火葬に付した後、お骨を拾い上げて、骨壺に収めますので、仏教が始まると、墓制まで変わります。もちろん、仏教が公認されたからといって、すべてそうなるわけではありません。それまでは古墳を造るために莫大な労力を使っていました。ところが、六世紀前半になって、仏教が信仰されて、国王自ら法興王と名乗り、国教として、仏教が大いに繁栄するようになりますと、お寺がどんどん建っていきます。そうなると、とても古墳ばかりに労力を割くことが出来なくなって、しだいに古墳造りのエネルギーを寺院造営に転換していったのではないでしょうか。

第48図　武烈王陵　2015年3月19日撮影

また、仏法にのっとった埋葬法は、従来の積石木槨墳のようなものではなくて、火葬ですから、墳墓が非常に簡略化されていくのです。そういうことで、六世紀に入ると、だんだんと小規模な横穴式石室墳が築かれるようになりました。

慶州の古墳も、それまでは慶州盆地の平地部に造られていました。その一部は今、古墳公園として立派に整備されていますが、横穴式石室墳になる頃から、しだいに周囲の丘陵地の方に造られるようになりました。先ほどの普門洞夫婦塚（合葬墳）も、明活山城のすぐ南の丘陵地に立地しますが、この時代の代表的なものは、西側の仙桃山の東南麓にある西岳洞古墳群です。この古墳群を構成する一基に武烈王陵（第48図）がありますが、そのように慶州盆地の周辺の丘の方に、古墳の立地が移っていきました。

新羅の古墳としては、慶州盆地の南寄りの方に、新羅のいちばん最初の王様の赫居世《かっきょせい》から、婆娑《ばさ》王までの五人の王様の陵墓だといわれる五陵があります。さらに、味鄒《みす》王陵だといわれているものなど、いろいろありますが、実はあまり当てになりません。新羅の王様は、全部で五六人おられますが、三国時代が二九人と、統一新羅時代が二七人です。ところが、三国時代の二九人のうちで、まちがいなく何々王の陵墓だと分かるのは、武烈王陵しかありません。

第49図　武烈王陵碑　1978年9月10日撮影

かつて、武烈王陵の少し前方に、陵碑が立っていました。石碑の本体は失くなっていますが、現在、石碑の頭部と台座にそれぞれ当たる螭首《ちしゅ》と亀趺《きふ》が残っています（第49図）。その螭首には「太宗武烈大王之碑」と刻まれていますので、太宗武烈王の陵墓であることは間違いありません。ですから、三国時代の新羅の王様の二九人のうちで、たった一人、最後の武烈王の陵墓だけは分かっていますが、他はほとんど当てになりません。
統一新羅時代についても、二七人の王様がおられますが、いろいろ調べますと、元聖王の陵墓だといわれる掛陵は、ほぼ間違いないかもしれません。それも含めて、二七人のうちで、はっきり統一新羅時代の王様の陵墓だといえるのは、四人ぐらいではないかと思います。それではいつ頃から、これを味鄒王の陵墓だとか、景徳王の陵墓だというようになったかといいますと、近世に入った一六、七世紀のことなのです。

日本でも、江戸時代に蒲生君平らが、あちこちの古墳を調べて、これが仁徳天皇陵、これが応神天皇陵だと決めていきました。しかし、今ではだれもそれを信じておりません。それらは近世になって比定されたもので、真の仁徳天皇陵だとは思っていませんが、仁徳天皇陵古墳というように、古墳の名前としては使われています。

韓国でも、同じように一六、七世紀に陵墓を調べた学者がいて、それぞれ比定していったわけです。記録映画で、金庾信《きんゆしん》墓の墓前で子孫の人々が祭祀を行っている場面を見たことがありますが、一六、七世紀に、これがだれの陵だ、これは金庾信の墓だと決めたのは、金氏です。新羅には、朴・昔・金という三つの王統がありますが、金氏は自分の祖先の陵墓を出来るだけ立派なものに決めましたので、金氏系統の陵墓を見ますと、立派な古墳が多いのです。そういうわけで、いちおう、それぞれ王陵の比定はなされていますが、日本もそうであったように、陵墓の比定は近世のことであって、科学的に証明されるのは、一割程度です。

第50図の地図をご覧いただきますと、慶州盆地における古墳の分布状況がお分かりいただけるでしょう。このように慶州盆地の真ん中に、五世紀から六世紀にかけての積石木槨墳が数多く築かれました。そのうち、丸印に黒く塗ってあるのは、新しく始まる横穴式石室墳ですが、やがて、周辺の丘陵地へと移っていきます。

先ほど、横穴式石室墳の導入は新羅における仏教の隆盛と関係があるのではないかといいましたが、

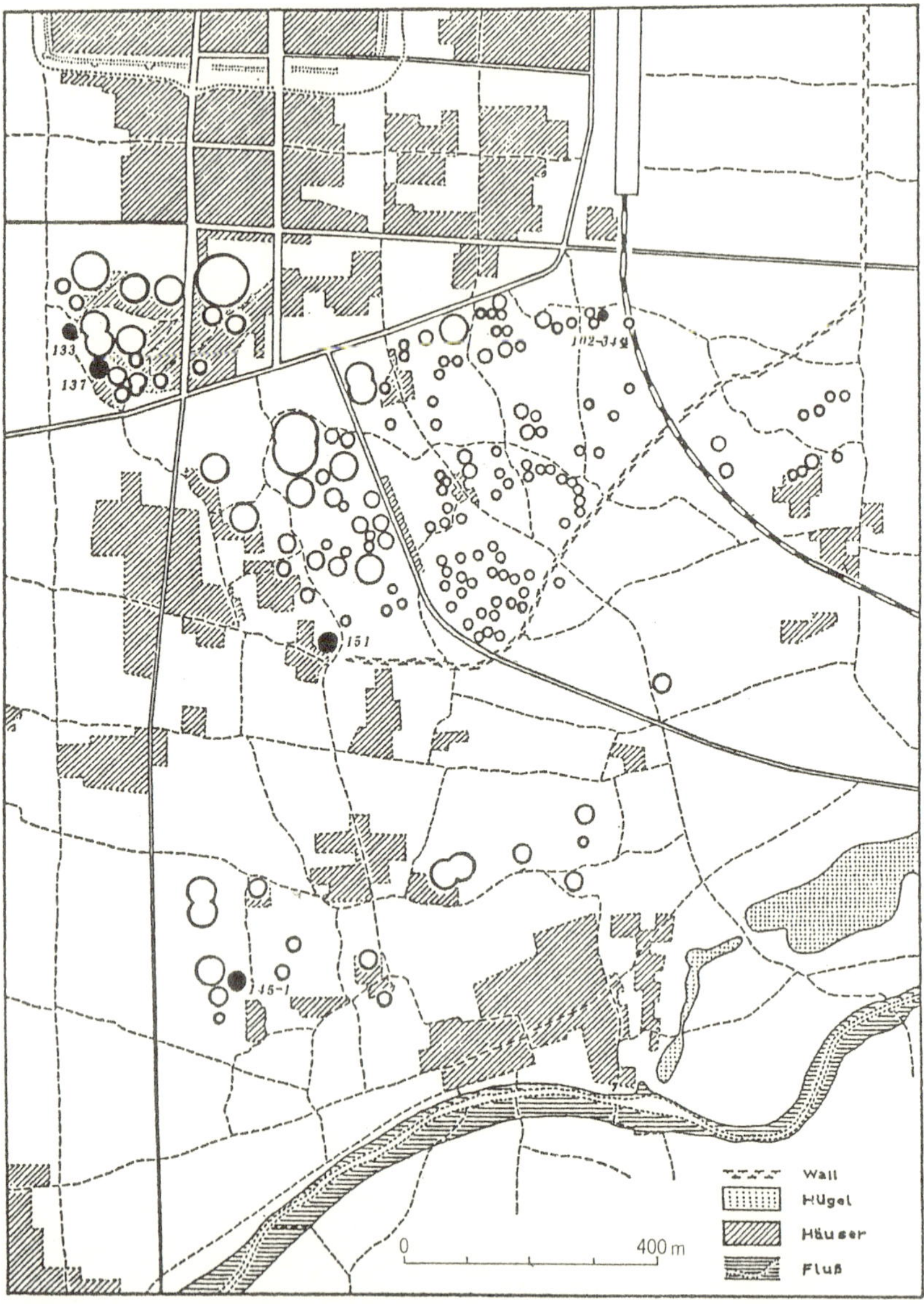

第 50 図　慶州古墳群における石室墳（伊藤秋男、1973「韓国慶州古墳群における石室墳の編年について」『古代文化』第25 巻第11 号より）

六世紀に入って、法興王によって仏教が公認されると、仏教寺院の造立が相つぎます。まず、王自らが新羅国家官立の寺院として建てたのが皇龍寺ですが、皇龍寺は特別に立派で、日本の東大寺クラスの規模です。そして、王は皇龍寺にたびたび参拝して、仏教法会を行ったりしています。六世紀の中ごろ以後、お寺がどんどん建てられますので、慶州盆地の内外には、三国時代の新羅から、統一新羅時代にかけての寺院跡がたくさん残っています。

ここで、尼寺など女性と係わる寺院について少し触れておきましょう。ご承知のように、朝鮮半島に仏教が伝来しますのは、まず高句麗で四世紀の後半のことですが、新羅だけはそれより一四〇～一五〇年遅れて仏教を公認します。公認されるとただちにお寺が建ち始めたことは、すでに述べたところです。そのときに王妃がお寺を建てているという記録が、『三国遺事《さんごくいじ》』に出て来ます。新羅に仏教が公伝されたのは西暦五二八年といわれています。日本では仏教が伝わった時にそれを崇仏する派と、廃仏する派という二派に分かれて論争が起こりました。同じことが新羅にもあって、仏教を受け入れようとするけれども貴族の猛反対に合うのです。しかし、貴族の一人は身を投げうって仏教の導入を訴えるわけです。法興王《ほうこう》（原宗《げんそう》、在位　五一四～五四〇）の時代です。その年が五二八年で、新羅国の仏教の公伝と見ているわけです。実はその前年の五二七年に興輪寺《こうりんじ》というお寺が建ち始めます。興輪寺が建つのとほぼ同じ頃に永興寺《えいこうじ》という寺が建ちますが、法興王の王妃が出家してその永興寺に入ります。

その次の真興王《しんこう》（彡麦宗《せんばくそう》、在位　五四〇～五七六）もやはり王妃が永興寺で仏教を修めるという記録が見えますので、仏教の公伝と同時に国家的な興輪寺が建ち、ほぼ同時的に永興寺が建って、そこに王妃が相次いで出家して仏教を修めるということがあるのです。ただ、新羅における尼寺関連についてはそれだけなのです。日本と同じように、新羅の場合も中国から律令制度を受容しますけれども、日本のように僧尼令を作ってまで国分僧寺のほかに、国分尼寺を制度化していくことは新羅には見られません。ですから、朝鮮半島で尼寺関連は新羅だけで、それも仏教公伝の当初にあっただけということになりましょう。

ただ、それらの寺院の遺跡は残念ながら見つかっていません。もちろん伝承地はありまして、慶州に韓国の国鉄の慶州駅がありますが、その辺りが永興寺の跡ではないかといわれます。駅前の広場に三重の石塔が建っていますが、これは時代の新しい統一新羅のもので、その近くから移築したものです。あの辺りが永興寺跡ではないかということです。興輪寺についてはもう少し西方で、現在の慶州工業高等学校の敷地の中に興輪寺跡ではないかといわれるところがあります。

第51図の慶州南山の仏跡分布図が示しますように、とくに南山は仏教信仰の霊場として、王様をはじめ、貴族や豪族などが、盛んにお寺を建てたり、仏像を花崗岩の岩壁に刻んだりして、仏教に帰依したところです。そういうわけで、古代の慶州を考える場合は、古墳文化と並んで仏教文化、具体的には寺院跡や石塔・石仏などを見落としてはなりません。

以上、ごく大ざっぱに、慶州の遺跡群を見て来ましたが、最後に三国時代の古墳文化と統一新羅時代の古代都市について、若干、触れておきたい問題があります。もう一度、第36図（137頁）をご覧いただきますと、東南隅のところに聖徳王陵とありますが、その脇から朝陽洞という墳墓群が発見されました。これは、ちょうど三国時代新羅の積石木槨墳がどのようにして出来上がっていくかという問題を考える上で非常に重要な資料です。この場合は、残念ながら積石は行われていませんが、しっかりとした木槨

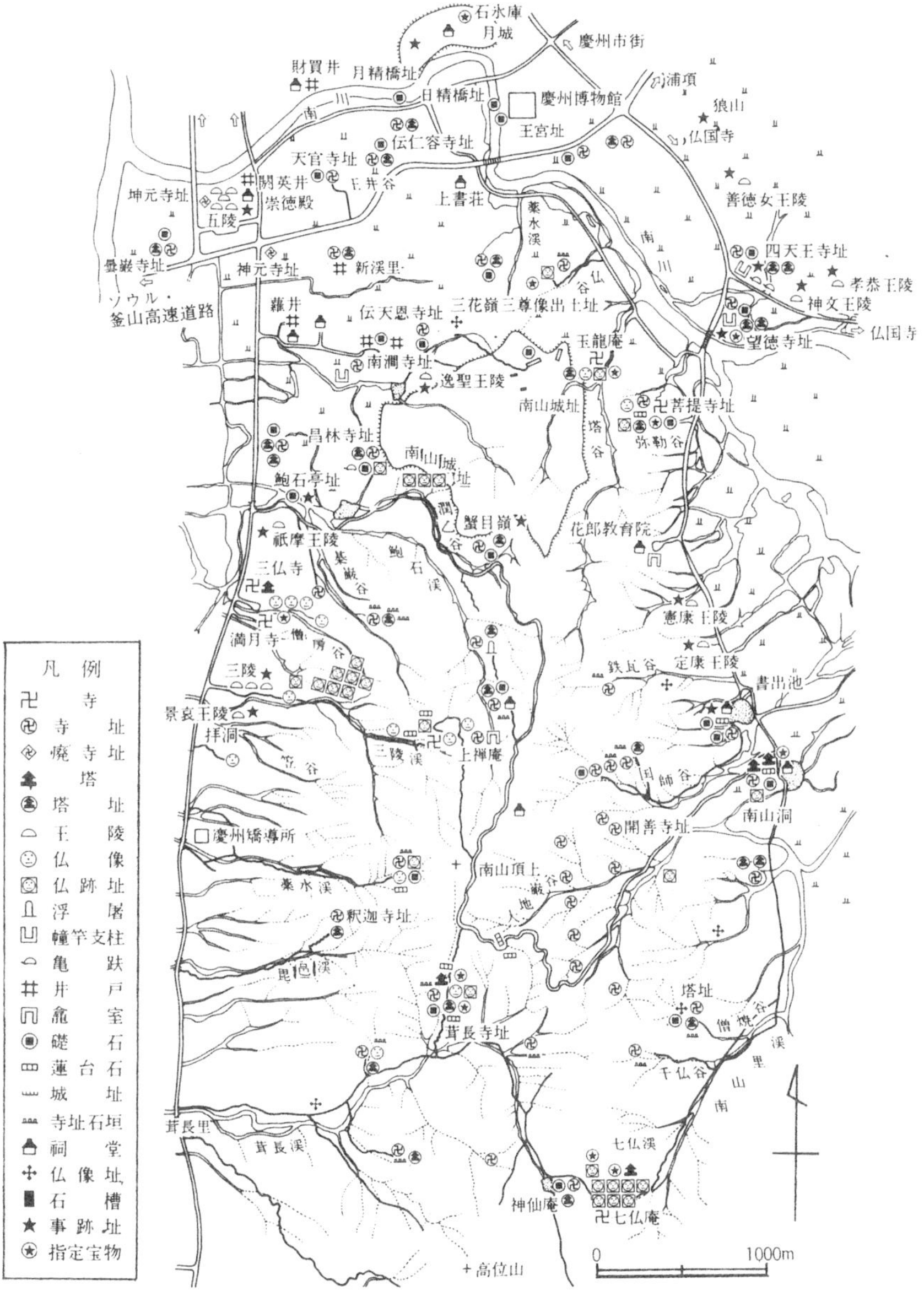

第51図　慶州南山仏跡地図（1977『新羅の廃寺』Ⅱより）

構造を備えています。また、この墳墓は、先ほど少し触れましたように、日本の前方後円墳成立前夜の弥生時代の墳丘墓、具体的には岡山県の楯築遺跡などを考える場合の絶好の比較材料だということだけは、一言、指摘しておきたいと思います。

三世紀の後半か、遅くとも四世紀の初めに新羅が出来上がると、王は古墳を造るようになりますが、新羅でいちばん古い古墳ではないかと思われるのは、聖徳王陵からちょっと東南に下がって、仏国寺に行く道を曲がるところの裏山にある古墳です。もとは九政洞といっていましたが、現在は地名が変わって政来洞と呼んでいます。標高が三〇メートルぐらいの丘の上にある大変に珍しい古墳です。非常に長大な木槨施設があって、その横に副葬品だけを納めた副槨が付属しています。そして、その中から、鉄の矛や非常に古いタイプの甲が見つかっています。

この古墳は、現在、上部が削り取られて、普通の丘陵の斜面となっていますが、もとは立派な塚つまり墳丘があったことでしょう。これこそまさに前述の朝陽洞の墳丘墓につぐもので、三世紀の後半ごろに、新羅国家が成立したときの、国王クラスの人物の墳墓ではないかと思われます。あの辺りに行かれたら、ちょっと車を止めて、山に登って見ていただくと、もっと実感をお持ちになれるのではないでしょうか。このように、三国時代の古墳文化の中でも新羅古墳、あるいは、日本の前方後円墳の成立過程を考える場合の比較材料が、韓国の専門家によって調査成果が蓄積されていっているのです。

つぎに、積石木槨墳から検出される出土品の特徴を三つだけ取り上げてお話いたしますと、まず一つは、非常にすばらしい黄金製品が含まれているということです。頭には冠、耳には耳飾、腰には腰飾、そして、足には履といったかたちで、身体を黄金で着飾って埋葬されています。このことは、新羅では金が非常に豊かであったことを物語っています。私は、新羅があれだけ強大になった理由の一つとして、金の資源がとても多かったのではないかと見ています。

しかも、その技術たるや、一つは、象嵌、要するに、玉をはめこむ非常に高度な技術です。もう一つは、細かい金の粒のようなものを貼りつけていく技術ですが、これを鏤金《るきん》細工（フリィグリー）といいます。そのような象嵌とか、鏤金という非常に細かい技術を駆使して、しかもふんだんに金を使った黄金製品を、時の王者は自由に使っていたわけです。

ところで、『日本書紀』を見ますと、これは有名なくだりですから、皆さんもご承知だと思いますが、仲哀天皇は、その八年正月二一日、儺《な》の県《あがた》に到〔着〕し、よって橿日の宮に居た。秋九月五日、群臣に詔して熊襲《くまそ》を討って、九州南部を支配しようと自分たちの部下にいわれました。そうすると、神功皇后は神意として、あんなところは、「膂宍《そしし》の空国《むなしくに》ぞ」といったと書かれています。つまり、背中の骨のまわりの肉もないような非常に荒れ果てた不毛の地だ、あんなところを攻めてもしょうがないと反対します。『日本書紀』には続けて、「処女《をとめ》の睩《まよびき》の如くにして、（中略）眼炎《まかかや》く金《こがね》・銀《しろかね》・彩色《うるはしきいろ》、多《さは》に其《そ》の国に在《あ》り。是を栲衾新羅国《たくぶすましらきのくに》と謂《い》ふ」とありますが、南九州の熊襲などはやめておいて、海の向こうに金銀がいっぱいあるすばらしい国があるから、そっちの方がいいじゃないか、といっているわけです。

『日本書紀』は八世紀初に編纂されたものですが、もとになった記録は六世紀ごろに出来上がっていますので、少なくとも、慶州でさきほど述べました積石木槨墳が盛んに造られ、中に立派な黄金製品が埋められていた時代の日本人には、新羅が黄金の国だと映ったのだと思います。そうなりますと、新羅は非常に魅力のある国になって、いろいろな問題が起こりました。その時期に、どうして入って来たのか、事情はよく分かりませんが、金製の立派な耳飾が、筑紫君磐井の墳墓のある福岡県八女市の古墳から出土しています。

その時代の北東アジアの状況を見ますと、朝鮮半島には東南部に新羅がありました。日本列島では近畿地方にあったヤマト王権がある程度、古代国家としての体制を整えていましたが、北部九州には、筑紫君磐井という大豪族がいて、ヤマト王権から新羅を攻めろといわれると、それを断って、むしろヤマト王権と戦っています。ヤマト王権にとっては、北部九州の大豪族の乱があると、新羅に行けないので、たいへんな問題です。そこで、力づくで押さえ込みました。その結果、日本では六世紀から古代国家の確立に向っていっきょに発展していきます。

北部九州はそれほど大事な土地ですが、『日本書紀』には、筑紫君磐井はヤマト王権には反抗したけれども、新羅とは内通していたと書かれています。これはよくいわれることですが、当時の外交には二面性があって、中央の統一国家間で、正式の外交を行ったり、あるいは緊張関係が生じたりしています。この当時でいいますと、中央のヤマト王権は新羅と非常に仲が悪くて、緊張状態が続いていますが、北部九州地方の豪族である筑紫君磐井は、ヤマト王権には反抗するけれども、新羅とは裏で仲良くしていたようです。したがって、正式の国家間外交と、ここでいう地方豪族、いいかえれば民間もしくは地域レベルでの交流という、両面があったのではないかという人がおられますが、私はまったく同感です。

黄金製品と並んで非常に重要な文物は、ガラスの器《うつわ》です。新羅古墳出土のガラス製容器は、統一新羅のものも含めて、これまでに二〇点ほど見つかっていますが、朝鮮半島全体で、今までに見つかっているガラス製容器は、それでほとんどすべてです。最近、慶州の月城付近や加耶の古墳でも出土していますので、出土例はもう少し増えましょうが、高句麗や百済がありながら、ガラス製容器はほとんどが新羅からの出土品です。

それでは、そういうものが、いったいどうして新羅に入ったのかということも非常に問題ですが、新羅の場合、金と交換したのではないかというのが私の考えです。ローマングラスが大多数を占めていますが、はるか西方世界のものを手に入れるためには、その見返りが必要です。それはおそらく金であって、金を持っているということが、ほかの国が手に入れられなかったものを手に入れた理由ではないかと思っています。

もう一つは、慶州盆地の真ん中から、当時の倭の製品（第52図）ではないかと思われる非常に珍しい遺物、たとえば石釧《いしくしろ》や土師器類似の土器などが出ている問題です。報告書などによりますと、韓国の学者も、そういっておられますから、倭もしくは倭系の製品であることは、間違いないと思います。韓国の新聞を見ますと、新羅の人が日本からお土産に持ち帰ったものだという報道がありました。それはどうか分かりませんが、出ていることは事実です。

第52図　慶州出土の倭製品（右下・石釧）
1991年4月12日撮影

その遺物の年代は五世紀ですが、四世紀の後半から五世紀という時代の新羅は、日本の倭とも非常に複雑な関係にあったようです。

『三国史記』によりますと、倭が新羅の都に盛んに攻め込んだという記録がありますし、広開土王陵碑には、高句麗は、五万の歩騎を送って、新羅を支援して、倭を追い払ったと刻まれています。そういうことを考えますと、どうも当時の倭は、加耶や百済を支援するために、新羅、あるいは新羅と同盟関係にあった高句麗と対抗関係にあったらしいと思われます。

それに加えて、六世紀に入ると、倭の地方豪族の中には、裏で内通している者がいるといったように、非常に複雑な外交関係があったようです。具体的にどういう過程で文物の移動があったかも分かりませんが、そういう平和的な状態、あるいは逆に緊張状態の中で、新羅の都があった現在の慶州から、倭の製品が出てくるというたいへん興味深い事実がありますので、今後これをどのように評価していくかということは、古代史学界の大きな課題ではないでしょうか。

最後に、古代都市の問題ですが、一つは、都城制の問題です。ここで、第40図（150頁）の「新羅王京三十五坊」の復元図を参考にしていただきましょう。一九八〇年代後半に、李丙燾《りへいとう》という古代史の大家が、九〇歳の誕生日を迎えられて、それを記念する立派な論文集が出来ました。この図は、その中の論文に出ている新羅京の復元図です。先ほど三国時代の新羅のときに、すでに都市計画があったといいましたが、八世紀になると、東西南北それぞれ四キロぐらいの範囲に、三六の方格地割りがあって、さらに、その中が一六に分かれた立派な都市計画があったということが推測されました。

第53図は、平城京の都市計画の様子を示したものです。平城京の場合、東の方に少し出っぱりはありますが、やはり整然とした方格地割りがあって、慶州の新羅京と共通点が多いと思います。つまり真ん中に朱雀大路が走っていて、左右をそれぞれ右京・左京に分けています。慶州でも右京という文字が

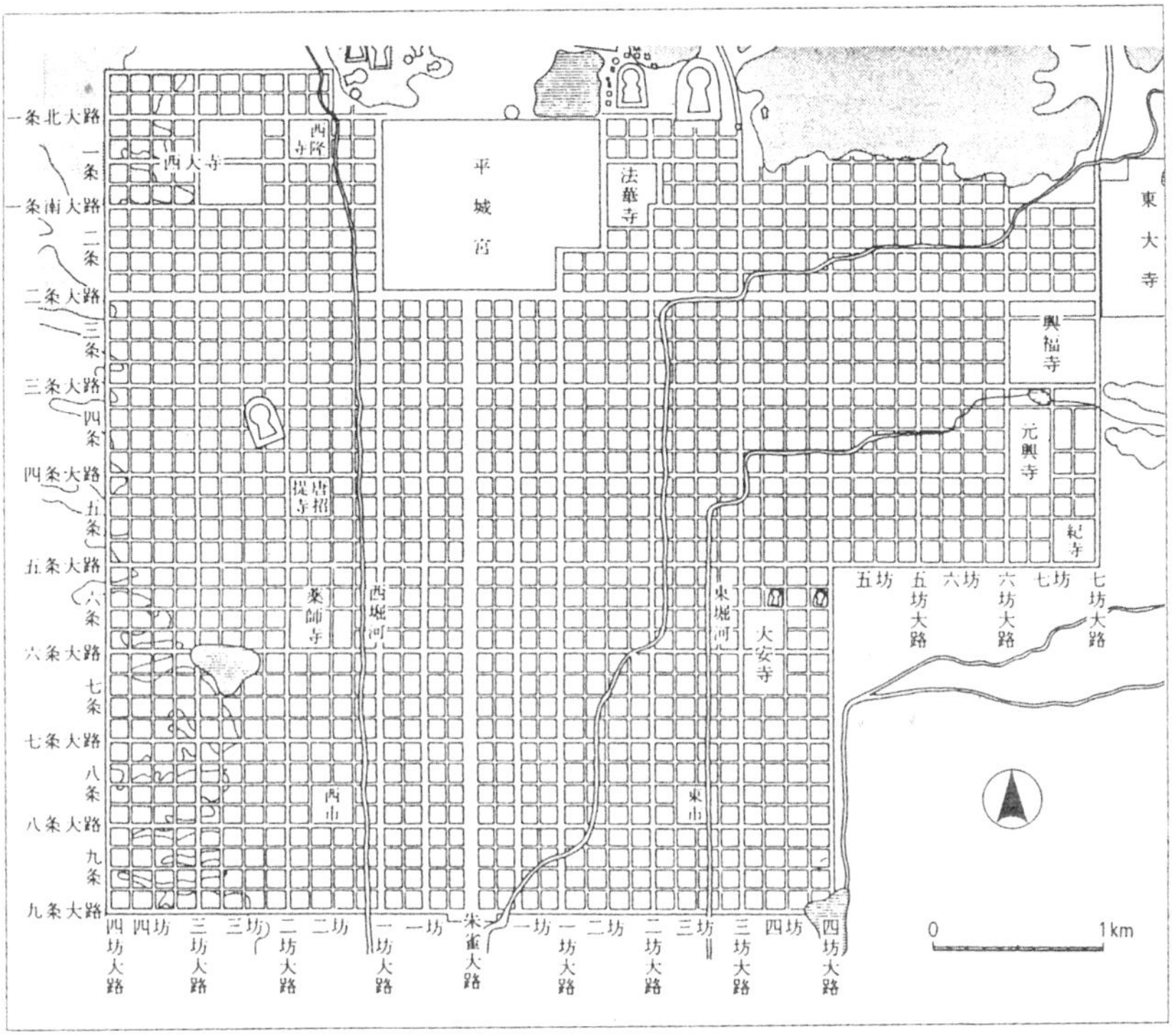

第53図　平城京の京域図（1988、国際シンポジウム『大宰府と新羅・百済の文化』学生社より）

刻まれた瓦が発見されていますので、おそらく真ん中の大きなメインストリートを挟んで、左・右の両方に分かれていたのではないかと思われます。

平城宮は京の北の方にありますが、新羅京でも、北の方に満月城と思われる王宮跡があります。また、新羅京の場合は三六坊のうち、王宮を外すと、三五坊になりますが、平城京は、全部で七二坊ありますので、ちょうど二倍の規模になるわけです。当時の平城京の人口は一五万ほどといわれていますが、平城京の半分の新羅京には一七万余りの人口と伝えますから、ずい分にぎやかであったことがうかがえます。

第54図　掛陵　1995年8月25日撮影

ここで、慶州にあった新羅京と平城京の都市計画の基本原理が非常に共通しているのは、いったいどういうことかという問題を考えてみましょう。当時、新羅も奈良も、唐の長安に頻繁に遣唐使を送って、唐の文物・制度を導入していましたので、長安の都の都城制が、一方は新羅京に、他方は平城京にそれぞれ受容されました。根源が一つですから、共通点が多いのは当然ですが、それぞれの歴史や伝統にのっとって、それぞれの地形、あるいはその他の諸条件にふさわしい、独自な王京が出来たということになろうかと思います。

もう一つ、取り上げておきたいと思いますのは、陵墓制の問題です。先ほども触れました通り、慶州の郊外にある掛陵（第54図）は元聖王の陵墓だといわれていますが、統一新羅時代にも引き続いて、ああいう立派な陵墓が築造されました。この陵墓の特色は、本体の塚の周りに、十二支の彫像をめぐらせ、さらに、前の方に、石で造った武人や文人の像を配して、陵墓を守っているということです。ここにおいて、王陵の陵園を定めて、奥の方に本体を造り、その周囲や前方に石人・石獣を配して守るという一つの制度が見られます。

長安にある唐の歴代の王陵にも、そういう制度が見られますから、新羅京の場合は、唐の陵墓制が非常にストレートに受容されているといえます。しかし、長安のものと比べますと、新羅の王陵はずい分

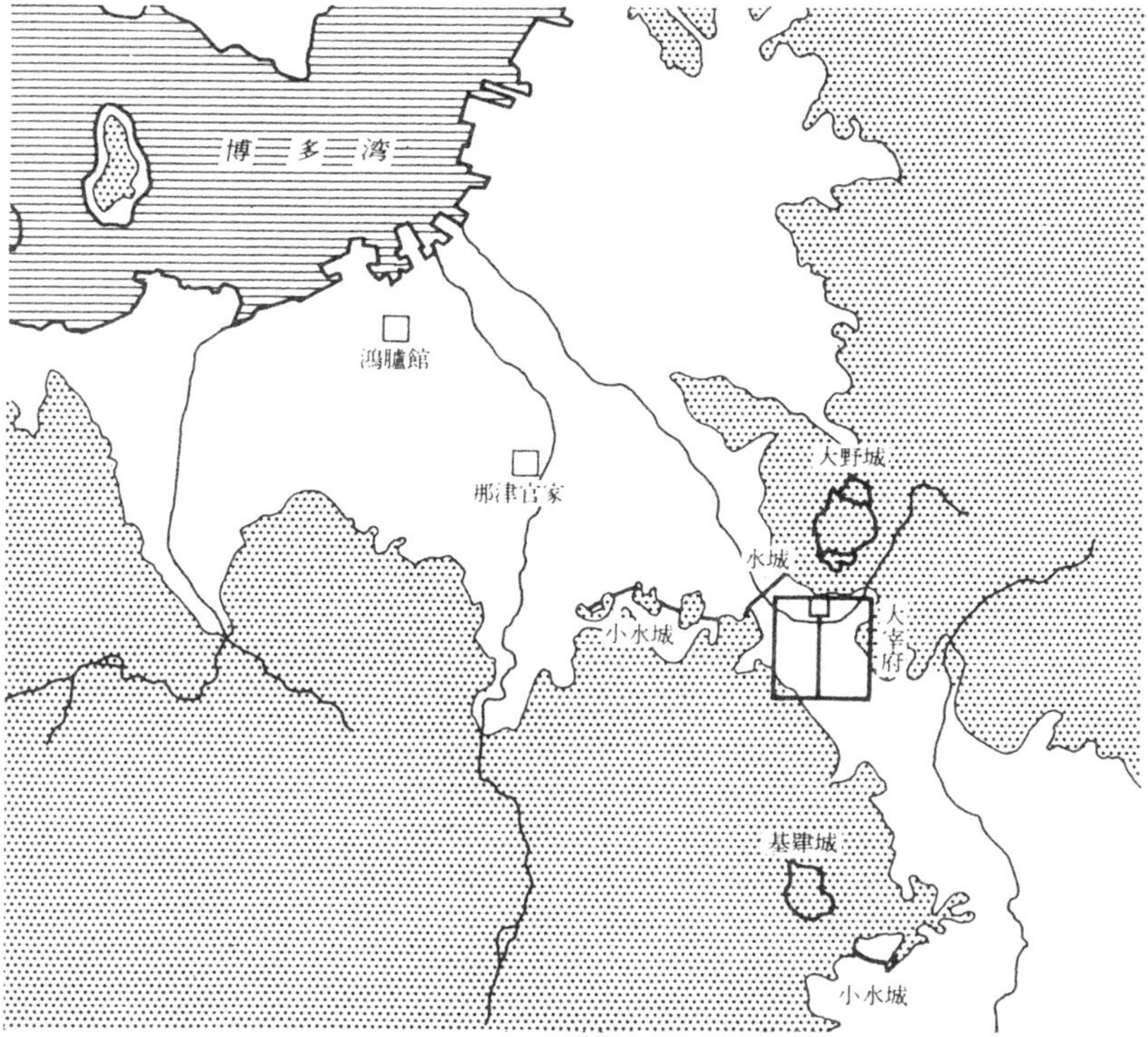

第55図　博多津鴻臚館の位置（1988、国際シンポジウム『大宰府と新羅・百済の文化』学生社より）

ちがいますので、唐の陵墓制がかなり消化されたかたちで導入されたというべきでしょう。ところが、日本の場合は、都市計画は慶州と同じように導入されていますが、平城京には、そういう陵墓制は、ほとんどは受け入れていません。

当時、中国大陸には長安を都とする非常に強大な唐帝国があったのに対して、朝鮮半島には、新羅があり、やがて北の方に渤海が建国されます。こういう状況の中で、唐の長安から、新羅京・渤海京や平城京にいろいろな文物・制度が受容されて、それぞれ独自の展開を見せるのです。

その当時、北部九州の地には、九州全体の統括と中央政権の外交・軍事などの一面を担っていた大宰府がありました。ところが、大宰府そのものは、海辺から南方へ二〇キロほど入ったところにありますので、外交関係の拠点としてはちょっと不便です。そこで、博多湾の海辺に筑紫館、のちの博多津鴻臚《こうろ》館《かん》が造られました（第55図）。ここを通じて、奈良時代から平安時代にかけて、新羅やのちには高麗、そして、中国の唐や五代、宋といった国々と頻繁な外交と貿易の関係を展開しました。

奈良時代、あるいは八世紀の時代に、新羅の都、現在の慶州には立派な大都市があり、そして、日本でも平城京という立派な大都会がありました。そして、頻繁に外交が行われました。ところで、遣唐使とか、日本と中国との関係はだれでもよく知っているのに、日本と新羅との関係は意外と知られておりません。この点は今後、重視すべきことではないかと思います。

たとえば、遣唐使と比較するために、七世紀の後半から九世紀の初めにかけて、一四〇年間の統計をとると、日本から新羅に三一回、使いが行っています。それに対して、唐にはおよそ一〇回しか行っておりません。つまり、平城京から唐に行くよりも、新羅に三倍、使者が行っているということです。逆に、新羅の使いは日本に四五回やって来ていますが、唐の使いは、たった二回しか来ていません。遣唐使と遣新羅使の回数だけを比較しても、また、新羅使は、唐の使いの二〇倍以上の回数にのぼっています。外交使節の往来ひとつをとっても、いかに新羅と日本との関係が深かったかということが分かりますが、今まではややもすれば新羅が欠落して、いつも唐、唐といって来ました。

大宰府の博多津鴻臚館の発掘でも、中国の唐や宋の陶磁器などがたくさん出土していますが、新羅の製品も予想通り出て来ました。古代都市が唐の都・長安、新羅の金城（慶州）、そして、奈良の平城京でそれぞれ花開いていた頃、時の奈良王朝は、新羅と盛んに交流を行いました。最初のうちは主として政治上の外交使節の往来でしたが、やがて、経済的な交流へと展開します。八世紀後半の東大寺の大仏開眼があった頃に、新羅から多くの使節がやって来て、珍しいものを持って来ますが、それは貿易が目的であったようです。

私は、日本と新羅との関係が非常に深かったということを、今後、大いに見直していく必要があるのではないかと思っています。

ここで、以下に少し補足説明をしておきましょう。中国大陸の東北に、ウサギが横に立ち上がったような格好をした朝鮮半島があり、さらにその東南方に日本列島がありました。それぞれの地域で、何千年、あるいは何万年以来、独自の文化が展開していますが、その間に、あるいは一時的に緊張した関係もありましたが、概して平和的でおおいに交流があったのです。

古代の朝鮮半島の北部には高句麗があり、西南部に百済があり、東南部に新羅がありました。さらに、新羅と百済の間に挟まって、日本ではよく任那といっていますが、洛東江の右岸流域に加羅、あるいは加耶という諸国がありました。したがって、この時代は、高句麗・百済・新羅という三つの強大な国家と、その間に挟まった加耶という、いわば四つの勢力圏が統一国家の形成に向って非常に複雑な動きをしていた時代です。

慶州とは、高麗時代になって出て来る名前で、それ以前は金城とか、鶏林と呼ばれていました。国全体は、新羅とか、斯盧《しろ》とか、いろいろな言い方だったのが、のちに新羅という国名に統一されます。朝鮮半島東南部の山に囲まれたせせこましいところに、あれだけの強大な国家が出来上がっていくのです。

第56図　関門城の石塁　1978年11月14日撮影

慶州盆地は、東西南北がだいたい四キロぐらいの小さな盆地です。ただ中心部は狭いですけれども、後背地が非常に広いという点が大きな特色です。当時の王城として、月城が重要な位置を占めていますが、前述の通り、四世紀の末から五世紀にかけて、明活山城が東の守りとして築造されます。さらに、六世紀の終わりごろに、南山城と西兄山城すなわち仙桃山城が築かれます。七世紀の後半に入ると、大邱に抜けるところに富山城、浦項に抜けるところに北兄山城、そして、慶尚北道と南道の道境のところに関門城がそれぞれ出来てゆきました（第56図）。関門城は、万里の長城とはいいませんが、十数キロぐらいの長さに城壁を築いて、倭賊が蔚山方面から攻め込むのをシャットアウトしようとしています。こうして、直接・間接に、王都の守りを固めたということです。

月城の丘の上には、ところどころに土壇が残っています。また、ここからは瓦などが出土しますし、礎石もあちこちで見かけます。文献記録にも、いろいろな名前の殿堂が出て来ますので、月城の中に、新羅の王宮にふさわしい建物群がずっと配置されていたのではないかと思います。もちろん、月城の縁辺部には、石と土を混ぜ合わせたような城壁がめぐっています。さらに、はるか西を見ますと、仙桃山城という大規模な山城が望見できます。

一九六八年に撮った明活山城の写真を見ますと、当時は木が少なかったので、城壁の様子がとてもよく分かります。現在は自然保護が非常に徹底していますので、樹木がよく育って、そういう風景は見にくくなりました。ここに四世紀の末から五世紀にかけて、盛んに倭賊が入ってきていたという記録があります。そこの道を少し東に抜けると、現在の普門観光団地があり、さらに東海（日本海）へと通じています。

第57図　整備された皇龍寺跡

六世紀の中ごろから、山城に加えて、寺院が造営されるようになりました。東海の海辺で七世紀の終わりに近い頃に建てられたのが、有名な感恩寺です。東海から攻め込んで来る倭賊の侵入を防ぐことを願って、神文王が建てた寺だといわれていますが、そのすぐ沖合に大王岩という岩礁があって、そこに文武王を葬ったと伝えられますので、感恩寺は文武王の菩提を弔うために建立された寺でもあったといえましょう。

そこの金堂の基壇は特異な構造をしていまして、文武王が龍となって、倭賊を防ぐのだと遺言したので、その龍がこのお寺に入って来られるように、ちゃんと空間があけてあるのです。寺の東方前面の下には水路があって、海までその水路が通じていましたが、現在、その一部は復元されています。

皇龍寺は、新羅随一の国家的な大寺院です（第57図）。日本でも、都であった藤原京の大官大寺や平城京の東大寺など、壮大な国立の寺が建ちますが、皇龍寺は九〇年ほどかけて、大化の改新のころに完成した大規模な寺院です。一九七六年以来発掘が行われて、現在、整備工事が完了し、将来は建物の一部が復元されるともいわれます。

こういう寺院跡が慶州盆地のいたるところにありますので、当時、いかに仏教が隆盛していたかということが分かります。

南山の仏跡も著名ですが、その一つに七仏庵があります。かつて、ここにお堂が建っていたのではないかという論文も出ています。

慶州を語るとき、なんといっても、古墳文化は見すごせません。慶州盆地の北寄りのところに、李朝（朝鮮）時代の邑城がありましたので、邑南古墳群といわれていましたが、現在では、皇南洞古墳群と呼ばれているのが代表的なものです。ここに皇南大塚や天馬塚が含まれます。解放後初めて韓国人の手によって発掘される大規模発掘ということから、皇南大塚を発掘する前に、まず予備的に天馬塚を発掘して、その経験を生かして、皇南大塚が発掘されました（第58図）。当初は皇南大塚の内部を復元する予定でしたが、あまりにも巨大なので変更され、結局のところ天馬塚の内部構造を再現して、公開しています。

新羅の墳墓で、とくに注意したいのは、慶州から蔚山に向かう鉄道のすぐ脇で発掘が行われた朝陽洞の墳墓です。東南方の近くの森の中には聖徳王陵があります。朝陽洞では長方形に掘られた土壙内からいわゆる瓦質土器が出土しています。つまり新羅土器のような硬質の土器にまだなっておりません。遺物が見られない空間に遺体が埋葬されていたのだと思いますが、土器群の反対側で水晶製の頸飾が出ています。その他、鉄器などの遺物をきれいに取り上げますと、土壙の底面から穴が数カ所で出て来ましたが、そこには杭のような木材を埋め込んで、木棺を覆う木槨があったようです。そのように木槨を想定しますと、おのずから塚もしくは墳丘で覆われていたといわざるをえませんが、新羅古墳の前段に、そろそろ墳丘墓が出来上がってきつつあったということも考えられます。

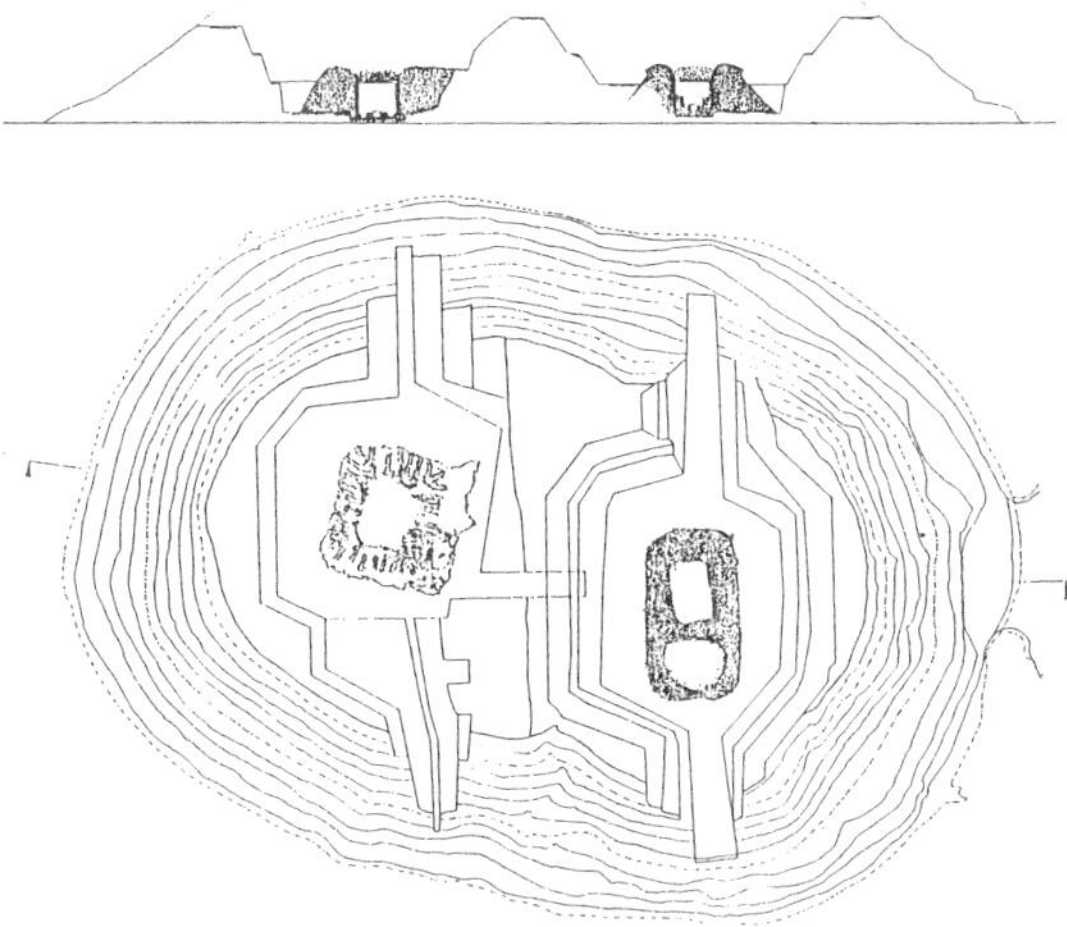

第58図　皇南大塚実測図（1975『新羅双墳』国立中央博物館より）

やがて、積石木槨墳というかたちで、木槨内に木棺を埋葬し、脇にたくさんの土器などを副葬して、それを石で覆うという新羅独特の古墳が出来上がりました。平面形が瓢形をした最大の双円墳は、長さが一二〇メートルほどありますが、最初に主人公の墓が造られて、あとから夫人が埋葬されたものでしょう。つまり双円墳の中に、それぞれ木槨があり、その中に木棺が納められて、木棺の内外には、副葬品がたくさん置かれています。さらに、横に副葬品だけを納める副槨があったりします。ともかくそのような木槨を石で包んで、粘土を貼り、また土を盛ったり、というふうにして積み上げてゆきます。そのように非常に手の込んだ古墳を造っているので、盗掘を免れて、内部が比較的よく残っています。

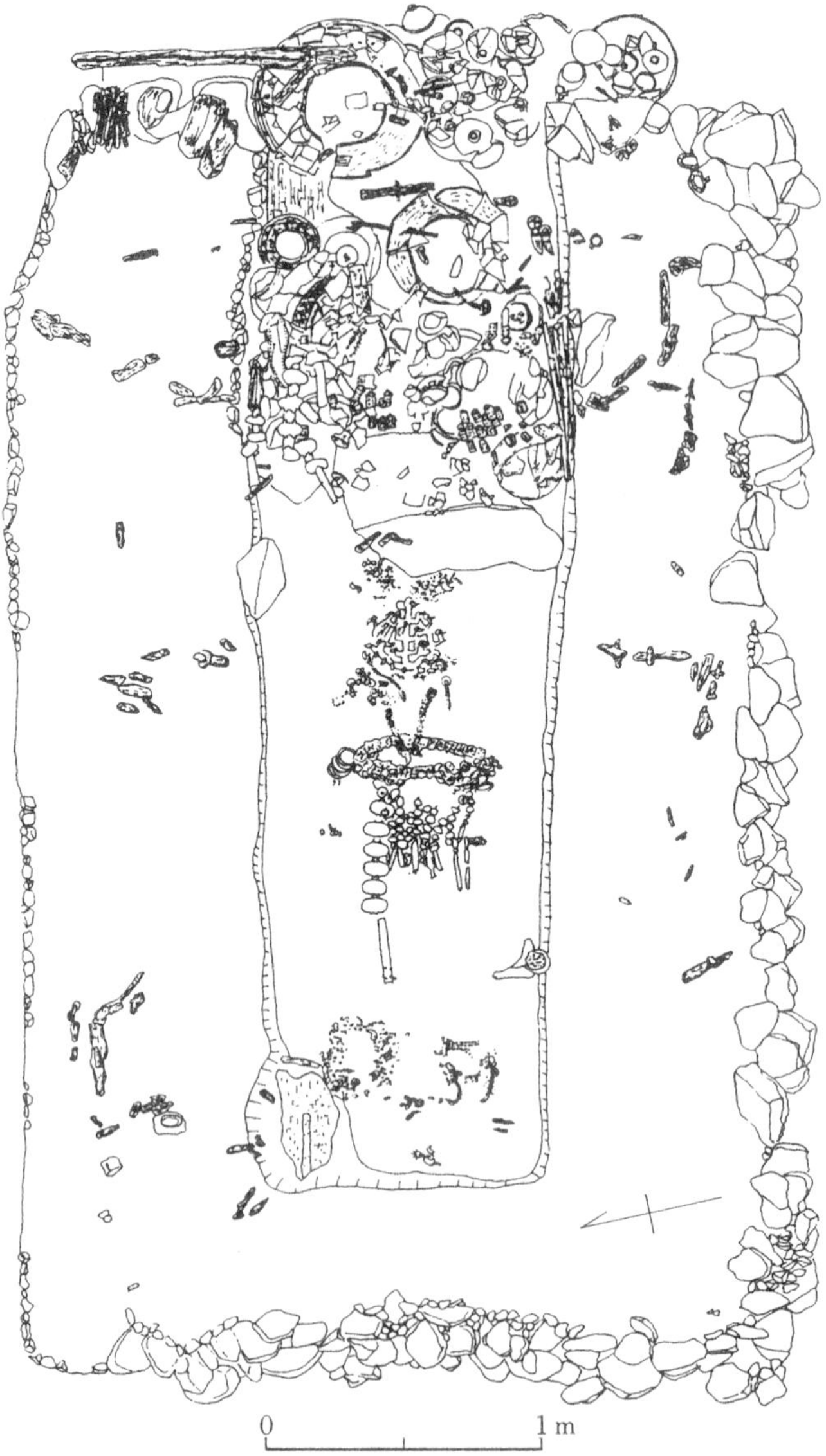

第59図　皇南大塚北墳木槨内遺物出土状況（1975『新羅双墳』より）

第59図のように、死者が身につけていたものが、そのままの状態で出て来ます。たとえば、皇南大塚の北側の古墳から出土した有名な金冠には、耳飾がついていますが、それは腰の部分に飾りつけたりもしていまして、いわゆる耳飾は耳以外のところにもつけられていたことが分かります。

出土品を二、三見ますと、いわゆる宝剣が鶏林路から見つかっています（第60図）。トルコ石などの玉を嵌め込んで、金の粒を貼りつけていますが、この技術はずっと西方の中央アジアから入って来たものです。慶州に残る新羅文化は、そのように非常に国際性に富んだものでした。

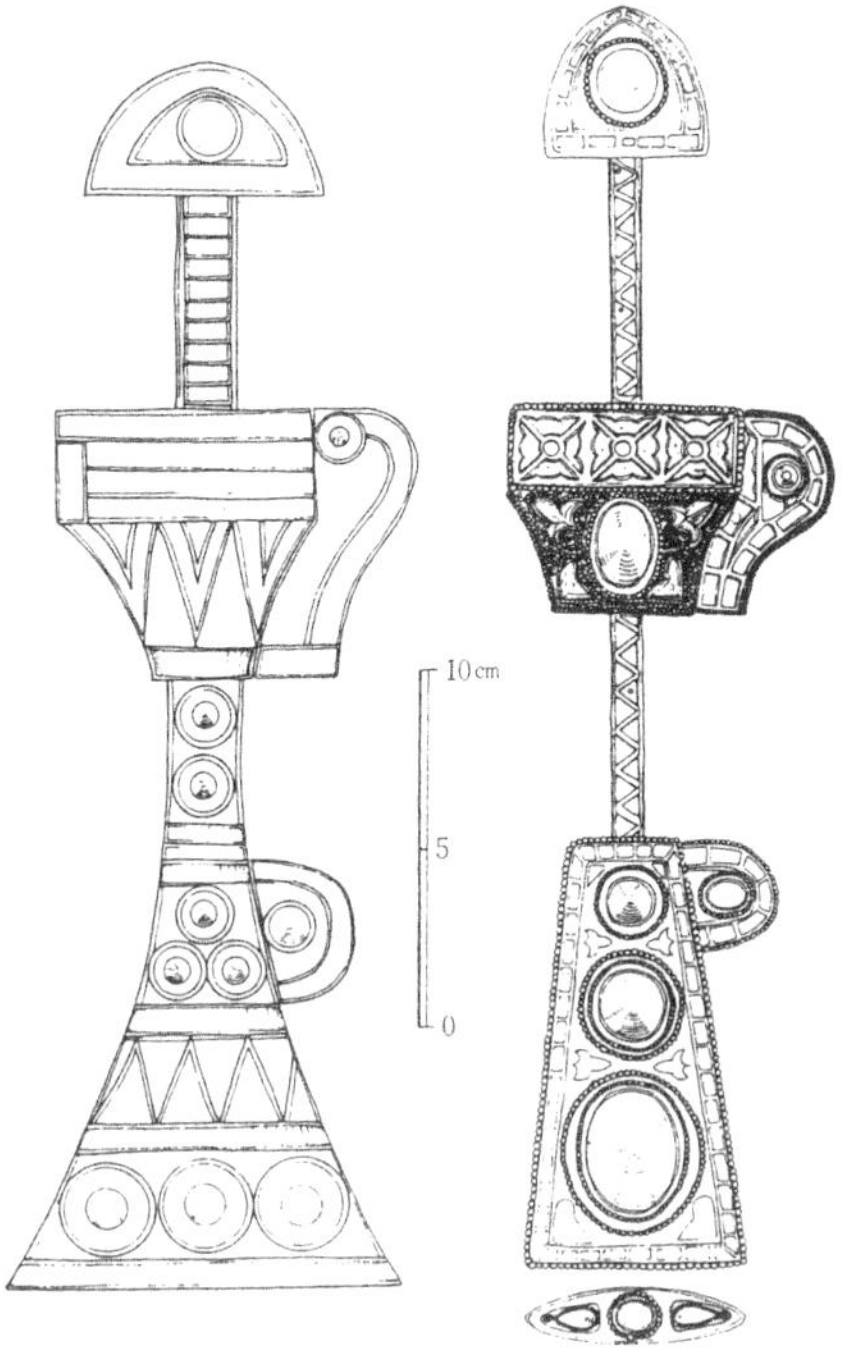

第60図　鶏林路14（N）号墳（右）とキジール第16洞嵌玉宝剣模式図（左）（穴沢咊光・馬目順一、1980「慶州鶏林路14号墓出土の嵌玉金装短剣をめぐる諸問題」『古文化談叢』第7集より）

つぎに、ガラスの容器が注目されます。皇南大塚の南墳から出土したものは、器形も正倉院に残っているものに通じる非常に西域的なガラスの瓶などです（第61図）。じつは、ガラスについて、韓国の学者の間で意見が分かれています。ローマングラスだという人が圧倒的に多いのですが、ひょっとしたら、一部は新羅で作っていたのではないかという人がいるのです。慶州の東郊で、現在は晋門観光団地の湖水が出来て水没しましたが、ガラス製品を作った工房があったということを示すような地名ユリバン（琉璃房）も残っています。

その後、ガラス製品を作った遺跡も見つかっているようです。そこから出土したガラスの屑の成分を分析すると、ソーダガラスと鉛ガラスが混合されているので、中国製品でもないし、ローマンガラスでもないといわれています。したがって、すでにこの時代に、そういう先進技術を持っていたのではないかという説が出ているのです。

第61図　新羅古墳出土のガラス容器

この時代、倭は新羅を黄金の国として非常に憧がれていますが、そういった遺物が玄界灘に浮ぶ宗像・沖ノ島で出ています。沖ノ島は、ヤマト王権にとって、朝鮮半島や中国大陸に出かけるときに、お参りして、航海の安全を祈り、無事に帰って来たときは、お礼参りをするという信仰の島ですが、四世紀末から九世紀にわたって、磐座《いわくら》とその周辺で、祭祀がたびたび行われています。その際に奉献された遺物の中から、たいへん珍しいものが発見されています。たとえば、金製の指輪ですが、新羅のものと比較しうるようなものですから、新羅の製品だと思います。また、円形の浮き出しのガラス容器の破片も出土していますが、これと同じものが、近年にも、中国の寧夏回族《ねいかかいぞく》自治区で出ていまして、ローマンガラスもしくはササン朝ペルシャの製品と考えられます。

奈良県の新沢一二六号墳から出て来た耳飾も、非常に新羅色の濃いものです。同じ古墳から、薄緑の透明のカットガラスや、コバルトブルーの見事なものが出ています。

このように、五、六世紀には、中央の大和地方、あるいは北部九州に、新羅の製品が流入していますが、その背景にどういう歴史があったかといいますと、先ほど申したような複雑な国際関係がありました。当時、ヤマト王権は新羅と敵対関係にありましたが、北部九州の筑紫君磐井は新羅と内通していたと伝えています。六世紀に入りますと、新羅が高句麗の南の方や、百済の北の方を支配下に収めるというかたちで、朝鮮半島中部の西海岸を手中に収めた結果、新羅は、そこを通って唐に行けるようになりました。その結果やがて、新羅は唐と連合して、百済を倒し、ついで高句麗を倒していきます。こうなりますと、新羅は鉄や金の資源もありますけれども、外交術策とか、国際戦略に非常に長けていたのではないかという感じがいたします。

そのような新羅の勢力拡大の直接のきっかけは、新羅が五六二年に加耶を併合したということです。もし加耶が新羅に倒されずに、百済に入っていたら、その後の歴史も変わっていたでしょう。そうはならなかった結果、つまり加耶が新羅に降ったので、その力を得て、新羅は国力を充実して、領域を拡大していったのではないかと考えています。

その後、新羅が現在の慶州地域を中心として朝鮮半島南部から北部にかけての地域を統一しましたが、やがて北の方に渤海が起こりました。当時、中国は、隋、ついで唐によって統一され、日本には奈良の王朝があるということで、七世紀の終わりから八世紀にかけて、中国・朝鮮や、日本でも、それぞれ統一国家が成立して、非常に平和な時代が到来します。そういう平和な状態をバックにして、奈良・平安王朝は頻繁に遣唐使を派遣しますが、それ以上に、新羅と交流をしています。正倉院に人参なども

第62図　整備された雁鴨池

残っていますが、おそらく新羅からもたらされたものだと思います。

それだけではなくて、山東半島から揚子江にかけて、新羅坊といって、新羅人が住んだ町さえありました。このように、中国と非常に関係が深かったのです。新羅は、中国に出かけて、陸のシルクロード、あるいは海のシルクロードを通って入って来ていた、中国以西の西域世界の文物や、東南アジア・インド・アラビア方面の薬品や香料まで手に入れました。日本は新羅と仲良くすれば、わざわざ唐の長安まで行かなくても良いという状況だったのです。八世紀の奈良王朝の繁栄の背景には、新羅が非常に大きく係わっていると思います。

新羅の王京に、坊里制があったということは、すでに一九四五年以前に藤島亥治郎先生が試案を出しておられますが、最近でもいろいろと試案が出ていますから、坊里についても、今のところ三つほど復元案があります。

慶州市内では、各種の工事をすると立派な切石の溝が出てくることがあったり、田んぼの畦道をたどると、方格の碁盤目状に道路があったことを示すような風景が現在でも見られます。

月城のすぐ東側に、雁鴨池という園池があります。李朝時代に、かつての都の庭園の跡がさびれ、そこに、雁や鴨が飛んできて遊んでいる風景を見て、雁鴨池という名がつけられました（第62図）。新羅時代は、月池と呼ばれていたようです。立派な宮殿風の建築群が認められますので、王様が外国の使節が来たときにもてなしたり、日常の政治を行ったりして、いろいろな目的に使われたようです。池の脇に臨海殿という宮殿付属の建物跡がありますが、その一角に当時の面影をしのばせるような復元模型が展示されていますので、雁鴨池に行かれたら、ぜひご覧いただくことをお推めします。

月城のすぐ北側は、三方に濠があることが分かって来ました。しかも、その脇で、二間と二九間、つまり、六メートルと九〇メートル近い、長方形の非常に長い回廊風の建物が見つかりました。これは、新羅国家の中枢部が月城からこの辺りに広がっていたことを示すものだと考えます。

月城の南側は、南川（蚊川）という川を自然の濠として利用していますが、そこに橋が架かっていました。その一つ、李朝時代は月精橋といわれましたが、当時は月浄橋と呼ばれたようです。これは木の橋ですが、基礎は石組みです。さらに、ここから一九メートルほど下流で、別の木の橋が見つかっていますが、石組み基礎の橋より以前の武烈王のころに、木の橋が架かっていたようです。文化財管理局の文化財研究所によって発掘調査され、その成果にもとづいて復元されています。木の橋の基礎の石は、上流の方が、流れを抑えるために尖らせています。

聖徳王陵は、古くから伝承されて来たもので、真の聖徳王陵に間違いないと思います。内部は分かりませんが、おそらく横穴式石室でしょう。聖徳王陵の裾まわりには、石の十二支像がめぐっています。

第63図　聖徳王陵　全景と十二支像　1978年9月17日撮影

十二支といっても、頭は動物で、身体が人のかたちですから、人身獣首の像と呼ばれています。しかもここの場合、普通の半浮き彫りとちがって、唯一の丸彫りのものです（第63図下）。

注意していただきたいのは、それが石区画の真ん中になくて、ちょっとずれて立っているという点です。聖徳王の次の次の景徳王の時代に、王陵の前方に石碑が立てられますので、そのときに付け加えられたのではないかと思います。当初から立っていたのなら、真ん中に位置していても良いのに、みんなずれているのです。韓国では、あとから先祖のお墓を立派にすることがありますから、数十年後に碑を建てるときに、聖徳王陵が整備されたのではないかと考えています。

掛陵は、元聖王陵だといわれています。墳丘裾の束石に十二支がずっと彫り込まれていますが、王陵の前方には、石獣・石人（文人・武人）が並んでいます。長安（西安）の郊外にある唐の高宗の乾陵の前方に、石人・石獣が立ち並んでいますが、そういう制度が導入されて、新羅独自の格好で展開していきました。因みに西安に行くと、整然とした都市計画の道路が往時の面影をとどめていますが、長安城を模倣して、独自の新羅京が造営されました。

日本の平城京も、唐の都城制度を独自的に導入しています。その平城京の北方の奈保山の丘の上に、聖武天皇皇太子那富山墓《なほやま》があります。そこには隼人石《はやといし》といって、石に立像が線刻されたものが江戸時代から分かっていました。身体は人間のような格好をしていますが、頭は動物です。さらに北という文字が彫りこまれていますから、十二支の子の方向です。新羅の場合は、唐の陵墓制を導入していますが、日本の平城京では、この例ぐらいしかありませんので、あまり導入していないということがいえようかと思います。

平城京の発掘調査は現在も続いていますが、その際に、珍しい新羅の緑釉土器が出ています。新羅の土器は、花柄文様などをスタンプで表現していくという印花文が特色です。平城京には、東大寺があり、正倉院がありますが、最近、東大寺のすぐ脇で銅滓《どうさい》とか、木簡が出土しています。

正倉院の遺物には、雁鴨池から出土するものと共通したものがたくさんありますが、一つだけ例を挙げますと、佐波理《さはり》という真鍮《しんちゅう》のようなもので作った匙があります。丸いものと、木の葉のような長いものをセットにして、十組が一つの束になっています。雁鴨池からも、もちろんセットで出ています。正倉院の場合、包装した紙も、新羅の文書の可能性が高く、新羅のものであることは間違いありません。それ以外にも、正倉院には取り上げるときりがないぐらい、新羅のものがたくさん包蔵されています。

新羅との外交、あるいは貿易の窓口は、大宰府の博多津鴻臚館ですが、一九八七年の暮れから翌年の初めにかけて、野球場の外野席の改修工事に伴って発掘調査を行ったところ、いろいろなものが出て来ました。そのうち、いわばゴミ捨て場のようなところからは、新羅の土器も見つかっています。しかし、これが初めてではなくて、すでに戦前にもあの辺りで新羅の土器が出土していました。

〔注〕

(1) 斎藤忠、一九三四「慶州附近発見の磨石器－集成図を中心として－」『考古学』第八巻第七号、東京考古学会。
(2) 国立慶州博物館、二〇〇一『慶州朝陽洞遺蹟Ⅱ－写真－』、および、二〇〇三『慶州朝陽洞遺蹟Ⅱ－本文－』『国立慶州博物館学術調査報告』第一三冊。
(3) 近藤義郎編著、一九九二『楯築弥生墳丘墓の研究』楯築刊行会。
(4) 西谷正、二〇〇三「考古学からみた朝鮮四国の王権の成立」『古代王権の誕生』Ⅰ東アジア編、角川書店。
(5) 西谷正、二〇一五「真興王拓境碑をめぐって」『観峰館開館二〇周年記念論文集』公益財団法人日本習字教育財団観峰館。
(6) 上原真人、一九八〇「十一・十二世紀の瓦当文様の源流（上）（下）」『古代文化』第三二巻第五・六号、財団法人古代学協会。
(7) 国立慶州博物館、二〇一一『慶州普門洞合葬墳　舊慶州普門里夫婦塚』『国立慶州博物館学術調査報告』第二四冊。

第8章　高句麗と古代の日本

ここでは、高句麗と古代の日本というテーマでお話しします。これまでにも日本の中のいろんな朝鮮の文化を断片的にその都度、資料を集めたり、関心をずっと持ち続けて来ましたけれども、この機会に高句麗と古代日本の関係を一応、整理してみました。

最初に、高句麗の文化がいつ頃から日本と係わって来るかということが問題かと思います。その点では、一九八五年（昭和六〇）の九月に、皆さんご承知の通り、大阪府柏原市で茶臼塚古墳[1]（第64図）が発見されまして、その当時、新聞報道等で話題になったことがあります。私も関心を持っていたものですから、早速見学し、多少調べて来ました。発見当時、これは高句麗式の古墳であるということで、新聞ほかいろんな形で紹介されています。私は、たまたまその当時、大阪に滞在しておりまして、テレビでニュースを見ていたら画面に古墳の模式図が出ましたので、あわててスライドに撮ったことがございます。私にとっては、それが唯一で最新のデータであったわけです。それを見まして、その時に直感的に思いついたのは、これは確かに高句麗の積石塚と共通点があるということでした。しかし、直接的にはもっと南の、つまり現在のソウルの東南郊外に、これも有名な遺跡ですが、石村洞というところがあって、そこに積石塚が見られます。以前はたくさんあったらしく、その名残りが現在まで石村という

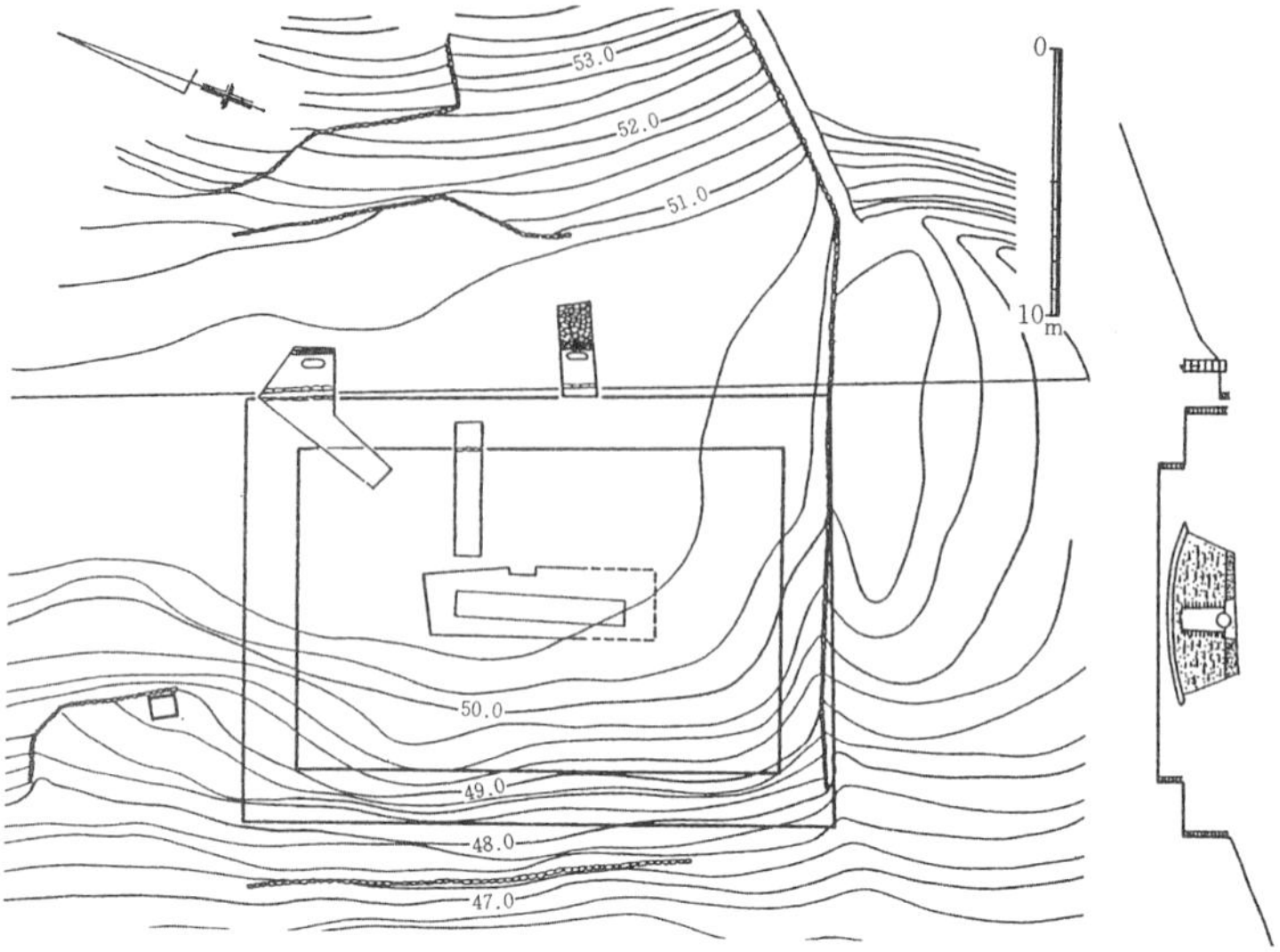

第 64 図　茶臼塚古墳墳丘想定復元図（柏原市教育委員会、1986『柏原市埋蔵文化財発掘調査概報― 1985 年度―』より）

地名となって残っています。そこの石村洞四号墳[2]が、茶臼塚古墳に近いのではないかと連想したことでした。第65図はかつて「古代を考える会」で報告しました時の図ですけれども、こういうものを連想したわけですね。石村洞四号墳は一九八八年のオリンピックのメインスタジアムの近くにありまして、オリンピックが開催されますと、大勢の人が見れるようにと公園化が進んで、今では立派に整備されています。それをご覧いただきますと、茶臼塚古墳との外観上の近縁性をいっそう気付かれるのではないかと思います。この百済初期の古墳ですが、とくに石村洞四号墳は、一辺の中段に石を数個もたせかけていまして、非常に特徴があるのです。類例としては、まず中国・集安の将軍塚にものすごく大きな石が各辺にもたせかけてあって有名です。ついで、鴨緑江のずっと上流の良民洞

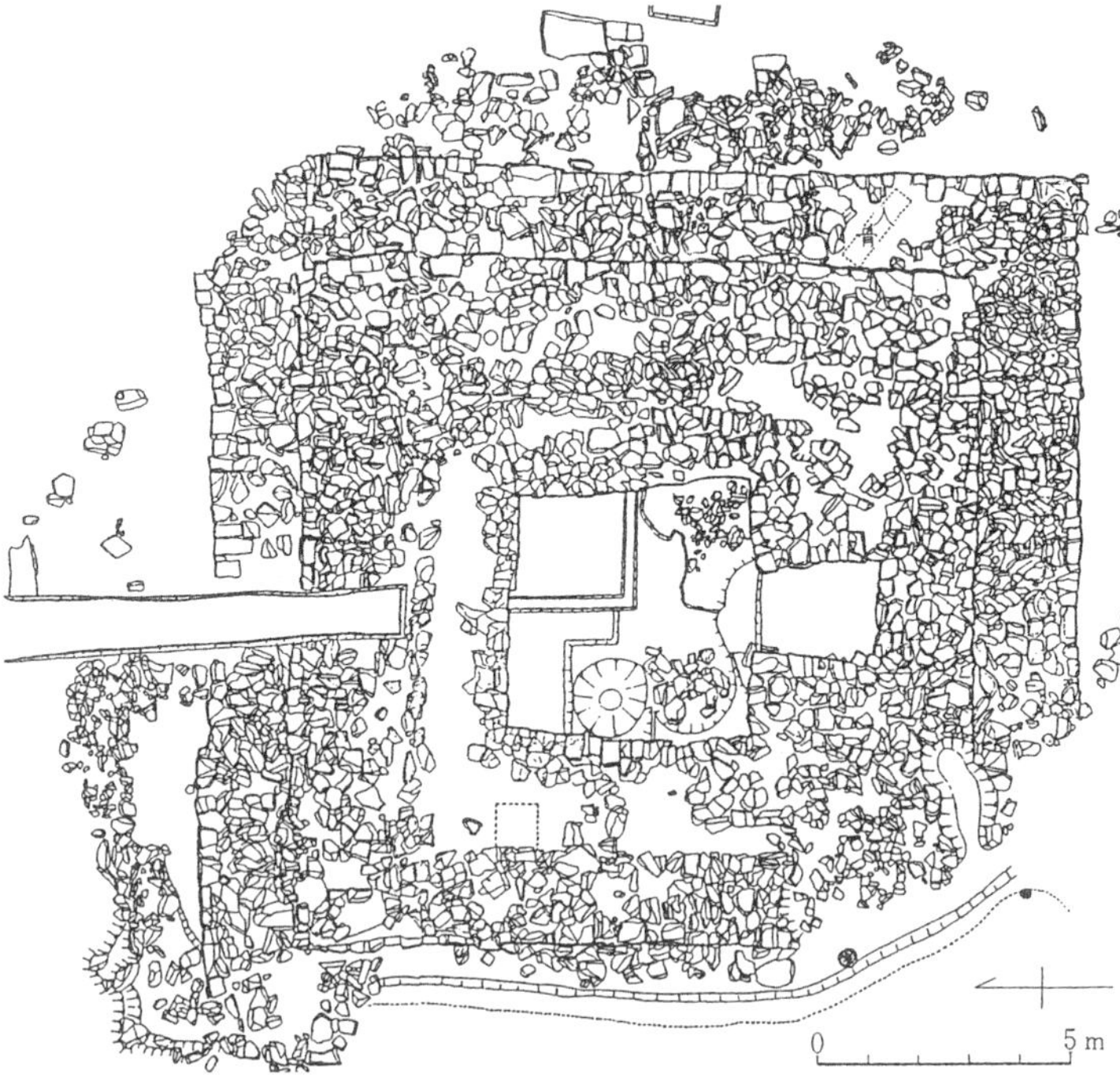

第 65 図　石村洞４号墳（ソウル大学校博物館・ソウル大学校考古学科、1975『石村洞積石塚発掘調査報告— 1975 年度—』より）

というところでも、石村洞四号墳により近いものが見つかっています。百済初期のソウル郊外にある、ああいう積石塚は、やはり高句麗の積石塚の要素を強く残した古墳であると思います。そういったものが百済初期に認められるわけですけれども、この河内の茶臼塚との関係でいいますと、直接的には百済初期において高句麗の文化を引きついだ、そういうものとの関係があるのではないでしょうか。

その点で大変興味深いのは、石村洞四号墳のあるソウル特別市江東区の石村洞とは、漢江を挟んで対岸に当たる北側にゆきますと、城東区の九宜洞というところがありまして、そこの古墳が一九七七

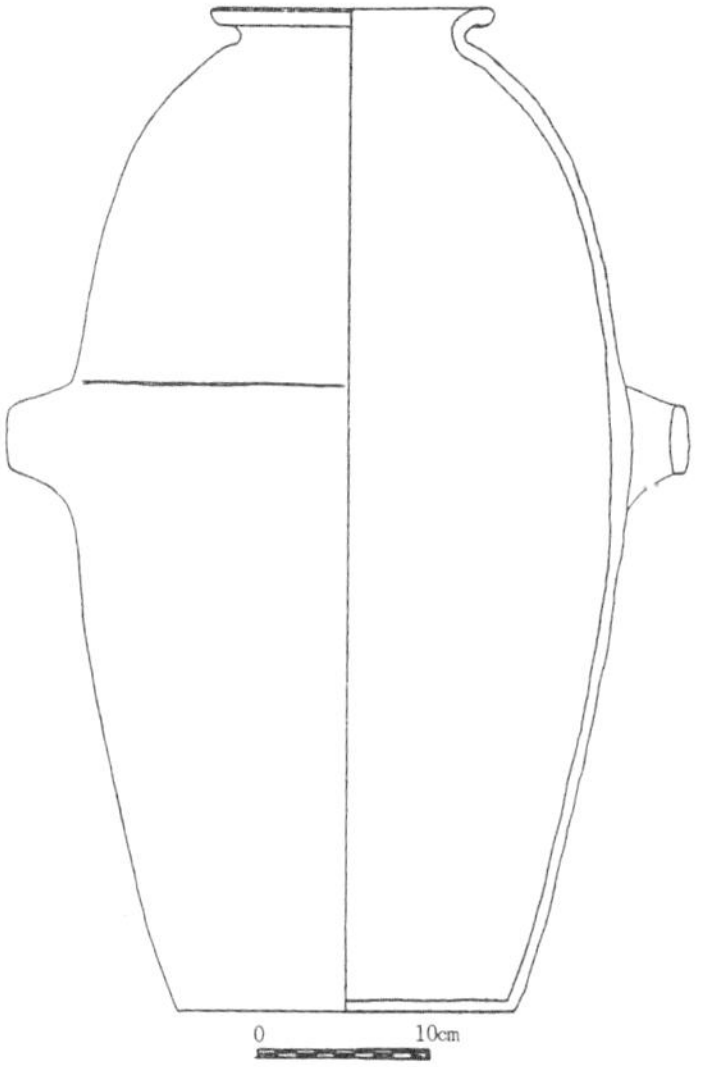

第66図　九宜洞出土土器（華陽地区発掘調査団、1977『華陽地区遺蹟発掘調査報告―1977年度―』より）

年に、ソウル大学が中心となって発掘されました。この古墳は、得体の知れないマウンドのある塚なんですが、その後、古墳でなく堡塁のような軍事施設であることが分かりました。問題は、そこから出土した土器を見ますと、大変奇妙なものがいろいろあるのです。今まで知られている百済地域の土器の脈絡の中では理解できないような土器ばかりです。その一つは、長い胴をした壺（第66図）です。この場合は把手が二つ付いていますが、こういう土器を見ますと、どうもやはり高句麗系統の土器のように思われます。これといっしょに出ている土器を見ましても、百済の土器の体系から外れる土器なんです。ちなみに、集安で出土した口縁部がラッパ状に大きく広がった土器と比べますと、胴部はやはり長い胴をしています。その場合は把手が四つ付いていますが、九宜洞出土の土器は、そのような土器の系列に属するものではないでしょうか。つまり、ソウルの郊外、それもソウルの中心部からいいますと十数キロ東南方の郊外に当たる地域では、高句麗と関係がある遺構や遺物が認められるのです。

さらに土器でいいますと、いま見た高句麗系のほかに、百済の前期には陶質土器の普通の壺があります。とくに、口頸部に蓋を受ける鍔が付いた土器がありますが、これは百済に特徴的なものです。こ

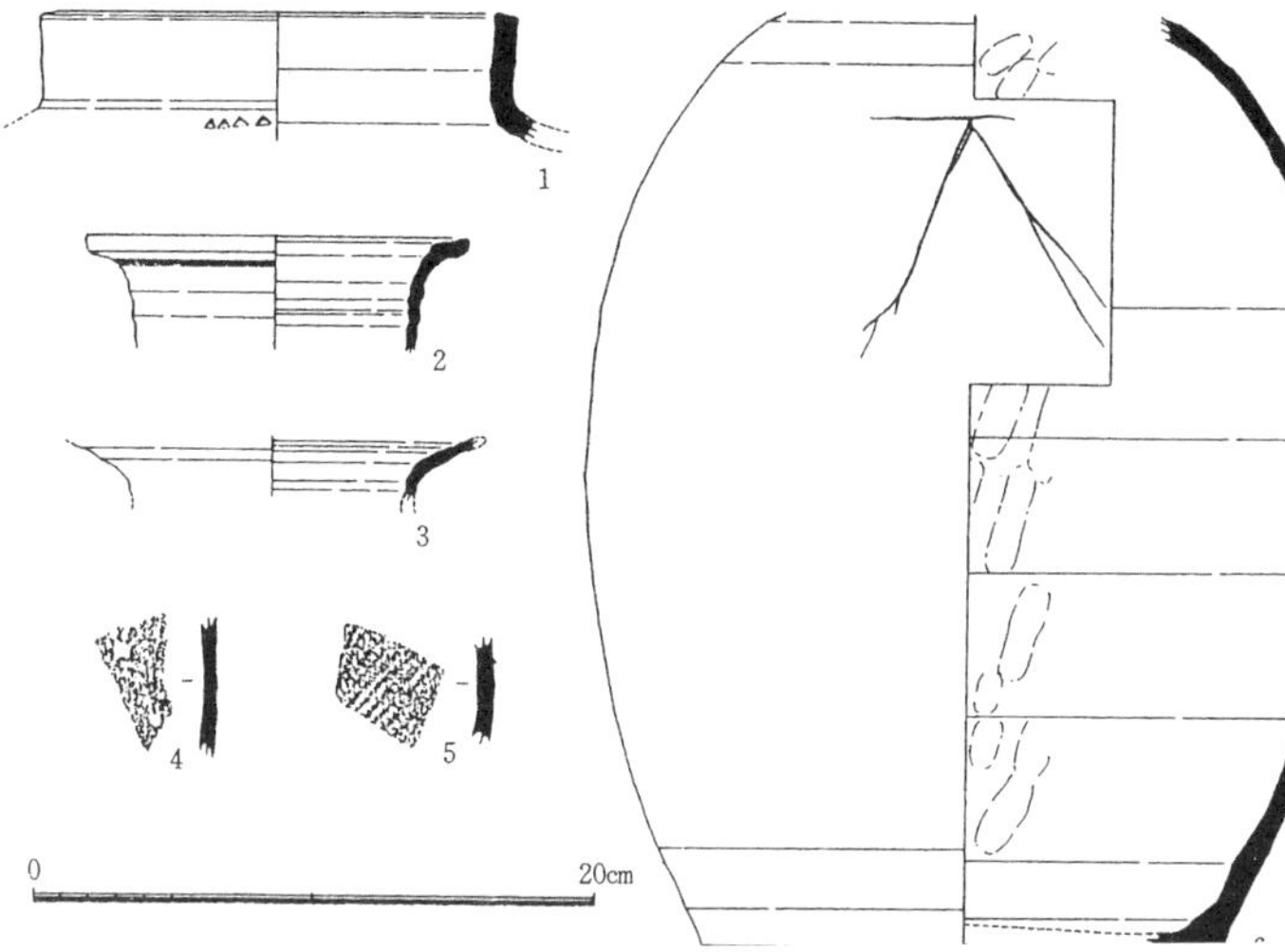

第 67 図　博多遺跡群出土土器（福岡市教育委員会、1985『博多』Ⅳより）

の土器の頸から肩にかけての部分には、三角の文様をぐるっとめぐらしています。こういう文様があるのは大体、百済の土器と思っていただいたらよいでしょう。このように、百済の前期には、そういう百済独特の土器と、高句麗の要素が非常に濃い土器とが共存するということです。すなわち、百済の前期には、明らかに高句麗からの何らかの影響があったと理解すべきだと思います。

ところが、そういう土器と非常に関係深いものが、実は九州でも出て来ました。そういう土器のセットが、もっともセットといいましても出土した遺構はばらばらですけれども、ＪＲ博多駅の北側の辺りで見つかっています[3]（第67図）。古墳時代には、現在のＪＲ博多駅の付近から海の方にずっと砂丘が広がっていました。そこには古くは弥生時代中期の甕棺墓から、新しくは中近世の国際貿易都市博多の遺跡まであります。そのように、各時代の遺跡が重複しているのです。その中には、葺石を葺いた古墳も見つかっています。ところで、今紹介しました土器は、たまたま古墳時代の方形周溝墓、溝とか、さらに、土壙などの辺りから出て来たものです。そのうちの長胴壺はまさに先ほど紹介しました百済前期の頃の九宜洞で出ている土器につながるんではないかと思います。博多出土例は破片ですので、九宜洞出土例のようにもともと把手があったかどうか分かりません。こういう土器といっしょに、先ほど述べました頸のところに三角文を押した土器が日本で初めて出土しました。これらを年代でいいますと、四世紀末から五世紀前半くらいにかけての頃の土器です。そういうわけでして、どうも四世紀末から五世紀前半にかけて、そのような土器という面で、博多には百済前期の文物が入って来ているといえましょう。ただ、博多出土の長胴壺は、白井克也氏の分析では、七世紀後半頃の須恵器と共伴して同じ土壙から検出されているといわれます。

さらに参考までに申しますと、まさにこの時期というのは、日本で最初に横穴式石室、もしくはその影響が現われる時代です。そのもっとも古い例が、北部九州では、福岡市の老司古墳の竪穴系横口式石室として知られます。また、同じく福岡市の鋤崎古墳は非常に古い横穴式石室です。これらの石室構造の起源をたずねますと、やはりソウル付近の百済前期の横穴式石室に求められるのです。この辺のことはすでに早く永島暉臣慎《ながしまきみちか》さん(4)らが詳細に分析されていて、だいたい私たちの間で共通した認識になっているといえましょう。そのような文脈からいいますと、冒頭に取り上げました大阪府の茶臼塚古墳の積石構造は、仮に外来の要素が入っているとすれば、直接的には百済前期の古墳文化であろうと考えます。しかし、その百済前期には高句麗の影響がかなり入っていたと思うのです。そういう意味では、日本で最初の高句麗との係わりというのは、直接的には百済との係わりであり、それは四世紀末から五世紀の

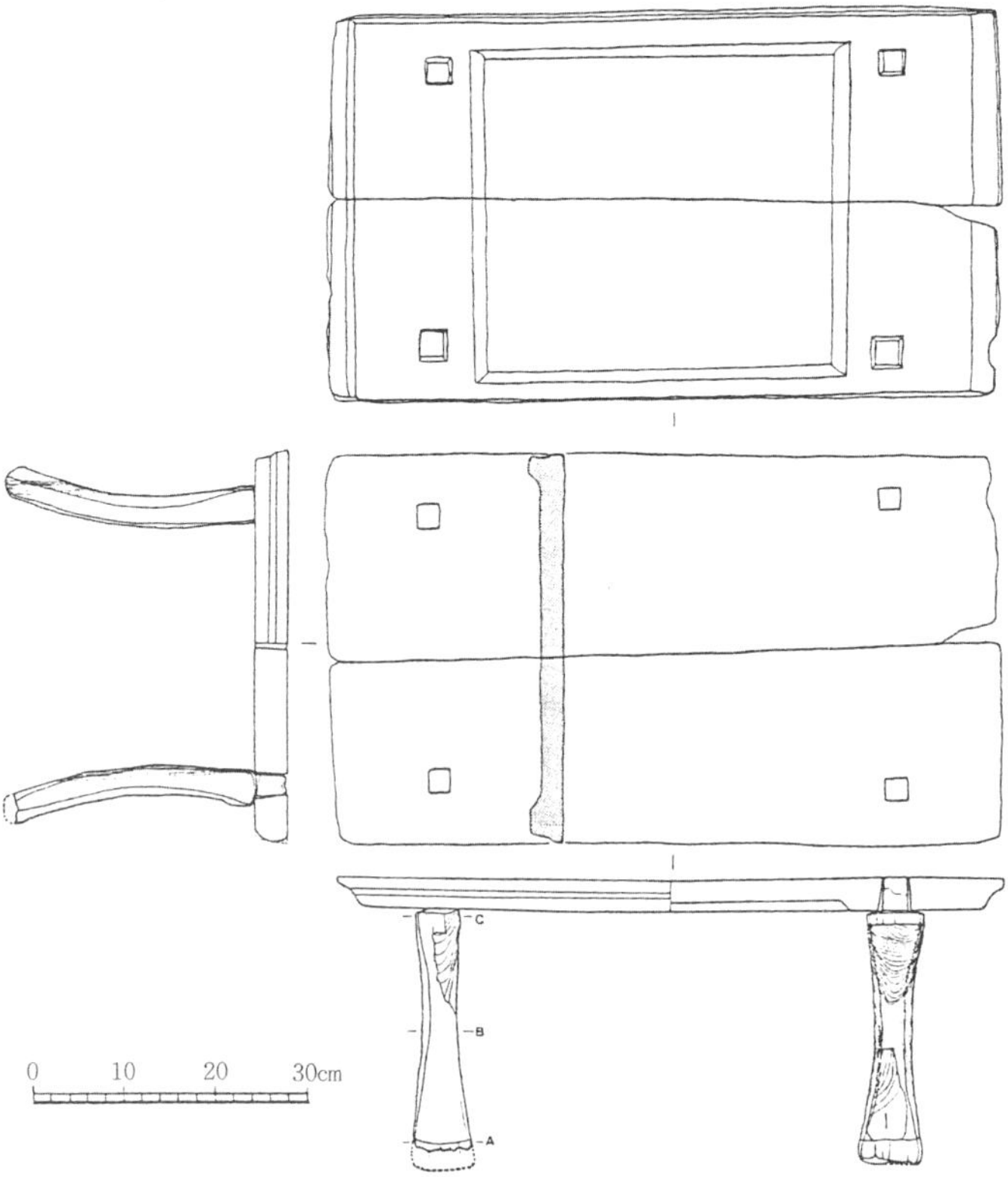

第68図　古殿遺跡出土案（財団法人京都府埋蔵文化財調査研究センター、1982『京都府埋蔵文化財情報』第６号より）

前半頃に始まっているといえましょう。しかし、その起源は遠く高句麗にあると理解してみてはどうかと思います。それが最初です。したがって、日本つまり倭と高句麗との間に直接交流が始まるのは、まだもう少し時期を待たねばなりません。

その点で、これはまだ確定的なことではありませんが、今後このことも含めて検討していただきたいという意味で、一つだけ資料をご紹介しますと、ずい分前に、京都府北部の中郡峰町（現、京丹後市）で、大変珍しい遺物が見つかっています。

第 69 図　舞踊塚奥壁図（『通溝』より）

それは古墳時代前期の遺構から出土した机です（第68図）。発見当時、新聞で報道されましたが、その後報告[5]が京都府から出ています。それを見ますと、だいたい皆さんが中国風とおっしゃっているんです。果してこれは、中国的なものでしょうか。年代についても、前期の初めか終り頃かという問題がありますけれども、こういう珍しいものが忽然として見つかったのです。いずれにしても非常に異国風な机が発見されましたが、一体これがどこに由来するのかということはやはり考えてみる必要があります。新聞のある人の談話では、中国朝鮮風というのがあったようですが、その後の京都府の報告書を見ますと、中国式だと書いてあります。そこで、考古学を広く勉強している皆さんならすぐ中国吉林省の集安にある舞踊塚の壁画を連想されるでしょう。そこの横穴式石室の奥壁には、主人公である被葬者と、その横に仏教の僧侶か道教の導師と思われる人物が向かいあって話をしている壁画が見られます（第69図）。僧侶か導師であれば、主人公は教えを受けているということになりましょうが、その二人の人物は坐り机に坐っています。そして、その前方と横に机がいくつか表

第70図　笛奏楽図　1．江西大墓　2．五塊墳５号墓　3．五塊墳４号墓

現されていまして、その上にいろんな飲食物が食器に盛られている様子がうかがえます。京都府出土の机は、こういう机と関係しはしないかということなんです。仮にこれが前期の末ぐらいまで年代が下がるものであれば、先ほど述べましたようなことで、直接ではないにしろ、間接的には遠く高句麗起源のものとして理解できるかもしれませんので、そういう検討すべき要素としてここにご紹介しておきたいと思います。

さらに、そういう例をもう少しあげますと、一九八五年に、奈良県立橿原考古学研究所附属博物館の速報展として、最新の発掘資料の展示会が行われましたが、その中に、一九八四年に大変話題になりました、奈良県天理市の星塚一号墳出土の笛[6]が公開されていました。この笛については発見当時からいろいろと議論がありましたけれども、天理大学で宗教学を研究している方が、このような横笛は、高句麗の壁画の中に類例（第70図）が見られるということを新聞に発表しておられました。その壁画古墳とは、かつて通溝の西崗一七号墳といわれ、現在は五塊墳の五号墓と

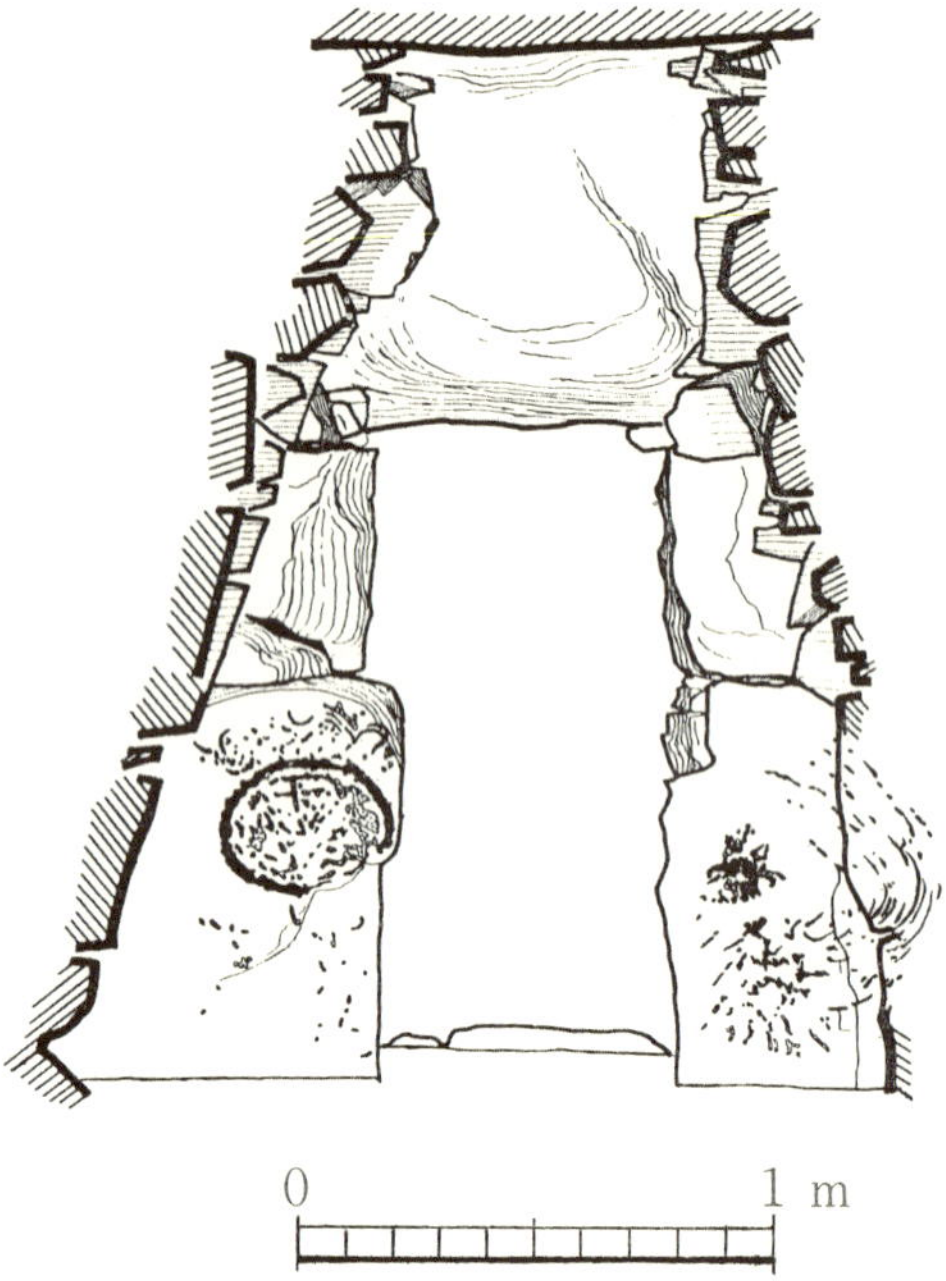

第 71 図　竹原古墳朱雀・玄武図（『美術研究』第 194 号より）

呼んでいるものです。ただ、星塚出土の横笛の場合は年代が少し降りまして、五世紀末から六世紀というお話です。笛につきましては、琴などと合わせて、高麗楽といったものの起源を考える場合、こういったのが物証として考える一つの手がかりになって来るんではないでしょうか。そのように、いろいろ見ていきますと、断片的ながら、また、直接的ではないにしろ、高句麗系と思われる要素として、検討を要するものがいくつかあるということを、最初にご紹介しておきたいと思った次第です。いずれにしましても、古墳時代の前期の終りから中期にかけて、すなわち、四世紀の末から五世紀の前半にかけての頃、どうも高句麗からの文化要素が流入しているらしいということを、先ほどからご紹介しました遺構や遺物から見て考えるのです。ただし、その場合、それは直接的な高句麗との交流の結果を示すものではなく、おそらく百済とか、あるいは、その他の新羅や加耶といったところを経由している可能性があるということです。

それでは一体いつ頃から、高句麗と古代日本との間で直接的な関係が生まれるかといいますと、それはやはり六世紀の中頃以後、とりわけ六世紀の終わりから七世紀にかけての頃でありまして、いろんな面で高句麗との係わりが出て来るようです。その点で、私たち考古学の世界で有名なものといいますと、六世紀後半の古墳、いい換えれば横穴式石室の群集墳の時代ですけれども、装飾古墳の問題があります。福岡県でいいますと、宮若市の竹原古墳がありまして、奥壁に有名な壁画が描かれています。その横穴式石室の奥室と前室の間、つまり奥室に入る位置の玄門石の両壁に非常に特殊な壁画があります。それは朱雀と玄武（第71図）に当たるんではないかといわれて来ました。この点につきましてもおよそ考古学、あるいは、古代史の研究者の間で認められている解釈です。このような朱雀や玄武の図となりますと、これはもう皆さんよくご承知の通り、朝鮮、とくに高句麗古墳壁画の四神図（第72図）の中に見られる要素につながるということです。もう一つ、北部九州では福岡県に装飾古墳が多いわけですが、大分県に入りまして、日田市付近にやはり装飾古墳の一つの分布の中心があります。ここでも昔からいろんな方々によって調べて来られましたが、最近また保存工事に関連して調査が進んでいます。その一つにガランドヤ一号墳があります。昭和五九・六〇年に発掘され、昭和六一年には報告書も刊行されました。[7] ガランドヤ一号墳の壁画につきましては、かつて東京芸術大学の日下八光先

第72図　江西大墓　玄室南半部の朱雀・青龍・白虎図
（『高句麗文化』より）

生が模写をしておられます。日下先生が模写をされる過程で気がつかれたものに、横穴式石室の奥壁に描かれたたくさんの細かい図柄の中で、ちょっと異様な単位文様がありました（第73図）。たとえば馬とか、馬に似たような動物が表現されています。馬の場合は、鞍も表現されていますので、誰が見ても馬とはっきりと分かります。ところが、それとは違って、馬によく似た図柄があるのです。そこで、それを龍と考えられました。つぎに、その上に鳥のような絵があります。それにつきましては、別に鳥がたくさん飛んでいる絵がありますので、朱雀と推定されました。そのように見て来ますと、さらに、玄武や白虎に当たる絵もあるということで、結局、ここには四神図が描かれているのではないかと指摘しておられます。報告書によりますと、現在の時点ではかなり風化が進んでいまして、それほどよくは見えないそうです。そのように、四神図の一部の図柄が装飾古墳の中に出て来るとなりますと、その背景には、高句麗との係わりを考えても良いのではないかというわけです。その点で皆さんにもう少し納得していただくための例を上げましょう。このこともよく知られた話ではありますが、ガランドヤ一号墳からは、筑後川をずっと下って来まして筑後平野に出ますと、その南側に当る耳納山麓に有名な珍敷塚《めずらしづか》古墳があります。そこには蟾蜍《せんじょ》、つまりヒキガエルの絵があるのです。この点につきましては、この点につきましては、もう皆さんご承知の通り、高句麗壁画古墳の中のヒキガエル、つまり月を表現した図柄に通じるのです。もう一つ、この珍敷塚古墳からはそう遠くない北方に当たりまして、うきは市吉井町に、やはり有名な日岡古墳があります。ここでは壁画の題材として同心円文がたくさん描かれています。同心円文そのものにつきましては昔からいろんな説があります。太陽を表現しているとか、最近では的《いくは》氏の本拠地であることから、的すなわちマトを表現しているという説も出ています。そのような同心円文を主体とした図柄が日の岡古墳には見られるのです。この同心円文につきましても、朝鮮南北の先生方もおっしゃっているように、高句麗古墳壁画中の、とりわけ中国の集安にある環文塚の四壁に描かれている同心円文と関係するんではないでしょうか。朝鮮民主主義人民共和国の朱栄憲先生によりますと、同心円文は瑞祥の表現であるとおっしゃっています。一九八六年秋、朱栄憲先生を日の岡古墳にご案内しました時に、先生はこれはまさに環文塚といっしょだが、こちらはちょっと貧弱だともおっしゃいました。すでに、そういう問題提起もあるわけでして、私もあえていうならば、その辺に関係を求めても良いのではないかという感じがいたします。このようにしまして、北部九州における六世紀後半頃の装飾古墳の壁画の題材の中に、断片的ではありますけれども、高句麗古墳壁画の題材と共通するものがあるということは認めても良いでしょう。

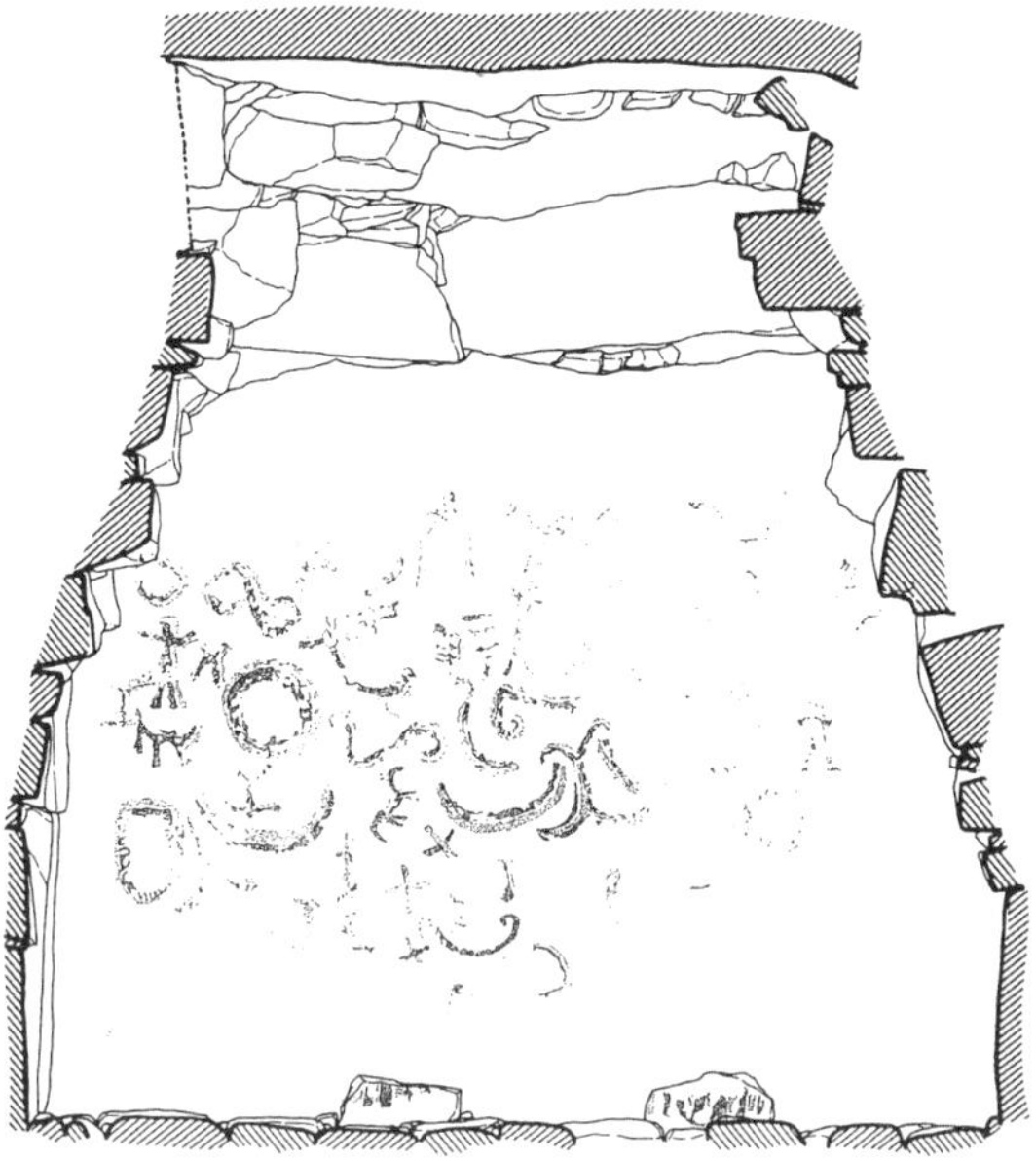

第73図　ガランドヤ１号墳の奥陵壁画（日田市教育委員会、1986『ガランドヤ古墳群―大分県日田市所在装飾古墳の調査報告』より）

ここで、そういう古墳壁画につきまして、もう少し他の類例を見ていきたいと思います。

まず、日本海の方から見ていきます

第 74 図　梶山古墳奥壁図（『梶山古墳緊急発掘調査報告書』より）

と、石川県羽咋郡志雄町の寺山古墳群には横穴がたくさんあるようですが、一九七四年の新聞記事[8]によれば、そこの横穴に北斗七星を点刻で表現したものがあると発表されています。それはその後どうなったのでしょうか。そうではない、単なるいたずら刻りだという意見もあったようにも記憶しています。それはともかくとしましても、そういうものも当時紹介されているのです。この寺山古墳群の横穴は、六世紀の末ぐらいだそうですが、その他にも、船とか、魚の線刻が見られるそうです。同じように魚の線刻画は、鳥取市国府町の鷺山《さぎやま》古墳でも見られます。そこでは船、人物と鳥なんかといっしょに、魚の絵が描かれているというのです。そういう魚の絵は、日本の装飾古墳の中では意外に特異な存在で、あまり数は多くありませんが、四~五例が知られます。魚の絵で有名になりましたのは、皆さんよくご承知のように、同じく鳥取市国府町の梶山古墳[9]です。この場合は線刻ではなくて彩色画です（第74図）。それが見つかった当時、日本の装飾古墳には魚など描かれていないと、あれはあとからいたずらで描いたのではないかという人さえあったようです。ですけれども、そういう魚の絵というのは、日本海側沿岸に比較的多く見られるという点が一つの特色ではないでしょうか。もっとも千葉県市川市にもあることはあるようです。いずれにしましても、日本の装飾古墳では非常に少ない特異な存在である魚の絵が、日本海沿岸に比較的多

第 75 図　安岳１号墳有翼魚図（『遺跡発掘報告』第４集より）

いということは、何かその起源を示唆しているようで興味深く思います。そういう目で高句麗の壁画古墳を見てみますと、やはり高句麗でも魚の絵はほとんどないといっても過言ではないほどです。そうなりますと、日本海沿岸という、海に面した地域の産物かもしれませんが、今後の問題点の一つではないかと思います。ただ、あえていうならば、高句麗の地で安岳三号墳は有名ですが、その近くにある安岳一号墳が問題です。その一号墳の壁画中に魚のような絵がありますが、これには実は魚に足と翼がついています（第75図）。同様に、慶尚北道の邑内里《ゆうないり》壁画古墳[10]も気になります。ここでは新羅古墳では珍しく鯉のぼりの旗のように魚が描かれています。同じ魚でも水の中を泳ぐのと、空を飛んだり陸を歩くのとはまったく違いますけれども、参考になりましょう。こういう絵は、徳興里古墳でも見られ、ともに道教的な神仙世界と関連しますので、ただちにこれは日本の魚の絵とは結びつきません。しかし、将来朝鮮で発見されないとも限りませんから、要注意の題材としてそういうものがあるということだけ紹介しておきたいと思います。

　日本海沿岸で魚の絵がそのように装飾古墳の一つの題材として特色があるといいましたが、その日本海、とくに山陰から北陸地方で、もう一つ六世紀後半の古墳文化の特色ある二〜三の例を示してみたいと思います。それは、同じ山陰地方で、先ほどの梶山古墳にも近いところにあります。これもすでに有名な資料となっていますから、ご存知の方も多いと思

第76図　古墳に蓮華文の壁画片　兵庫・長者ヶ平2号墳（1979年12月8日付『朝日新聞』より）

いますが、兵庫県美方郡村岡町の長者ヶ平《ちょうじゃがなる》二号墳のことです。そこは山陰の鳥取の方からずっと兵庫県の山の中に入って来たところですけれども、長者ヶ平二号墳という七世紀前半の方墳があります。この古墳はかなり壊されていまして、原状のままではないんですが、その横穴式石室の石材の中に、蓮華文の絵を描いたものが紹介されています（第76図）。こういった蓮華文につきましては、朝鮮では、ご承知のように、加耶の高霊の古衙洞とか、あるいは、扶余の百済後期の陵山里の古墳などで見られます。しかし、ふつう蓮華文というと、高句麗の壁画古墳にしばしば見られることから、これはどこことは限定できませんが、高句麗との係わりを考えた場合、山陰、あるいは、そこに続く地域が意味を持って来ます。したがって、これも高句麗系かもしれないというデータとしてご紹介しておきたいと思います。

村岡町には、今の長者ヶ平二号墳からそう遠くない四キロほど離れたところに、また珍しい古墳が知られます。それについては『村岡町誌』とか、新聞報道に簡単な紹介がありますが、それらを見ますと、村岡町の八幡山五号墳という円墳です。その横穴式石室の側壁において構築上珍しい技術が見られるというので、話題になったわけです。これは隅三角持ち送り式天井といって、側壁をずうっと積み上げていきますが、だんだん狭めながら、奥壁のコーナーのところで斜めにさしわたしまして、下から見ますと三角形のように見えるような構造に仕上げます。要するに、隅を三角に持ち送っているのです。側壁をだんだん狭めていって、最後に天井に一つ石をぽつんと置くという構造の横穴式石室の造り方です。そういう石室が八幡山二号墳や、八幡山五号墳で認められるのです。この隅三角持ち送り式天井につきましては、その後、国指定の史跡になりましたから、ご存知の方も多いと思いますが、石川県能登島町須曽の蝦夷穴《えぞあな》古墳[11]でも見つかっています。これは方墳ですけれども、一つの墳丘の中に横穴式石室が二つ入っている点でも珍しい古墳です。この石室で同じような、それに類したものが見られるということで注目されるのです。このように見て来ますと、同じ山陰から北陸地方にかけて、日本海沿岸の六世紀後半の横穴式石室に非常に特殊な構築方法を持ったものが見られるということなのです。

　こういう隅三角持ち送り式天井というものが、一体どこから出て来るのかという問題ですが、この点については古くから日本でも議論されていまして、一九三一年に、建築史学の村田治郎先生[12]がこの構築方法について広い視野で、中国・高句麗、さらに遠く中央アジアまで含めて議論しておられます。その後、二〇年ほど前に、韓国の学者の中にもこの問題を取り上げた人がいます。村田治郎先生は隅三角持ち送り式天井と呼称されましたが、韓国では抹角藻井といういい方をしています。隅を切って、順番に井戸のように積み上げていくという抹角藻井《まっかくそうせい》です。中国では抹角という文字を取って、ただ藻井と呼んでいますが、敦煌の石窟では、その構造が天井の壁画で表現されていて有名です。こういう隅三角持ち送り式天井というものが広くアジア、あるいは、もっと遠く西方にゆき、小アジアを越えて、さらにイタリアまで広がっているそうです。一九七八年には、韓国の学者で金秉模《きんへいも》という方がこの問題について論文[13]を書いておられまして、朝鮮では高句麗に独特に見られるそういう構築法というものが、遠く西アジアに通じるという議論をしています。もっとも、この論文は村田治郎先生の焼き直しのような内容ですけれども、興味深い問題です。その後も、韓国で前方後円墳を問題提起した姜仁求《きょうじんきゅう》という先生が[14]、この問題を少し注意しておられます。現在の韓国に入りますが、江原道通川郡に旧邑里《きゅうゆうり》七号墳という古墳がありまして、それを見ると、どうも同じような構築法をとっていると報告されています。もう一つは、中部朝鮮に当たりますが、京畿道驪州郡の甫通里《ほつうり》というところに、やはり類似したものがあるということです（第77図）。この古墳自体は五世紀の後半から六世紀にかけてのものだという位置づけをされていますが、その当時、その辺りまでは高句麗領に入っていたということから、高句麗独特の隅三角持ち送り式天井が中部地方の京畿道驪州とか、あるいは、東海（日本海）側の江原道通川辺りまで北から入って来ていたのではないかというわけです。そういうことからいいますと、隅三角持ち送り式天井という構築法は、現在のところ日本では、それに類した例として先ほど紹介した二例だけしかありません。朝鮮半島では高句麗で非常に流行し、それが高句麗領域下の中部地方まで伝播しているということからいいますと、日本の隅三角持ち送り式天井もやはり高句麗の古墳文化との係わりで理解しても良いかもしれないということなのです。石室構造に関連して、六世紀末から七世紀初にかけて、近畿地方で認められる横口式石槨について、ピョンヤン特別市三石区域の土浦里一号墳に見られる設計規格が高句麗から伝播したとする見解[15]も知られます。

ただ今は、古墳の構築法の問題を指摘いたしましたが、今度はそういう古墳に関連づけて、当時の、つまり古墳時代の後期においてまたちょっと変った様式が見られるということを、次にご紹介しておきたいと思うのです。それは聖徳太子の磯長《しながぼ》墓に関する問題です。これはもうよくご承知の通り、南河内の太子町に磯長墓がありまして、そこに聖徳太子とその母君と妃の三人が合葬されています。本来ここは母君に当たる穴穂部間人皇后のために横穴式石室が造営されて、その後に自らとお妃の刀自古が合葬された、いわば三人合葬の古墳です。これは実に堂々とした円墳で、内部主体は切石積みの終末期の横穴式石室であることは、すでに古く梅原末治先生が指摘されているところです。この聖徳太子の磯長墓の問題ですが、ここで注意したいと思いましたのは、その磯長墓の前方に、現在、ご承知のように叡福《えいふく》寺《じ》があります。私は叡福寺のことを詳しく調べたわけではありませんが、簡単な紹介文を参考にしますと、叡福寺の始まりは、推古朝に発するといわれています。つまり聖徳太子、あるいは妃、母君、そういった三人の菩提を弔《とむら》うために、推古天皇が墳墓のすぐ前に香華寺という寺院を建てられたのが始まりだという寺伝があるそうです。すなわち、亡き聖徳太子ご一家お三方の菩提を追福するために香華寺という寺院が建てられたというわけです。その後、聖武朝になりまして、さらに七堂伽藍の堂々とした寺院に発展するわけです。聖武朝、八世紀の前半には、墳墓の前に東西にそれぞれ輪宝転寺と叡福寺という二つの寺院が建ちまして、堂々した伽藍寺院で、国家的な規模で聖徳太子ご一家の冥福が追福されるということになります。その時の叡福寺が現在まで続いているということです。ここにおいて、横穴式石室、つまり古墳と、

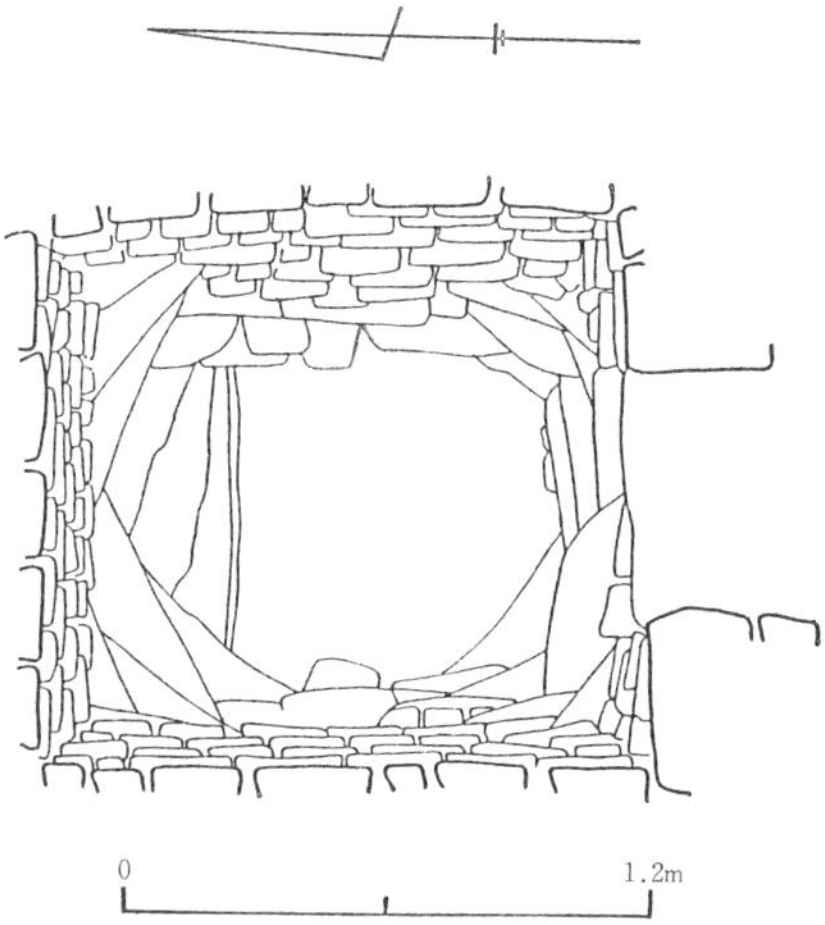

第77図　甫通里古墳石室天井図（『韓沽劤博士停年紀念史学論叢』より）

その前方に菩提を弔う寺院が建ったという関係に注目したいのです。こういった関係というのは、そうざらにはありません。このような磯長墓と叡福寺に似た関係を探しますと、富田林市にあるお亀石古墳と、そのすぐそばにある寺跡の例があります。この寺跡は藤沢一夫先生によって寺名は烏含寺《うがんじ》であろうといわれています。この例ぐらいで、そうあちこちにあるわけではないのです。こういう古墳と寺院という関係、聖徳太子ご自身が熱烈な仏教信者であったということとも関係はあると思いますけれども、こういう概念は、おそらく外来の要素であろうと考えたいのです。

そうしますと、これはもう皆さんもお気付きだと思いますが、高句麗の首都、平壌の郊外にある東明王陵と定陵寺の関係につながるのではないでしょうか（第78図）。ご承知のように、東明王陵につきましては、戦前から知られている真坡里《しんぱり》古墳群の中の一つの古墳なのです。朝鮮では、この古墳を東明王陵と考えていますが、被葬者については異説があります。たとえば、永島暉臣慎《ながしまきみちか》さんは長寿王の陵墓だという意見を出されています。その問題はさておくとして、この古墳、つまり王陵に付置された寺跡がありまず。それは古墳の前方で南一二〇メートルほどのところに、やはり堂々とした大伽藍寺院跡があって、出土瓦に見られる線刻銘から、そこが定陵の寺、すなわち定陵寺と呼ばれる陵寺であるということが明らかになったのです。磯長墓と叡福寺の関係は、まさに平壌におけるそのような関係に源を発するのではないかと考えたいのです。そういうわけでありまして、日本の古墳文化、とりわけ王陵級の古墳に菩提追福のための寺院が伴うということは、高句麗における東明王陵と定陵寺の関係というところに結びつく可能性があるのではないかということです。今、寺院の問題が出ましたが、六世紀の末から七世紀にかけまして、日本の古代において百済仏教はもちろんですけれども、それと並んで、とくに推古朝におきましては、高句麗仏教というものが日本と非常に係わりが深いということは、いろんな人が指摘されているところです。

そういうコンテクストから考えますと、ここでは詳しく説明はしませんけれども、よくいわれるように、たとえば伽藍配置を見ても、飛鳥寺（法興寺）の一塔三金堂式の伽藍配置であるとか、あるいは、そこに見られる二重基壇の構造とか、さらにまた京都市の樫原《かたぎはら》廃寺跡に見られる八角塔の問題といったように、高句麗の寺院に起源を発する諸現象が出現していることは、すでに皆さんよくご存知の通りです。もちろんもう一つの問題として、そういった殿堂の屋根に葺かれた瓦につきましても、高句麗系の瓦が新たに飛鳥時代に入って来るということで、しばしば議論されています。今日はその辺のことは詳しく触れないでおきます。ただ、高句麗系の瓦という点では、豊浦寺の瓦を焼造したと思われる瓦窯が宇治市の焦上りというところで発見されています。七世紀の初めまでに、高句麗系の文様を持った軒丸瓦が焼かれ、そして、それを葺いた寺院がある

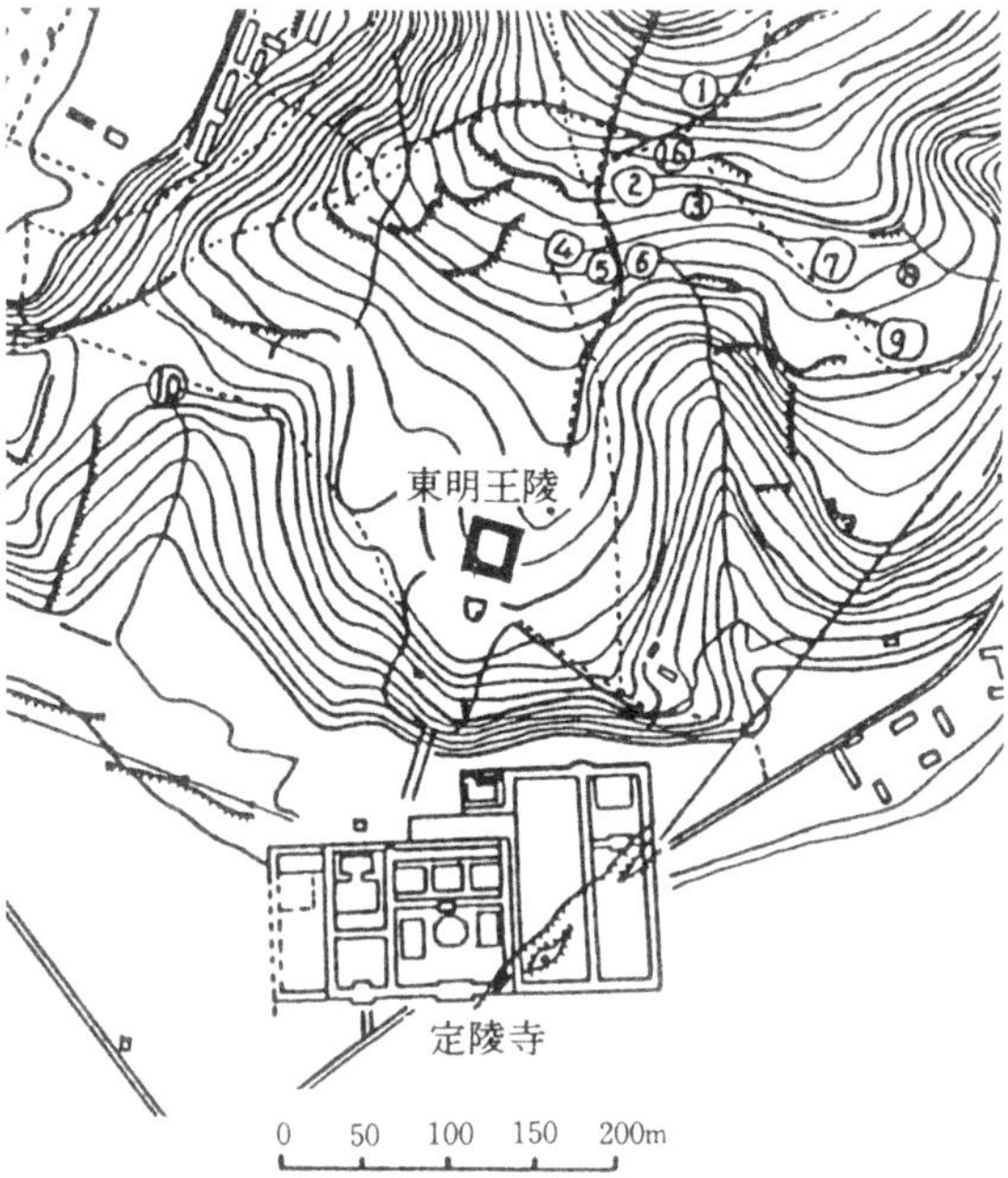

第 78 図　東明王陵と定陵寺（高寛敏、1978「高句麗東明王陵の発掘調査」『考古学ジャーナル』No. 148 より）

ということです。畿内の中枢部におきましては、そういう高句麗系の瓦なりを葺いた寺院がいくつか見られるわけで、その点は異存がないと思います。

さて、ここでまた一つ問題にしたいと思いますのは、そういう高句麗系の瓦が畿内だけではなくて、さらに遠く関東もしくは東国といった、ずっと東の地域に及んでいるという点に、とりわけ注意を向けたいのです。その一例として取り上げたいと思いますのは、七世紀後半あるいは八世紀に入って来ますけれども、東北でいいますと、福島県に腰浜廃寺跡があって、正式の報告書[16]も出ています。この腰浜廃寺跡から高句麗系の瓦が出土しているのです。それは軒丸瓦の蓮華文が非常にふくらんでいて、それが高句麗独特の蓮弁の文様につながるということとか、あるいは、主要な蓮弁の間に別の蓮弁を間に挟んでいくといった特徴が見られます。同じ福島県内で見ますと、惣ヶ沢廃寺跡や植松廃寺跡といったところでも、高句麗系の瓦が出土しているといわれます（第79図）。これらはやはり高句麗の瓦のように、蓮弁が非常にふくらんでスペード形になり、その中に三つのめしべを表現しているとか、あるいはまた腰浜廃寺跡出土例と同じように、主要な蓮弁の間に別の弁を挾んでいくといった、そういう文様です。それらと共通の要素を持つ瓦が、高句麗の土地から出土した瓦にも見られるということで高句麗系と呼んでいるわけです。最近もある論文を見ておりましたら、日本で出ているいわゆる高句麗系瓦とまったく同じものが朝鮮半島ではまだどこからも出ていないことが指摘されていました。豊浦寺跡出土の瓦はその典型例です。今紹介しました福島県の出土例にしましても、まったく同じものが高句麗にはありません。しかし、高句麗系瓦と呼ばれるように、その文様要素には、やはり高句麗の影響が認められることは事実でしょう。そういう例があるということなんです。

ここで少し考古学から離れますが、『続日本紀』の霊亀二年（七一六）五月の条で、駿河・甲斐・相模・上総・下総・常陸・下野といった七カ国にいる高麗人一七九五人を武蔵国に移住させて、高麗郡を置いたという有名なくだりがあります。その高麗郡につきましては、現在、埼玉県入間郡の日高町に高麗というところがあって、それにゆかりの神社や川とか地名など、いろいろな史跡が残っています。二、三〇年前には何でも巾着《きんちゃく》田とかいう、巾着のようなかっこうをした田んぼが高麗川に沿ってずっとありまして、それが貯水池で破壊されるというのでちょっと問題になっていたりしています。そういった地名とか、名残りのいろんな遺跡があるわけです。有名なものでは大寺廃寺跡がその高麗氏の氏寺であったろうといわれていて、調査が進みつつありますが、そういうところが関東では見られるわけです。そのようなコンテクストの中で、関東・東国へと高句麗系の文化が伝わっていったのではないかと考えたいのです。

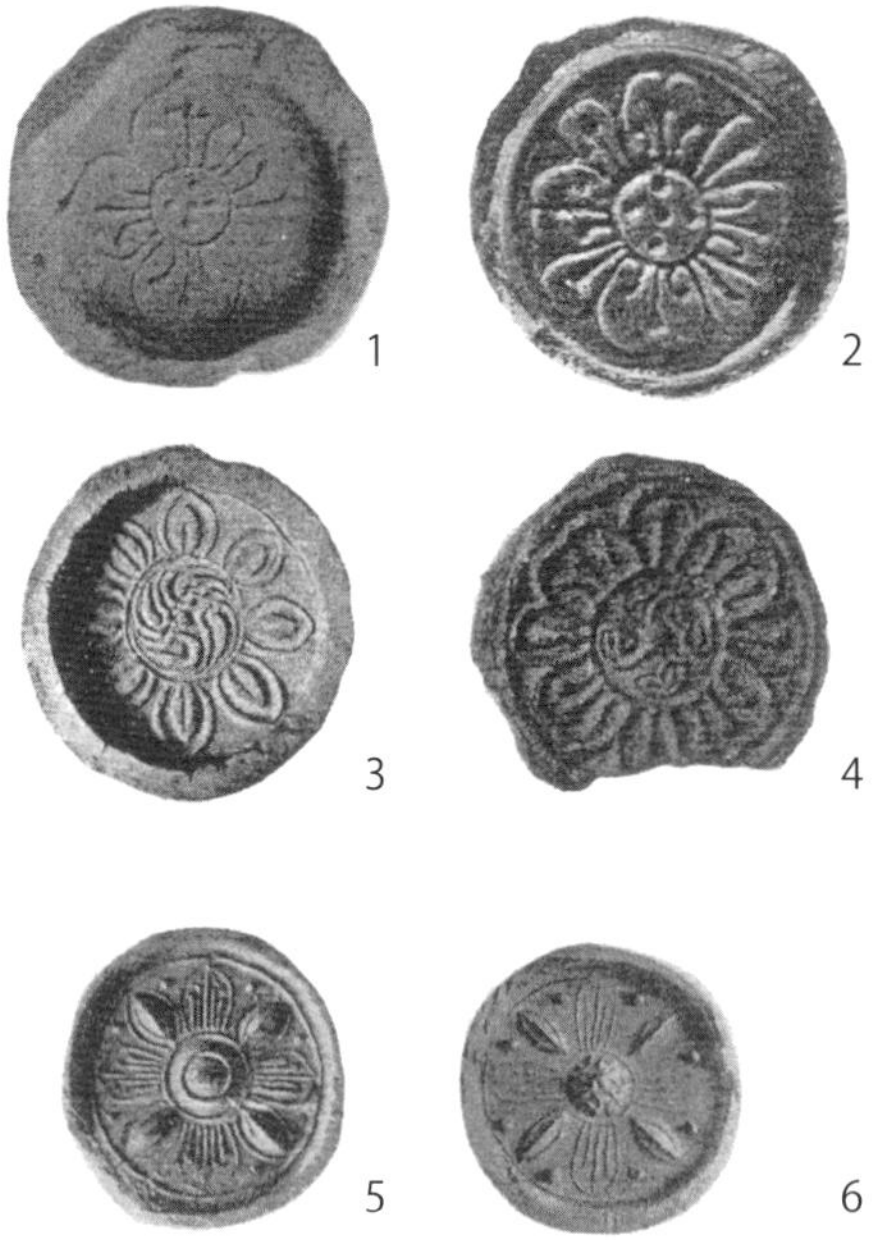

第79図　高句麗系瓦（1～4）と高句麗（5・6）出土瓦（福島市史編纂準備委員会、1965『腰浜廃寺』より）

　ところで、話題が関東・東国に来ましたので、さらに東北地方に目を転じてみたいと思います。東北の問題につきましては、先ほど高句麗系の瓦をご紹介しましたが、東北のいろんな遺跡の中で、一つには、城柵とか官衙の問題があります。この点に少し目を向けてみたいと思います。古代の東北に関しまして、これまでに城柵、あるいは、官衙の調査がずい分進んでいますが、その過程で分かってきた特色の一つに、そういう城柵・官衙にしろ、外郭施設に特色が見られるのです。といいますのは、ふつう外郭は築地塀《ついじべい》ですが、もちろん木柵の場合もあります。東北では、そういう外郭に特異な建物が付設されているという点です。それは、性格が良く分からないものですから、カギカッコを付けて「建物」と表現されていますが、ある人はこれを櫓状《やぐらじょう》の「建物」といい、ある人は望楼だといっています[17]（第80図1〜4）。ともかく築地や柵の中間に、「建物」が取り付いているのです。これには四つほど類型があるようです。すなわち「建物」が基壇に建つ場合と、掘立柱それも一間四方、一間×二間、あるいは、一間×三間といった四つの類型です。まだ性格がはっきり規定されていませんけれども、このような櫓状建物あるいは望楼といった建物が付け加えられているということです。それらは、平面四角形とか、不整形なプランをした外郭の各辺に、必ずしも一定の決まった配置を示すわけではありませんが、何カ所かに設置されています。とくに、コーナーにはどうも、必ずといって良いほど配置されているようです。こういう望楼状もしくは櫓状の建物がある点が、東北における城柵や官衙の外郭施設の一つの特色であるようです。今のところ、一体こういう構造物がどうして出現するのかという点につきましては、まだ東北の方々から意見が出ていないようでして、今後の課題だといわれています。

そこで私は、それを高句麗の、たとえば国内城とか平壌城、あるいはまた、高句麗の山城などでふつうに見られる、いわゆる雉《ち》ないしは雉城、つまり、日本で中・近世の城郭の概念でいいますと馬面《うまづら》に当たる、そういう出っ張りのある施設に相当しはしないかと考えます。その構造は、敵が攻めてきた場合

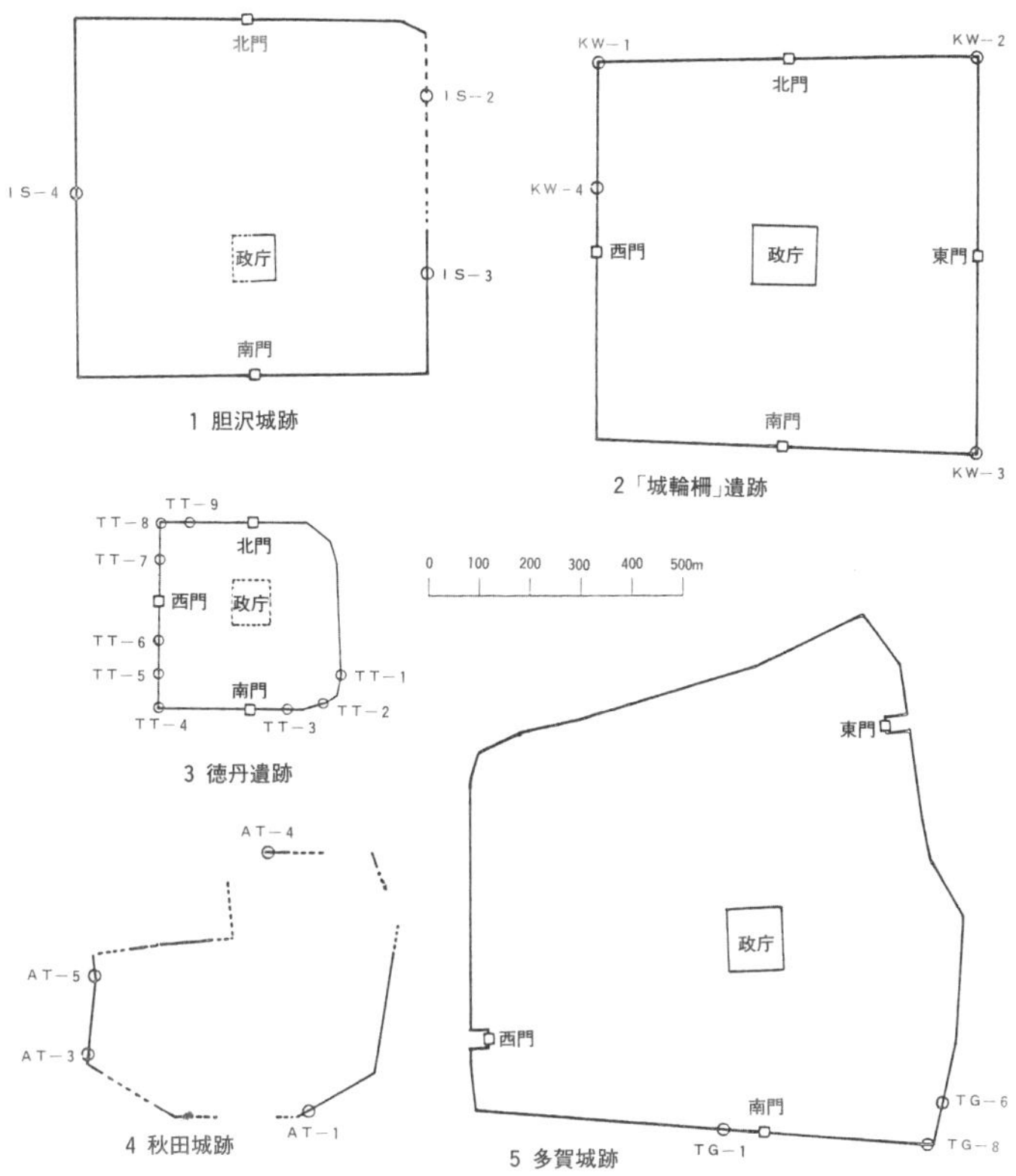

第80図 「建物」配置図（宮城県多賀城跡調査研究所、1965『研究紀要』Ⅵより）

に、そういう雉（雉城）で側面から防御するという設備です。とくに、城壁のコーナーにおきましては、望楼になっていて、見通しも良いし、兵員を指揮しやすいわけです。そういった高句麗における城郭の概念と関係するのではないかということなんです。もう一つの問題は、有名な多賀城ですけれども、そこでもやはりそういう櫓状の建物が現在では九カ所ぐらい見つかっているようです。

その多賀城におきましては、門の跡が調査されています（第80図5）。とくに、西門と東門を見ますと、これはまた大変特異な門の構造を持っているのです。おそらく古代官衙や城柵でこんな門はここだけではないかと思います。といいますのは、東門と西門におきましては、まっすぐな築地塀があると、門の部分だけコの字形に入り込んでいるのです。こういう入り込んだ門というのは、おそらく多賀城が唯一の例ではないでしょうか。そこで、どうしてこんな門構造が出て来るのかということですが、私はこれは、高句麗の平地城にしても山城にしても、ふつうに見られる、いわゆる甕城形式の系譜を引くものだと思うのです。甕の城と書く甕城に相当するのではないかということです。日本の中・近世の用語でいうと、桝形という城門構造です。というわけで、私は、まだ未解決な問題とされている、古代東北に特徴的な櫓状の建物、あるいは、門の特異な構造というものは、それぞれ高句麗の雉や甕城といった城郭の構造形式につながっていくのではないかと考えています。四世紀末から五世紀の初めの問題は、まだ少しいろいろ問題があるとしても、ずうっと八世紀にかけて、各時代にわたって探せば、高句麗との関係が種々見い出せるのです。

以上のように、断片的な資料を提示して来ましたが、最後にまとめを行っておきたいと思います（第81図）。私は高句麗と古代日本の関係という意味では、大きく三つの段階に分けて考えたいと思います。まず第一の段階は、四世紀の末から五世紀の前半にかけてのことです。これからのまとめは、一部重複しますけれども、この時期の特色は、先ほど述べました積石塚あるいは土器にしましても、確かに高句麗起源の文化要素が見られますが、それは前期の百済を通じて流入したものだという点です。つまり、古代日本と百済前期との直接交流の過程で、北部九州あるいは畿内に高句麗起源のものが入って来ている可能性があるということです。要するに、第一段階の特色というのは百済経由だということで、高句麗との直接的交流の結果ではないという点に大きな特色があるのです。

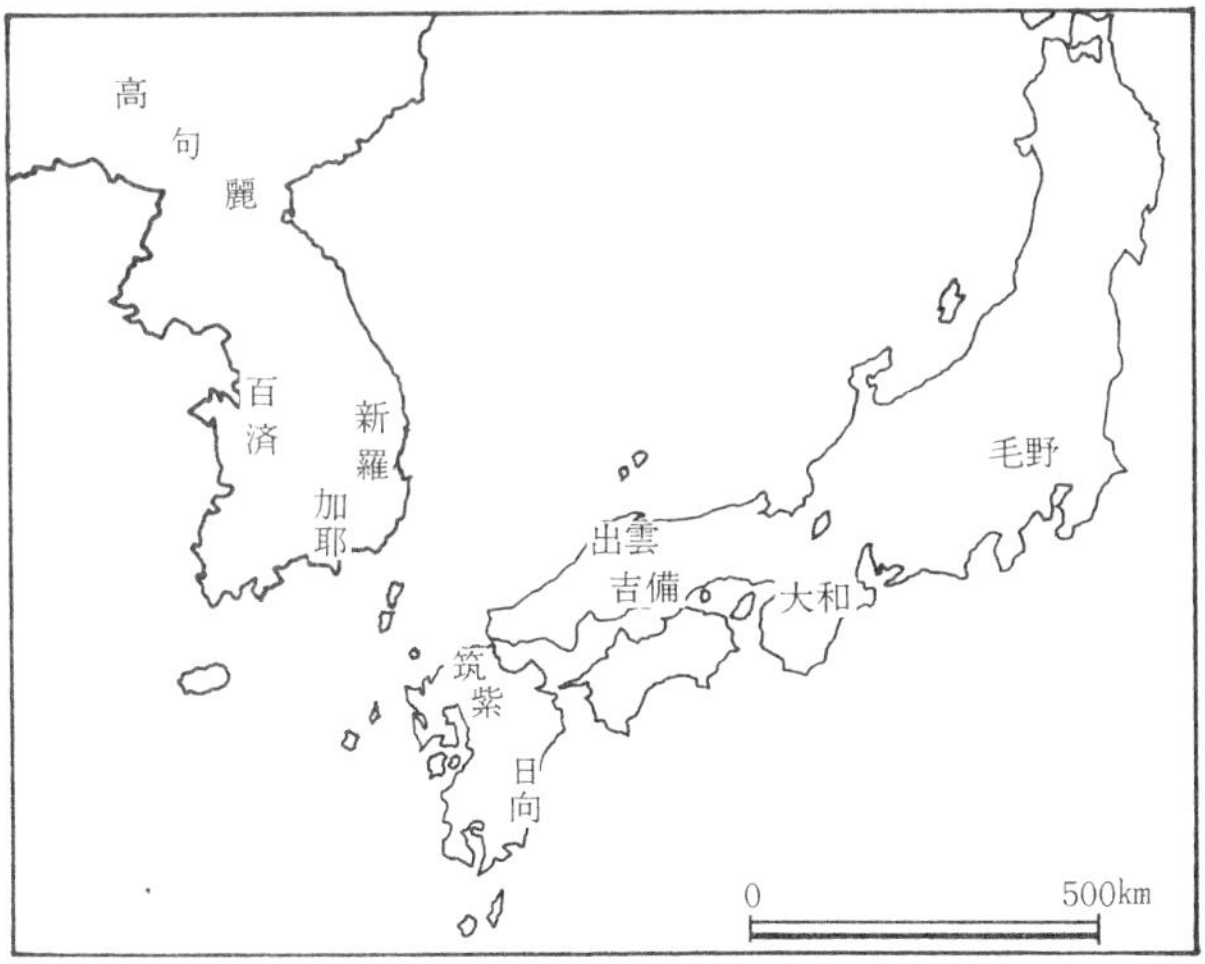

第 81 図　５世紀の日本列島と朝鮮半島

つぎに第二段階としては、高句麗との関係が相対的に活発になる時期で六世紀の後半から七世紀の中頃、とりわけ六六八年の高句麗の滅亡までということです。この時期は、先ほどより種々取り上げましたように、日本の古墳文化のいろんな面において高句麗の要素が見られるということです。このことは、おそらく高句麗との直接・間接の交流の結果ではないかと思うのですね。その背景としては、何人かの方がおっしゃっているように、二つの側面があると思います。その一つは、六世紀の中頃から新羅が非常に勢力を拡大することと関連します。つまり、真興王の時代ということで、新しい州の設置の記録であるとか、あるいは、真興王の拓境碑もしくは巡狩碑が各地に残っていますから、だいたい認められると思います。新羅がどんどん勢力を拡大してゆきますと、それまで友好・同盟の関係にあった高句麗との間にも緊張状態が発生します。現に新羅は高句麗の南を侵していきました。そのような新羅勢力の拡大に伴う、高句麗との間の緊張関係の発生が、朝鮮半島における三国間の勢力構図に新たな局面を現出します。その過程で新羅に対する牽制策として、高句麗と日本のヤマト王権が手を結ぶという情勢が起こって来たのではないでしょうか。それが一つの問題です。もう一つは、何といいましても、これはもう隋・唐と高句麗との関係だと思います。高句麗はやがて隋・唐の圧力を受けていくわけで、そのような高句麗と隋・唐との間に生じた緊張状態、あるいは、実際に侵略を受けるという事態が発生します。そういう中でやはり高句麗の外交政策としては、ヤマト王権と手を結ぶという新たな外交関係が生まれたと思うのです。そのような背景の中で、高句麗のいろんな文化が、とりわけ高句麗仏教もそうですけども、古代日本に伝来するのです。このような古代日本と高句麗との直接交渉は、六世紀の中頃以後、七世紀にかけてさらに一段と活発になっていきました。先ほど述べましたようにいろんな高句麗の文化要素が、中央政府レベル間の往来の中で、中央あるいは地方にも流入していったのではないかと思います。

最後の第三の段階は、六六八年における高句麗の滅亡と、それに伴う新たな現象だと考えます。この点は種々の記録にもあるように、高句麗の滅亡に伴って、やはり高句麗からかなりの亡命人といいましょうか、渡来人がやってきたことでしょう。そういう過程でどっとまた新しい展開が見られるということなんです。ここで第三段階と申しました七世紀の後半、とりわけ高句麗滅亡以後から八世紀にかけての時期における新たな特色といいますのは、関東、東北への高句麗文化の移植といいましょうか、そういった現象が遠隔の地まで見られるということです。これは何も関東、東北へ高句麗から直接行ったということではなくて、畿内の中央政権にいったん入った高句麗の文化が、大和政権による関東、東国政策の一環として、つまり畿内中央政権を媒介として関東、東国へセカンドハンドで移植されたのではないかと考えます。その結果、先ほどいいました東北の城柵等における新たな構造であるとか、あるいは、高句麗系瓦の出現といった状況が展開する契機になったのではないかと思うのです。

そういうわけでありまして、高句麗と古代日本の関係といった場合に、古代の各時期にわたってそれぞれ特色があるわけです。やはり古代日本を考える時、高句麗との関係を改めて見直していく必要があるんではないかと、今回いろいろと調べてみて、非常に痛感したところです。先ほどもちょっと触れましたように、京都府下であういう珍しい木製の机が出て来ると、これは異国風だとか、中国風だということはいわれますけれども、しばしば朝鮮との関係に対する視点が欠落しがちです。また、古代日本と朝鮮を考える場合でも、百済・新羅や加耶との関係はいろいろ議論されますが、つい高句麗との関係を忘れがちであるというこれまでの風潮といいましょうか、傾向からいいまして、高句麗と古代日本との関係を改めて掘り起こしていくことは、非常に重要な作業であることを痛感しました。その点を最後に強調しておきたいと思います。

〔注〕

（１）柏原市教育委員会、一九八六「松岳山古墳群」『柏原市埋蔵文化財発掘調査概報―一九八五年度』。

（２）ソウル大学校博物館・ソウル大学校考古学科、一九七五『石村洞積石塚発掘調査報告―一九七五年度』『ソウル大学校考古人類学叢刊』第六冊。

（３）福岡市教育委員会、一九八五『博多Ⅳ』『福岡市埋蔵文化財調査報告書』第一一八集。

（４）永島暉臣慎、一九七九「横穴式石室の源流を探る」『共同研究　日本と朝鮮の古代史』三省堂。

（５）戸原和人・藤原敏晃、一九八二「古殿遺跡出土の注口土器・案」『京都府埋蔵文化財情報』第六号、財団法人京都府埋蔵文化財調査研究センター。

（６）岡崎晋明、一九八八「星塚一号墳出土の横笛」『網干善教先生華甲記念　考古学論集』網干善教先生華甲記念会。

（7）日田市教育委員会、一九八六『ガランドヤ古墳群―大分県日田市所在装飾古墳の調査報告』。

（8）一九七四年四月二六日付『朝日新聞』夕刊。

（9）鳥取県教育委員会、一九七九『梶山古墳緊急発掘調査報告書』。

（10）（韓国）文化財研究所美術工芸研究室、一九八六『順興邑内里壁画古墳』文化財管理局。

（11）富田和気夫ほか、二〇〇二『史跡　須曽蝦夷穴古墳Ⅱ―発掘調査報告書―』能登島町教育委員会。

（12）村田治郎、一九三二「東洋建築系統史論（其二）」『建築雑誌』第四五巻第五四五号。

（13）金秉模、一九七八「抹角藻井の性格についての再検討―中国と韓半島に伝播するまでの背景―」『歴史学報』第八〇輯、歴史学会。

（14）姜仁求、一九八一「驪州甫通里の石室古墳―抹角藻井式石室墳の一例―」『韓沽劤博士停年紀念史学論叢』。

（15）梅本康広、二〇〇四「高句麗土浦里一号墳の再評価」『堀田啓一先生古稀記念　献呈論文集』同作成委員会。

（16）福島市史編纂準備委員会、一九六五『腰浜廃寺』福島市教育委員会。

（17）古川雅晴、一九七九「東北地方古代城柵官衙の外郭施設―所謂「櫓」跡について―」『研究紀要』Ⅵ、宮城県多賀城跡調査研究所。

編集を終えて

本書は、冒頭の「発刊に当たって」でも述べましたように、『北東アジアの中の古墳文化』のテーマのもとに編集したものですが、折にふれて行った講演・講座などの記録であるため、体系的ではないことを改めてお断りしておきたいと存じます。そして、いずれの項目もすでに発表したものですので、その発表の場や、収録された小冊子などを以下に明記しておきます。

第1章　考古学から見た古代日本と朝鮮半島

本章は、大阪府の枚方市教育委員会が1982年（昭和57）5月26日に枚方市で開催した市民歴史講座「考古学からみた古代日朝関係史」の第1回目に総論として行った講演の記録です。

原題「考古学からみた古代日本と朝鮮」『市民歴史講座の記録』（枚方市教育委員会、1984）

第2章　北東アジアの古墳文化に見る文化交流

本章は、環日本海松江国際会議が、１９９４年（平成６）11月30日に松江市で開催した「北東アジアシリーズ94」のテーマ「古代北東アジアの文化交流」に関して行った講演の記録です。

原題「古代北東アジアの古墳文化に見る文化交流」『古代北東アジアの文化交流』（北東アジアシリーズ94報告書、環日本海松江国際交流会議、１９９５）

第３章　北東アジアから見た百舌鳥・古市古墳群

本章は、堺市が、２０１０年（平成22）７月25日に大阪府立大学で開催した、百舌鳥・古市古墳群世界遺産暫定一覧表掲載記念講演会における講演「東アジアから見た百舌鳥・古市古墳群」の記録です。

原題「東アジアから見た百舌鳥・古市古墳群」（堺市ホームページ参照、２０１１）

第４章　「神宿る島」宗像・沖ノ島と宗像大社、新原・奴山古墳群

本章は、「宗像・沖ノ島と関連遺産群」世界遺産推進会議（福岡県・宗像市・福津市）が、２０１２年（平成24）９月８日に宗像ユリックスで開催した、第４回「宗像・沖ノ島と関連遺産群」世界遺産シンポジウムにおける報告「宗像・沖ノ島と関連遺産群」の記録です。

原題「宗像・沖ノ島と関連遺産群」『第４回「宗像・沖ノ島と関連遺産群」世界遺産シンポジウム実施報告書』（「宗像・沖ノ島と関連遺産群」世界遺産推進会議、２０１３）

第5章　継体・欽明紀の時代の百済と加耶

本章は、愛知県春日井市教育委員会が、1999年（平成11）11月13・14日に春日井市民会館で開催した、文化フォーラム春日井における基調講演「継体・欽明紀にみる朝鮮半島の地名と遺跡」の記録です。

原題「継体・欽明紀にみる朝鮮半島の地名と遺跡」『継体王朝―日本古代史の謎に挑む―』（大巧社、2000）

第6章　加耶と倭　―長野県・根塚を例として―

本章は、長野県木島平村教育委員会が、2000年（平成12）6月18日に木島平村で開催した、2000年記念国際フォーラム―根塚遺跡と加耶―における基調報告「加耶と倭」の記録です。

原題「加耶と倭」『根塚遺跡と加耶』（木島平村教育委員会、2001）

第7章　古都慶州と日本列島　―古墳文化と古代都市―

本章は、駐日大韓民国大使館文化院が、1988年（昭和63）3月22日に韓国文化研究院で開催した、文化講座「古都慶州と日本」における講演の記録です。

原題「古都慶州と日本―古墳文化と古代都市―」『古代の新羅と日本』古代の日本と韓国5（学生社、1990）

第8章　高句麗と古代の日本
本章は、古代を考える会が、１９８６年（昭和61）８月10日に大阪市天満橋のキャッスルホテルで開催した、第44回例会の報告「高句麗と古代の日本」の記録です。
原題「高句麗と古代の日本」『高句麗と古代の日本』古代を考える44（古代を考える会、１９８７）

最後に、本書が出来上るについては、既発表の文章が朱筆で真赤になるほど多く加除修正を行った草稿を、原稿に仕上げていただいた梓書院編集部の皆さんに、まずもって心から深くお礼を申し上げます。とくに、藤山明子さんには、企画の段階から辛抱強く編集作業に取り組んでいただきました。お陰様でこのような一書がまとまりました。まことにありがとうございました。
なお、私事にわたって申し訳ございませんが、本書に、本年12月10日ふるさと高槻市で満百歳の紀寿を迎えた、老母への記念の意味を込めたいと思っています。

二〇一六年十二月二十三日　天皇誕生日の日に

西谷　正

著者略歴
西谷　正（にしたに　ただし）
1938年、大阪府高槻市生まれ。
1966年、京都大学大学院文学研究科（考古学専攻）修士課程修了。
奈良国立文化財研究所研究員、福岡県教育委員会技師、九州大学助教授を経て、1987年～2002年九州大学教授、1993年～1996年佐賀県立名護屋城博物館長、2004年～2008年韓国伝統文化学校（現、韓国伝統文化大学）外国人招聘教授。
現在、九州大学名誉教授、九州歴史資料館名誉館長、糸島市立伊都国歴史博物館名誉館長、海の道むなかた館長、名誉文学博士。
主な著書・編著『東アジア考古学辞典』（東京堂出版）、『魏志倭人伝の考古学－邪馬台国への道』（学生社）、『古代北東アジアの中の日本』（梓書院）、『邪馬台国をめぐる国々』（雄山閣）、『古代日本と朝鮮半島の交流史』（同成社）など。

北東《ほくとう》アジアの中《なか》の古墳文化《こふんぶんか》　私《わたし》の考古学講義《こうこがくこうぎ》（下）

2017年5月1日 初版第1刷発行

著　者　西谷　正
発行者　田村志朗
発行所　㈱梓書院

〒812-0044 福岡市博多区千代3-2-1
TEL 092-643-7075
印刷・製本　大同印刷㈱

ISBN978-4-87035-601-6